博瑞森图书
BRACE

企业阅读 本土实践

互联网时代的成本观

Cost Insights In Internet Era

程翔◎著

图书在版编目（CIP）数据

互联网时代的成本观/程翔著. —北京：企业管理出版社，2016. 11
ISBN 978-7-5164-1362-3

Ⅰ. ①互… Ⅱ. ①程… Ⅲ. ①企业经营管理－研究 Ⅳ. ①F272. 3

中国版本图书馆 CIP 数据核字（2016）第 234667 号

书　　名：互联网时代的成本观
作　　者：程　翔
责任编辑：程静涵
书　　号：ISBN 978-7-5164-1362-3
出版发行：企业管理出版社
地　　址：北京市海淀区紫竹院南路 17 号　　邮编：100048
网　　址：http：//www. emph. cn
电　　话：总编室（010）68701719　发行部（010）68701816
编辑部（010）68701638
电子信箱：qyglcbs@ emph. cn
印　　刷：北京鑫益晖印刷有限公司
经　　销：新华书店
规　　格：170 毫米 ×240 毫米　16 开本　21 印张　310 千字
版　　次：2016 年 11 月第 1 版　　2016 年 11 月第 1 次印刷
定　　价：88. 00 元

导读

市面上谈成本的书很多，但这本书思想和文风是比较独特的。它通篇都体现着互联网精神和大数据特征，这是不需要人为附加的天然属性，因为多维组合成本本身就是互联网时代和大数据潮流的产物。

本书分八章：

第一章，分别从问题、目标、技术、数据等方面，介绍了多维组合成本的产生背景。本章重点介绍了“去中心”，即多维组合成本不以产品、作业、客户、员工等任何维度为中心，它是各种管理观念的最大公约数，是各种成本应用的共同出发点。

第二章，分别从成本项目、成本对象、内涵、场景等方面，介绍了多维组合成本的基本概念。本章论述了多维组合成本的“内外贯通”，即内在支撑力与外在牵引力的结合，并介绍了其业务意义，包括“一人万饼”，即一家客户一种产品的成本，由众多部门和作业提供；“一饼万人”，即一个部门一项作业的成本，由众多客户和产品分担。论述了多维组合成本的“上下协同”，即与客户不直接联系的各部门，与最终产品不直接联系的各作业，在不同岗位不同环节，都在为向客户提供产品而做出自己的贡献，体现自己的价值，并介绍了价值形成、价值传递和叠加、价值实现过程。

第三章，分别从客户、产品、作业、部门等主题，介绍了多维组合成本的需求分析。本章论述了多维如不同客户、不同产品、不同作业、不同部门及其关联的不同口径、不同属性等的组合成本各不相同，揭示了千人千面的成本计算和分析需求。

第四章，分别从多口径归集、多路径分摊、多维度展现等环节，介绍了多维组合成本的解决方案。本章阐述了“百口归一”，即任何类型的资源消耗，任何口径的费用归集，全部分摊到成本对象，形成成本对象的成本计算表；阐述了“万表同源”，即所有维度的成本查询，所有指标的去向追溯，全部来源于成本对象的成本计算表；阐述了“字段关联”和“维度组合”，以实现横向到边、纵向到底的成本分析查询。

第五章，分别从应用软件、集成接口、数据准备、上线运行等环节，介绍了多维组合成本的落地实现。本章重点阐述了多维组合成本项目与其他信息化项目的区别和联系。

第六章，分别从标准成本、收入、成本费用、利润等指标，介绍了多维组合成本的数据分析。本章重点论述了多维组合成本、多维标准成本、多维组合收入的关系，论述了多维组合收入的内部市场化意义，及其在企业实务中应用带来的幸福感和危机感。

第七章，分别从统计分析、成本性态分析、本量利分析、利润预测等应用，介绍了多维组合成本的数据挖掘。本章通过方差、相关、回归、概率、模拟等统计算法，对数据资产的价值挖掘进行了示例。

第八章，分别从政策制定、现场优化、系统改善、管理创新等角度，介绍了多维组合成本的应用价第八章，分别从政策制定、值。本章论述了多维组合成本对客户政策、产品政策、作业政策、部门考核的支持作用，对优化管理现场和生产现场的促进作用，对完善报告系统、业务系统、预算系统、对标系统的指导作用，对结构管理、协同管理、精益管理、个性管理、多维管理的推动作用。

本书为企业的成本观提供了新视角，为互联网公司进入企业级市场提供了新思路，为管理软件公司转型互联网提供了新途径。

推荐序1

远光软件股份有限公司 高级副总裁　李美平

在我国传统的思维习俗中，无论是日常生活还是企业管理，“大概”“差不多”“大致”等词经常出现且频率甚高。而在市场竞争日益加剧的今天，我们的企业必须建立数据文化，在企业内部形成正确的数据观，清清楚楚地知道企业每一笔资金的投入与产出，才能在企业的经营决策中做出正确的选择。

在互联网、大数据时代下，如何树立正确的精益成本观，这本书会给您指明方向。

这是一本思想新颖的书。全书结合互联网观念，比较详细地介绍了多维组合成本的产生背景、应用价值及实现方式。

这是一本内容丰富的书。全书将管理与信息化结合得比较好，将财务与业务结合得比较好。

这是一本语言通俗的书。全书将理论与案例结合得比较好，将概念与问题结合得比较好，文字生动活泼，阐述简洁明了。

远光软件股份有限公司是一家知名上市公司，长期致力于财务及企业管理软件的研发，并在互联网产品和大数据技术的应用中取得了显著成绩。三十多年来，一直是先进思想的热情传播者、财务革新的积极推动者、前沿技术的大力实践者。公司在成本管理、预算管理、资金管理、风险管理、税务管理、产权管理、集团账务、集团报表等领域，提炼了成熟先进的解决方案，在众多行业得到了成功应用。

作者程翔是远光公司成本管理方面的众多专家之一，多年来一直致力于企业成本管理的研究，结合大数据平台技术，在国内主持或参与了众多咨询、软件落地类项目。本书是他厚积薄发的体现，也期望多维组合成本方案给读者带来各方面价值。

欢迎有更多的朋友联系我们，我们将组织各方面专家为不同行业、不同类型的企业提供专业的针对性的服务，提升成本精益化水平，达到管理精益化目标。

2016 年 7 月 15 日

远光软件股份有限公司大数据事业部　总经理　解来甲

本书第一次比较明确地将大数据观念引入到成本管理领域，比较系统、比较全面地介绍了多维组合成本。通过去中心、内外贯通、上下协同、千人千面、万人万饼、连接一切等，全面揭示了多维组合成本的大数据特征。

本书结合企业实践，鲜明地提出了问题并圆满地予以了解答。例如，为什么需要及如何实现多维组合成本；如何对多维组合成本的数据进行深度分析挖掘；为什么需要及如何制定多维标准成本；为什么需要及如何制定多维组合收入；如何应用多维组合成本指导政策制定；如何应用多维组合成本促进现场优化；为什么需要及如何实现多维预算、多维对标；如何应用多维组合成本调结构、去产能；如何应用多维组合成本加强个性管理、多维管理；如何应用多维组合成本实现协同管理、精益管理等。

多维组合成本提供了大数据在企业级市场的又一落脚点。从这一落脚点出发，可直击成本及围绕成本的企业管理痛点，它将成为大数据的企业级应用的又一热点。

远光软件股份有限公司大数据事业部，集合了企业管理、业务建模、数据挖掘、数据安全、数据应用、数据可视化、界面设计等各方面专家，拥有自主研发的大数据平台，在高性能计算、高维可视化分析、搜索引擎等技术领域具有显著优势。

通过与国务院发展研究中心的合作，将宏观经济预测模型成功应用于电力经济与结构分析；通过典型业务模型，构建了电网企业的数据分析应用场景，可提供更及时、更准确的决策支持；“远光数聚”解决方案的核心应用产品——信息实时反映，通过第二十届中国国际软件博览会的联合审定并荣获创新奖。

程翔能写出这本书，离不开他的广泛实践和系统思考，他是我们团队中能沉下心来从事原创研究的众多专家之一，感谢他做出的无私奉献。我们期待着能为更多客户提供更有针对性的服务，通过行业案例传播宝贵经验，为大家带来更好的分享。

2016 年 7 月 20 日

自序

世界是多维的，有着不同的风俗和文化。个体是多样的，有着不同的特性和偏好。

成本是多维的，例如，客户、产品、作业、部门、员工等。每个维度的成员是多样的，例如，有不同信用的客户，不同功能的产品，不同工艺的作业，不同职能的部门，不同素质的员工。

传统成本计算有两大特点：一是**不同维度的成本一般是不同的**，即盲人摸象。例如，从客户、产品、作业、部门分别统计的成本，数据相互冲突，结论相互矛盾。二是**同一维度不同成员的成本一般是相同的**，即千人一面。例如，金融公司不同客户或教育机构不同学员的成本，都是相关费用的平摊。

多维成本计算有两大特点：一是**不同维度的成本是相同的**，即殊途同归。例如，从客户、产品、作业、部门分别统计的成本，数据是一致的，正如象是唯一的，盲人摸象的问题在“盲”不在“象”；二是**同一维度不同成员的成本一般是不同的**，即千人千面。资源之多寡，环境之优劣，距离之远近，种种特征的不同，决定了每位成员的成本及其料、工、费的具体构成则不会相同。

该相等的各维度成本究竟是否相等，这是传统成本与多维成本计算的差别之一。正如“横看成岭侧成峰”，但庐山就是一个庐山。对待不同维度，应有一颗平等心，反映对事物同一性的认知。

不该相等的各成员成本究竟是否不相等，这是传统成本与多维成本计算的差别之二。正如“一人一世界，一鸟一天空”，对待不同个体，应有一颗平常心，反映对事物差异性的包容。

多维组合成本体现了求同存异的思想。各维度成本的相等体现了求同，同一维度不同成员成本的不相等体现了存异。

一切维度都是不可或缺的。缺失维度的成本，就是该维度全体成员被平均的成本。它导致成员差异的被忽视，特性的被抹灭，活力的被窒息，命运的被代表。

一切成员都是不可漠视的。任何成员的例外都是客观的存在，是需要我们去认识、去适应、去引领的新常态。正如马克思所说：“每个人的自由发展是一切人自由发展的条件。”用全体的整齐划一压制个体的丰富多彩，不仅因果倒置，而且简单粗暴。我们尊重海燕的精神，同时也尊重海鸥、海鸭和企鹅的习性。

应用多维组合成本，就是要还原真实的多维成本世界，以及这个世界每位成员的真实成本。本书以新颖的思想、严密的逻辑、清晰的结构和精练的文字，全面而通俗地介绍了多维组合成本，并通过示例介绍了其在不同类型企业的应用。以医药生产企业为例介绍了在生产型企业的应用，以医药流通企业为例介绍了在流通型企业的应用，以快递服务公司为例介绍了在服务型企业的应用。示例力求简洁，使读者能轻松地看清脉络，掌握算法。示例是为了尽可能对抽象概念进行具体阐述，重要的是讲求场景而不是考究数字。它是指向月亮的手，重要的是手指所向不是手指所在。

本书不同于成本会计类教材。后者是基于财务制度或会计准则编写的，成本计算是为了对外报告；本书是基于大数据视角编写的，成本计算是为了内部管理。

本书不同于管理会计类教材。后者主要介绍基于传统成本计算的结果如何再加工；本书是针对成本计算本身，换一种完全不同的思维方式和实现方式。

本书不同于行业类成本书籍。后者是基于行业法规及行业经验编写的，培养的是职场熟练工；本书不限具体行业，针对的是职场引领者。

本书不同于岗位类成本书籍。后者是基于岗位规范及岗位经验编写的，培养的是岗位能手，掌握的是养家工具；本书是不限具体岗位的，针对的是管理专家，肩负的是精益化责任，追求的是转型使命。

本书适用于各类型企事业单位。实现管理精益化目标，多维组合成本无疑是最给力的工具。

本书适用于管理软件公司。引导企业信息化需求，多维组合成本无疑是最有效的途径。

本书适用于企业互联网公司。挖掘企业级大数据，多维组合成本无疑是最丰富的宝藏。

另外，本书还适用于培训机构和咨询公司。

作者希望通过本书，一方面能与读者展开有深度的专业交流，一方面能给读者带来良好的阅读体验。在此，恳请读者对本书的疏漏、错误之处，给予指正。

程 翔

2016 年 7 月 25 日

目录

第一章
多维组合成本的产生背景

1 问题导向的多维组合成本

在企业管理实践中，传统成本信息对经营政策的制定产生了种种误导。这些误导不是彼此孤立的，而是相互影响的。例如，某类客户的某种产品政策，某一部门的某项作业政策等，我们将分别介绍。

一、传统成本信息对客户政策的误导

（一）对话场景

某医药生产企业，客户包括甲和乙。对这两家客户，销售的药品品种相同，数量相近，客户甲售价较高。在进行客户价值分析时，客户甲名列前茅，而客户乙排名倒数。通过客户总监和财务总监关于此问题的争议，可以看到双方对成本的不同认识，揭示出由于费用的乱分配，传统成本信息对客户政策造成的误导。

（二）对话内容

客户总监：客户甲给我们经常下达交期短的加急订单。为了按时交付，我们需要开临时协调会，改变生产计划，调整正常节奏，租用专门设备，安排突击加班，发生额外费用。这样明显给我们带来亏损的客户，怎么可能创造价值，居然还排进了前十？

客户乙下达的订单比较稳定，相应的计划明确，生产有序，交付准时，费用也能得到有效控制。这样明显给我们带来盈利的客户，价值贡献怎么可能排名倒数前十？

财务总监：我们的生产模式是以销定产，生产批号可通过生产任务单关联销售订单，并可进一步关联客户。但我们的成本核算是面向产品的，而不是面向客户的。加急订单造成的额外生产费用，我们向产品分摊，不向客户分摊。

因此，不同客户的销售成本，都是来源于相同的产品生产成本。这两家客户，销售的药品品种和各品种数量相差无几，因此销售成本是差不多的。但客户甲的药品售价高，因此销售收入较高，提供利润较多。

客户总监：冤有头，债有主。加急订单造成的额外生产费用，应该由相应的客户承担，财务只向产品分摊，等于是让所有的客户共同承担。客户甲少承担了本该它承担的费用，客户乙多承担了本不该它承担的费用。财务这样的成本计算，导致贡献大的客户被认为贡献小，贡献小的客户被认为贡献大，对我们只会产生误导。

二、传统成本信息对产品政策的误导

（一）对话场景

某医药流通企业，产品包括冷香丸和白加黑。这两种产品，采购成本相近，销量相同，白加黑的售价较高。在进行产品价值分析时，白加黑名列前茅，而冷香丸排名倒数。通过产品总监和财务总监关于此问题的争议可以看到，双方对成本的不同认识，揭示出由于费用的不分配，传统成本信息对产品政策造成的误导。

（二）对话内容

产品总监：白加黑是西药，运输主要靠空运。它对环境的要求较高，需要冷链存储和冷链运输，且采购批量小、批次多、流向广泛，导致物流费用比较高。为推广该产品耗费业务员的时间和精力较多，业务费用较高。客户形形色色，信用等级参差不齐，恶意纠纷时有发生，客服费用较高。这种利润率明显较低的产品，怎么可能价值较大？

相反，冷香丸是中药，运输主要靠陆运。它对环境的要求较低，只需普通存储和运输，且采购批量大、批次少、流向集中，大部分是客户自提，相应地物流费用比较低。它在中药市场可集采集发，和主要客户已实现药品库存信息共享，业务费用较低。客户主要都是大客户，信用等级高，恶意纠纷少，客服费用较低。这种利润率明显较高的产品，怎么可能价值较小？

财务总监：这两种产品，采购成本和销量相差无几，因此销售成本是差不多的。但白加黑的售价较高，因此销售收入较高，提供利润较多。

至于你们说的物流费用、业务费用、客服费用，那都属于期间费用。按会计制度规定，期间费用是不计入销售成本的。它们是泾渭分明、井水不犯河水的两码事，将两者混为一谈，说出来真是会计界的笑话。

产品总监：根据销售现场经验，白加黑的销售价格是要高一些，但其成本更高。冷香丸的销售价格是要低一些，但其成本更低。我们衡量各产品究竟是盈利还是亏损，关心的是其整体成本和相应的整体价值。你们财务将所有支出划分为销售成本和期间费用，就像柏林墙或三八线，很让人困惑。

在医药行业，药品自身成本比较低，而且其所占比重以后会越来越低；物流、业务、客服等费用比较高，而其所占比重以后会越来越高。一张财务报表，只考虑销售成本的毛利率高得惊人，考虑期间费用的利润率却低得离谱。财务的成本数据，早已成为了业务的笑柄。

三、传统成本信息对作业政策的误导

（一）对话场景

某快递服务公司，在全国各地设置了众多的物流部门，并对物流业务划分了接货、打包、分拣、解包、送货等不同作业环节。在进行价值分析时，只区分不同部门，没区分不同作业。通过运营总监和财务总监关于此问题的争议，可以看到双方对成本的不同认识，揭示出由于成本对象维度的欠缺，传统成本信息对作业政策造成的误导。

（二）对话内容

运营总监：为了提高运营效率，我们在物流部门内部进行了分工，设置了不同的班组，以提供不同的作业。财务提供的成本数据，只区分不同物流部门，不区分不同作业，让我们无法得知不同作业及相应班组的成本。为了降低运营成本，仅仅制定物流部门的费用标准是不够的，还需要制定作业标准，而这需要财务提供作业成本的数据支持。缺失了作业维度，我们只能对运营进行结果管理而不能进行过程管理，不知道成本变化究竟是哪个班组哪些作业造成的，也不知道究竟是否应该作业外包。

财务总监：目前费用没有向不同作业进行分摊，例如只核算广州物流部门的成本，不核算广州物流部门各项作业的成本。不过，根据各物流部门的成本和利润数据，就已经能够提供政策支持了。例如，北上广等地区的物流部门成本较低、利润较高，可大力发展快递服务；云贵川等地区的物流部门成本较高、利润较低，应逐步收缩快递服务。

运营总监：这只是部门层面而不是作业层面的数据，是比较粗放的。

根据运营现场经验，北上广等地区的仓储费用很高，导致分摊给打包、分拣、解包等作业的成本也相对较高；同时，由于交通便利，交付顺畅，接货、送货等作业成本相对较低。在该地区，我们计划逐步剥离亏损的打包、分拣、解包等作业，大力发展接货、送货等作业。财务建议在这些地区大力发展包括所有作业在内的一整套快递服务，岂不是让鲜花和毒草一起生长吗?

相反，云贵川等地区的仓储费用很低，导致分摊给打包、分拣、解包等作业的成本也相对较低；同时，由于交通不便，交付困难，接货、送货等作业成本相对较高。在该地区，我们计划逐步剥离亏损的接货、送货等作业，大力发展打包、分拣、解包等作业。财务建议在这些地区逐步收缩包括所有作业在内的一整套快递服务，岂不是将洗澡水和宝宝一起倒掉吗?

财务这样核算的成本，只会是胡子眉毛一把抓的成本，将我们有成熟经验和作业优势的利润点给抹掉了，而将没有成熟经验和作业优势的亏损点给掩盖了。

四、传统成本信息对部门考核的误导

（一）对话场景

某医药流通企业，在全国各地设置了众多的销售部门，包括广州和贵阳。广州销售部比贵阳销售部的营业收入高，在进行部门考核时，广州名列前茅，而贵阳排名倒数。通过人力资源总监和财务总监关于此问题的争论，可以看到双方对成本的不同认识，揭示出由于费用的不分配或乱分配，传统成本信息对部门考核造成的误导。

（二）对话内容

人力资源总监：由于不同的市场环境，宣传展览活动广州比贵阳要多，而这没有反映到宣传展览费用的分摊上；由于不同的人才环境，导致在人才需求层次、需求数量、招聘频率上，广州均远比贵阳要高，而这没有反映到招聘费用的分摊上。广州的营业收入虽较高，但总体成本也高；相反的，贵阳的营业收入虽较低，但总体成本也低。尽管广州和贵阳排名有先后，但也不至于相差这么大吧？

财务总监：有些费用如工资、奖金、福利费等，可直接归集到各销售部门。有些费用，如刚才提到的宣传展览费用、招聘费用，是分别归集到市场部和人力资源部的，与各销售部门无关。能按部门归集费用已属不易，相对于以往的财务核算工作已经是很大的进步了。

人力资源总监：费用有各种类型，如果不合理分摊，不仅达不到鼓励节约杜绝浪费的目的，相反会滋生投机取巧，助长不劳而获，鼓励各部门打内战，争经费，争资源，就是不对外争市场。例如广告费用不分摊，各地机构则会竞相做不考虑营销效果的广告；宣传展览费用不分摊，各地机构则会竞相做不考虑市场效果的展览；物流费用不分摊，各地机构则会竞相囤积不考虑客户需求的库存；招聘费用不分摊，各地机构则会不考虑工作需要而大量招人或不做必要的挽留工作而放任员工轻率离职。

这样的费用大锅饭，会让先进部门和优秀员工感到不公，造成很大的员工流动性。流动性大的原因无非有两点：一是钱没到位，受到了物质打击；二是心受委屈，受到了精神折磨。费用不分配或乱分配会造成不正常的环境，八面玲珑的人左右逢源，开拓市场的人举步维艰，以致劣币驱逐良币。如果管理方式采用齐宣王的粗放，销售部门就不乏滥竽充数的南郭先生。只有采用齐闵王的精益，滥竽充数的南郭先生才能暴露出来。

问题是时代的声音。通过经营政策制定过程中存在的种种问题，我们可以听到新时代对旧的传统成本计算方式的责问，也可以听到对新的成本计算方式的呼唤，从而催生着多维组合成本。

❷ 目标导向的多维组合成本

随着市场竞争加剧和经营规模扩大，企业对精益经营的认识不断深入，从成本核算方法的变迁可以看到，企业追求精益化经营的脚步从未停止。

一、粗放的成本核算方法

（一）商业企业

1. 毛利率法

毛利率法曾应用于商品批发企业。成千上万种商品，如果要分别核算成本，工作量很大，所以将商品按毛利率归类，采用分类的简易处理方法核算成本。

示例场景如下：

某类商品，期初库存180万元，本月购进720万元，本月销售700万元，上月毛利率10%。

计算过程如下：

销售毛利 = 本月销售 × 上月毛利率

= 700 × 10%

= 70 万元

销售成本 = 本月销售 − 销售毛利

= 700 − 70

= 630 万元

期末库存＝期初库存＋本月购进－销售成本
＝180＋720－630
＝270万元

这种核算方法，不是根据成本算毛利，而是根据相对固定的毛利率先计算毛利再倒推成本；不是核算每种商品的成本，而是核算每类商品的成本，显然是一种很粗略的成本核算方法。

2. 零售价法和售价金额核算法

零售价法曾应用于商品零售企业。成千上万种商品，如果要分别核算成本，工作量很大，所以将商品按零售价区分，采用成本汇总的简易处理方法核算成本。

示例场景如下：

某月期初商品库存180万元，相应的售价总额200万元；本月购进商品720万元，相应的售价总额800万元。本月销售收入700万元。

计算过程如下：

销售成本＝本月销售收入×（期初库存＋本月购进）÷（期初库存售价总额＋本月购进售价总额）
＝700×（180＋720）÷（200＋800）
＝630万元

期末库存＝期初库存＋本月购进－销售成本
＝180＋720－630
＝270万元

售价总额＝期初库存售价总额＋本月购进售价总额－本月销售收入
＝200＋800－700
＝300万元

零售价法可演变为售价金额核算法，本质完全一样，计算结果也完全相同。它的计算过程如下：

商品进销差价 = （期初售价总额 − 期初库存）+（本月购进售价总额 − 本月购进）

= （200 − 180）+（800 − 720）

= 100 万元

商品进销差价率 = 商品进销差价 ÷ （期初库存售价总额 + 本月购进售价总额）×100%

= 100 ÷（200 + 800）×100%

= 10%

销售成本 = 本月销售收入 − 本月销售收入 × 商品进销差价率

= 700 − 700 × 10%

= 630 万元

期末库存 = 期初库存 + 本月购进 − 销售成本

= 180 + 720 − 630

= 270 万元

零售价法或售价金额核算法，不是核算每种商品的成本，也不是核算每类商品的成本，而是核算所有商品的成本，显然这是一种很粗略的成本核算方法。

（二）工业企业

1. 计划成本法

计划成本法曾应用于工业企业。对于材料品种多、收发频率高、采购价格随时变化的企业，如果按实际成本核算，工作量很大。所以给每种材料定一个计划价，实际与计划的差异则用“材料成本差异”科目反映。

示例场景如下：

某材料计划成本为 10 元/kg。期初材料 100kg，成本 1000 元，材料成本差异 100 元；本月购进材料 120kg，单价 11 元/kg；本月领用材料 80kg。

计算过程如下：

本月购进材料成本＝购进材料×计划成本

＝120×10

＝1200元

本月购进材料成本差异＝购进材料×（购进单价－计划成本）

＝120×（11－10）

＝120元

本月领用材料成本＝领用材料×计划成本

＝80×10

＝800元

材料成本差异率＝（期初差异＋本月差异）÷（期初材料＋本月购进材料）

＝（100＋120）元÷（100＋120）kg

＝1元/kg

本月领用材料成本差异＝领用材料×材料成本差异率

＝80kg×1元/kg

＝80元

期末材料＝期初材料＋本月购进材料－本月领用材料

＝100＋120－80

＝140kg

期末材料成本＝期末材料×计划成本

＝140×10

＝1400元

期末材料成本差异＝期初材料成本差异＋本月购进材料成本差异－本月领用材料成本差异

＝100＋120－80

＝140元

计划成本法的本质是减轻计算工作量。例如，将采购价格为9.99或11.11的材料，全部按计划价10来计算，差异则汇总处理。正因为它是简化的，所以它也是粗略的，不能准确衡量每次材料收发的实际成本。

2. 分类法

分类法曾应用于工业企业生产成本的计算。对于品种规格繁多的企业，如果按照产品归集生产费用计算产品成本，工作量很大，所以根据产品结构和工艺过程对产品进行分类，按类别归集生产费用，然后计算产品成本。

示例场景如下：

工厂生产的A、B、C三种产品合并为甲类，以B为标准产品。材料费用按材料系数分配，人工和制造费用按工时系数分配；材料系数根据定额材料确定，工时系数根据定额工时确定。

本月材料费用、人工费用、制造费用分别为3810元、2235元、3576元。A、B、C产量分别为120件、90件、150件，定额材料分别为8kg、10kg、13kg，定额工时分别为8小时、5小时、5.5小时。

计算过程如下：

A材料系数＝A定额材料÷标准产品定额材料＝8÷10＝0.8

B材料系数＝B定额材料÷标准产品定额材料＝10÷10＝1

C材料系数＝C定额材料÷标准产品定额材料＝13÷10＝1.3

A材料总系数＝A产量×A材料系数＝120×0.8＝96

B材料总系数＝B产量×B材料系数＝90×1＝90

C材料总系数＝C产量×C材料系数＝150×1.3＝195

A工时系数＝A定额工时÷标准产品定额工时＝8÷5＝1.6

B工时系数＝B定额工时÷标准产品定额工时＝5÷5＝1

C工时系数＝C定额工时÷标准产品定额工时＝5.5÷5＝1.1

A工时总系数＝A产量×A工时系数＝120×1.6＝192

B工时总系数＝B产量×B工时系数＝90×1＝90

C工时总系数＝C产量×C工时系数＝150×1.1＝165

材料费用分配率＝本月材料费用÷（A材料总系数＋B材料总系数＋C材料总系数）＝3810÷(96＋90＋195）＝10

A 材料费用 = A 材料总系数 × 材料费用分配率 = 96 × 10 = 960 元

B 材料费用 = B 材料总系数 × 材料费用分配率 = 90 × 10 = 900 元

C 材料费用 = C 材料总系数 × 材料费用分配率 = 195 × 10 = 1950 元

人工费用分配率 = 本月人工费用 ÷（A 工时总系数 + B 工时总系数 + C 工时总系数）= 2235 ÷（192 + 90 + 165）= 5

A 人工费用 = A 工时总系数 × 人工费用分配率 = 192 × 5 = 960 元

B 人工费用 = B 工时总系数 × 人工费用分配率 = 90 × 5 = 450 元

C 人工费用 = C 工时总系数 × 人工费用分配率 = 165 × 5 = 825 元

制造费用分配率 = 本月制造费用 ÷（A 工时总系数 + B 工时总系数 + C 工时总系数）= 3576 ÷（192 + 90 + 165）= 8

A 制造费用 = A 工时总系数 × 制造费用分配率 = 192 × 8 = 1536 元

B 制造费用 = B 工时总系数 × 制造费用分配率 = 90 × 8 = 720 元

C 制造费用 = C 工时总系数 × 制造费用分配率 = 165 × 8 = 1320 元

分类法按类别归集生产费用，成本计算是比较粗略的。例如，可能专属于 A 产品的费用，却归集到了甲类产品，再向 A、B、C 产品进行分配。无论采用什么分配标准，这样的计算结果显然都是不准确的。

二、改进的成本核算方法

（一）商业企业

改进的成本核算方法是针对具体商品的，相对于笼统的毛利率法或零售价法，是更精益的核算方法。

示例场景如下：

期初库存 2 个，单位成本 8 元；本期采购入库 4 个，单位成本 11 元；本期销售出库 5 个。

具体核算方法有多种，我们介绍移动平均法和先进先出法。

1. 移动平均法

计算过程如下：

期初存货成本＝期初数量×期初单位成本＝2×8＝16 元

本期入库成本＝入库数量×入库单位成本＝4×11＝44 元

本期销售成本＝销售数量×（期初存货成本＋本期入库成本）÷（期初数量＋入库数量）

＝5×（16＋44）÷（2＋4）

＝50 元

期末存货成本＝期初存货成本＋本期入库成本－本期销售成本

＝16＋44－50

＝10 元

这是实务中运用最广泛的方法。

2. 先进先出法

计算过程如下：

期初存货成本＝期初数量×期初单位成本＝2×8＝16 元

本期入库成本＝入库数量×入库单位成本＝4×11＝44 元

销售出库 5 个，根据先进先出规则，应有 2 个来自期初库存，有 3 个来自本期采购。

本期销售成本＝2×8＋3×11

＝49 元

期末存货成本＝期初存货成本＋本期入库成本－本期销售成本

＝16＋44－49

＝11 元

这种方法适用于存货价格稳定、收发业务不是非常频繁的企业。

（二）工业企业

1. 品种法

一般认为，品种法是以产品品种为成本对象的成本计算方法，适用于大量大批的单步骤生产企业。

示例场景如下：

甲、乙两产品产量分别为400件和300件。甲、乙直接领用材料分别为30040元和12840元，共同耗用材料为42120元，共用材料的定额分别为1.2kg和1.1kg。甲、乙直接耗用人工分别为3920元和2240元，共同耗用人工为44000元，耗用工时分别为56000小时和32000小时。本月制造费用36080元。

计算过程如下：

材料费用分配率＝共同耗用材料÷（甲产量×甲材料定额＋乙产量×乙材料定额）

＝42120÷(400×1.2＋300×1.1)

＝52

甲产品材料费用＝甲直接材料＋甲产量×甲材料定额×材料费用分配率＝30040＋400×1.2×52＝55000元

乙产品材料费用＝乙直接材料＋乙产量×乙材料定额×材料费用分配率＝12840＋300×1.1×52＝30000元

人工费用分配率＝共同耗用人工÷(甲耗用工时＋乙耗用工时)

＝44000÷(56000＋32000)

＝0.5

甲产品人工费用＝甲直接人工＋甲耗用工时×人工费用分配率＝3920＋56000×0.5＝31920元

乙产品人工费用＝乙直接人工＋乙耗用工时×人工费用分配率＝2240＋32000×0.5＝18240元

制造费用分配率＝制造费用÷(甲耗用工时＋乙耗用工时)

＝36080÷(56000＋32000)

＝0.41

甲产品制造费用＝甲耗用工时×制造费用分配率＝56000×0.41＝22960元

乙产品制造费用＝乙耗用工时×制造费用分配率＝32000×0.41＝13120元

品种法按实际成本核算具体产品的成本，而不是按产品类别归集费用。所以相对于分类法，品种法是更精益的核算方法。

2. 分批法

一般认为，分批法是按照产品批别计算产品成本的一种方法，主要适用于单件小批类型的生产，如造船业、重型机器制造业等。其实，分批法在药品、食品、化妆品等行业也普遍采用。

例如工厂生产甲产品，本月分别下达了 10 个生产订单，对应有 10 个生产批号。不同的生产订单由不同的班组执行，可能耗用不同的工时，生产的产品可能有不同的质量。如果仅仅按品种法计算产品成本，那么不同班组的绩效就无法区别了。所以，相对于品种法，分批法是更精益的核算方法。

3. 分步法

一般认为，分步法是按照产品的生产步骤计算产品成本的一种方法，适用于大量大批的多步骤生产，如纺织、冶金企业等，包括逐步结转分步法和平行结转分步法。

这里需要说明几点：

（1）分步法所说的生产步骤，是指生产过程中的半成品步骤，而不是工序步骤。例如医药生产企业，分步法就是先计算半成品水丸的成本，再计算产成品十粒盒装水丸的成本。至于水丸生产过程中的起模、成型、盖面、干燥等工序的成本，分步法是不计算的。如果计算，那就是作业成本法了。

（2）分步法除了产成品，还需计算半成品成本，而半成品水丸和产成品十粒盒装水丸一样，都可以作为产品品种，所以分步法就是品种法。

（3）成本计算在手工状态下，逐步结转和平行结转是需要区分的。先计算半成品成本，再计算产成品成本，向左进行的过程，就是逐步结转分步法；不计算半成品成本，直接计算产成品成本，向右进行的过程，就是平行结转分步法如图 1 - 1 所示。

（4）在信息化环境中，逐步结转和平行结转是不需要区分的，如同在会计电算化环境中，明细账和总账是不需要区分先后顺序的。这仅仅是查询的问题，而不是计算的问题。明细账、总账等各类账簿并不是真实的存在，而是在满足不同的查询需要时，对凭证进行不同数据的重组和不同形式的再展现。同样道理，逐步结转和平行结转只是按不同需要拼接出的不同视图，而不是客观存在的物理表。两者本质是完全一样的，都是来自最底层最明细的料、工、费的组合。

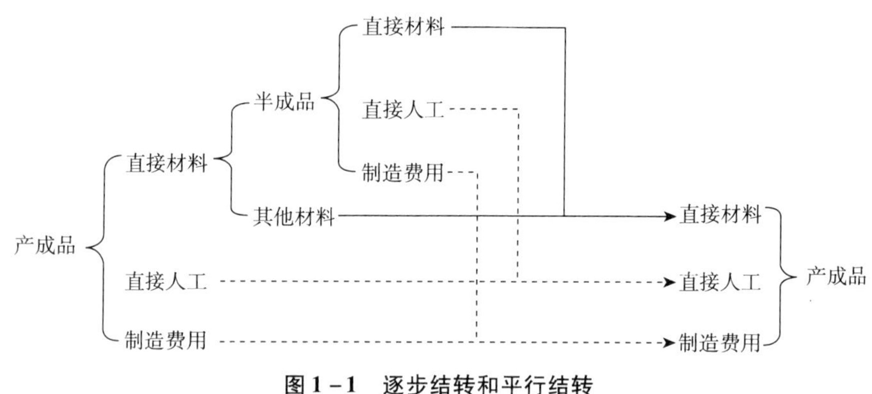

图 1-1　逐步结转和平行结转

三、细致的作业成本管理

（一）作业成本理论的萌芽

作业成本理论的提出，主要是针对传统成本核算对制造费用的乱分配。

产品成本包括直接材料、直接人工和制造费用如图 1-2 所示。

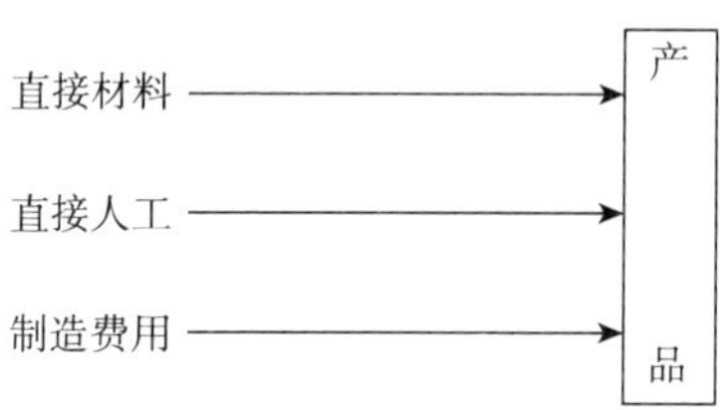

图 1-2　传统成本核算

传统成本核算下，直接材料和直接人工是为某种产品发生的，可以直接追溯至某种产品，因此不用分配；制造费用是为多种产品发生的，不能直接追溯至某种产品，因此需要分配。

传统成本核算面临的一大难题，是如何准确地在不同产品间对制造费用进行分配。选用单一分配标准，效果难以让人满意；选用多个分配标准，赋予不同权重后形成一个复合分配标准，效果仍然不尽如人意。

在反复摸索后，问题依然无解，人们不得不换个角度，不再寻找这个问题的答案，而是推敲这个问题的本身，即不再思考如何向产品分配，而是思考为什么要向产品分配。终于发现，制造费用直接向产品分配，犹如没有桥梁却想过河，我们需要在制造费用与产品之间搭起作业的桥梁，制造费用先向作业进行分配，再向产品进行分配。即：产品消耗作业，作业消耗资源。这样，作业成本理论就诞生了如图 1－3 所示。

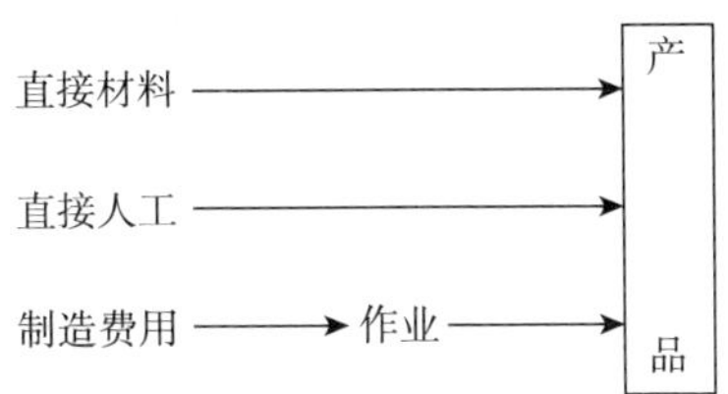

图 1－3　作业成本理论的萌芽

相对于产品成本核算，作业成本核算显然是更精益的。

任何一种新理论，总会创造一些新概念，作业成本理论也是如此。它的主要概念有：

（1）成本动因，包括资源成本动因和作业成本动因。资源成本动因，就是制造费用向作业进行分配的依据；作业成本动因，就是作业成本向产品进行分配的依据。

（2）不同层级的作业。作业依据作业层级划分为维持级作业、产品级作业、批次级作业和单位级作业。维持级作业，就是为整个工厂，即所有产品发生的作业；产品级作业，就是为某种产品发生的作业；批次级作业，就是为每一批次产品发生的作业；单位级作业，就是为每一单位产品发生的作业。粒度越来越细，范围越来越小，单位级作业是粒度最细、范围最小的。

3. 作业成本库，就是不同作业层级的资源耗费。不同作业层级有不同的成本库，它们之间的关系如图 1－4 所示。

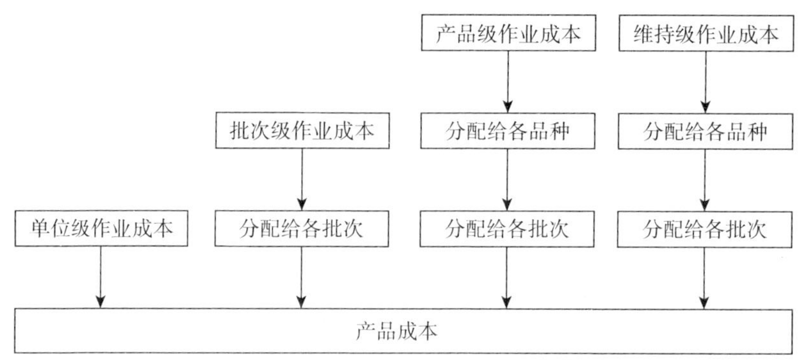

图1-4　不同层级的作业成本

（二）作业成本理论的初期

作业成本理论是针对传统成本计算的弊病提出的。在萌芽阶段，它更像是传统成本理论的自我修正与完善，而没有独立的理论体系。到了初期阶段，它终于摆脱了传统成本理论的羁绊，在实践中逐步形成自己的架构。

作业成本理论在解决制造费用分配问题的同时，人们发现，作业不仅是为产品发生的，可以解决产品成本的问题，而且也是为生产任务单及其关联的订单、客户发生的，因此可以解决客户成本的问题。另外，作业由班组提供，归属于工作中心和成本中心，因此通过作业成本，也解决了班组成本、工作中心成本、成本中心成本的问题。

一方面，理论来源于实践。正是在传统成本计算的实践中，我们发现了制造费用分配不合理，产品成本扭曲这一问题，才提出了作业成本理论。另一方面，来源于实践的理论，可指导更广泛的实践。作业成本理论不仅解决了制造费用分配不合理，产品成本扭曲的问题，而且解决了更广泛的其他问题。

传统成本的理论框架是以产品为中心，基于产品成本核算客户等其他维度的成本，客户与产品是先后关系。作业成本的理论框架是以作业为中心，基于作业成本核算客户、产品等其他维度的成本，客户与产品是并列关系。

这样，产品的中心地位被撼动了，传统成本的理论框架就消亡了，包括多个维度的成本对象取代了产品。在成本对象中，产品维度继续存在，但不是作为中心存在，而是作为众多维度中的其中一个维度存在。

相应地，与产品有关的概念也随之消失，例如直接材料、直接人工、制造费用。相对于产品而言的直接材料、直接人工，相对于成本对象而言就不是直接的了，它们和制造费用一起，统称为资源。这里说的资源，不是生产线、人员、设备，而是费用，因为资源消耗的价值表现形式就是发生的各项费用。

初期的作业成本理论如图 1－5 所示。

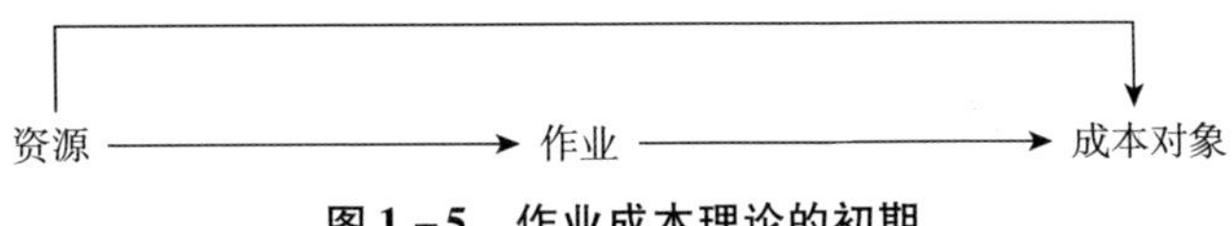

图 1－5　作业成本理论的初期

随着成本对象概念的产生，原先从产品观出发对不同作业层级的划分，以及相应的作业成本库的概念，也随之淡化。

追溯与分摊，专属与共耗，这些概念被保留着，当资源消耗专属于某个成本对象时，是直接追溯的，不用分摊。

（三）作业成本理论的发展

作业成本理论觊觎传统成本理论框架下产品的中心地位，它将产品拽出中心，用作业取而代之。它在实践中沿着自身逻辑，继续向前发展，很快就遇到了问题，类似于传统成本核算曾经遇到的问题。

曾经的传统成本核算，在将制造费用向产品进行分摊时，发现直接分摊是不可行的。为解决这一问题，产生了作业的概念。

现在的作业成本核算，在将资源向作业进行分摊时，或者将作业向成本对象进行分摊时，同样发现直接分摊是不可行的。为解决这一问题，产生了分摊路径的概念，从而将原先的一次或二次分配，演变为沿分摊路径上各节点的多次连续分配如图 1－6 所示。

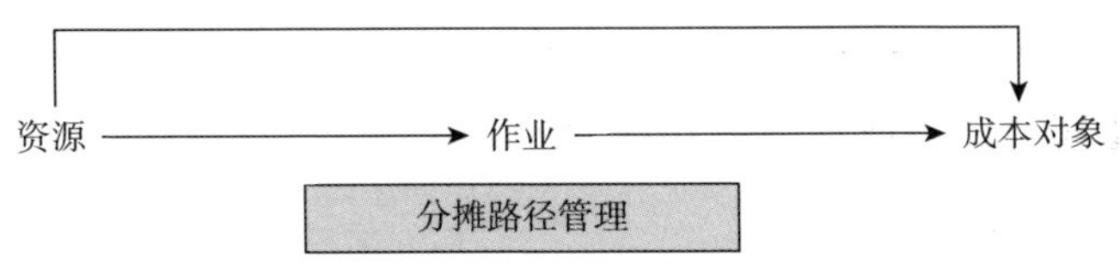

图 1－6　作业成本理论的发展

随着分摊路径的产生，资源成本动因、作业成本动因的概念逐渐消失。因为分摊路径可能有多个节点，而不是资源、作业这两个节点；分摊过程可能有多个阶段，而不是资源到作业、作业到成本对象这两个阶段。例如，可能有班组、客户等节点，可能有班组到作业、客户到成本对象等阶段。如果资源成本动因、作业成本动因等概念继续存在，那么班组成本动因、客户成本动因等概念就没理由不产生。因此一概不要，统称成本动因。

四、精益的多维组合成本

（一）多维组合成本的形成

1. 多维组合成本，是作业成本理论发展的水到渠成的结果

相对于传统成本理论，作业成本理论将产品拽出了中心地位，因为产品是与部门、工作中心、客户等维度并列的维度。

同样道理，相对于作业成本理论，多维组合成本将作业拽出了中心地位，因为作业是与产品、部门、工作中心、客户等维度并列的维度如图 1 –7 所示。

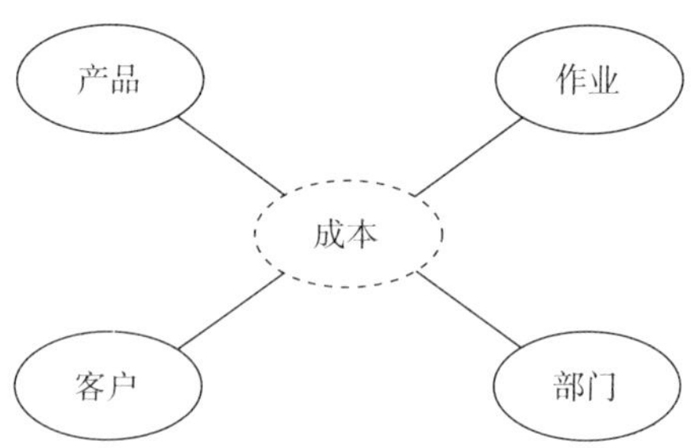

图 1 –7　并列维度的成本

完全意义上的多维组合成本就这样形成了，作业纳入了多维组合的成本对象，退出了中心地位如图 1 –8 所示。

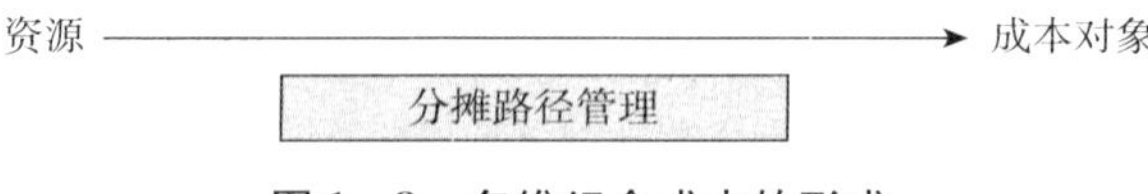

图 1 –8　多维组合成本的形成

2. 多维组合成本，是成本核算逐步精益化的水到渠成的结果

从粗放的成本核算到改进的成本核算，再到作业成本核算，再到多维组合成本核算，这是成本核算的精益化之路如图 1－9 所示。

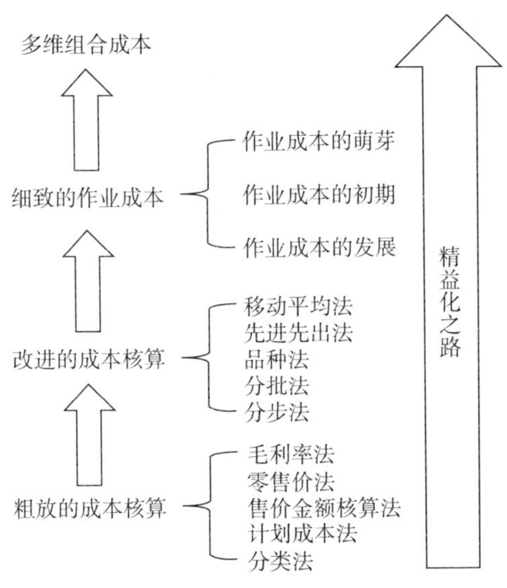

图 1－9 成本核算的精益化

成本核算的精益化之路，体现了企业对精益化管理目标的不懈追求。

（二）多维组合成本的特点

对作业成本的基本理论“产品消耗作业，作业消耗资源”，多维组合成本有更全面的认识，具体如下：

1. 关于产品消耗作业

作业不是产品的子维，产品成本不是不同作业成本的累加。一种产品可以对应多项作业，一项作业也可以对应多种产品，这是多对多的关系，而不是大小概念的包含关系。

归集到作业的费用要向产品分摊，同样的，归集到产品的费用要向作业分摊。例如，一种产品有多道工序，每道工序都可能投料。从业务上讲，如果材料费用仅向产品归集而不向作业分摊，则无法分清不同工序的材料消耗，无法对相应的班组进行考核；从技术上讲，尽管产品好像是作业之后形成的，但产品和作业是数据模型中不分先后的、平等的、并列的

维度。

另外，不仅产品消耗作业，而且客户也消耗作业，部门也消耗作业。

2. 关于作业消耗资源

不仅作业消耗资源，而且客户也消耗资源、部门也消耗资源。

资源向作业进行分摊是必要的，但并不是充分的，因为可能需要向客户、部门等进行归集或分摊。

多维组合成本，体现了成本对象消耗资源。成本对象是一个多维组合，通常包含作业，但也可以不包含作业。例如教育机构，如果只关心不同专业、不同课程、不同科室、不同学员等维度的成本，不关心课程设计、课堂教学等作业的成本，则成本对象可不包含作业。可以看到，相对于作业成本理论，多维组合成本的内涵有了极大的丰富，外延有了极大的扩充，应用更深更广。

如果说作业成本取代传统成本，是以一个中心取代另一个中心，类似于改朝换代，那么多维成本取代作业成本，则是以一种文化取代另一种文化，类似于结束帝制。它走出了中心论的怪圈，迎来了互联网多维的阳光。无论是对作业还是产品，当他们褪下皇袍被赶下宝座时，不是穿上囚衣被判入死牢，也不是披上袈裟被打入冷宫，而是成为和其他维度平等的维度，共同参与、支撑和丰富着多维组合的成本世界。

3 技术导向的多维组合成本

千百年来有很多美丽的童话，例如能看到很远物体的千里眼，能听到很远声音的顺风耳。这体现了信息共享的思想。

两千多年前，孔子在《论语》中写到“如切如磋，如琢如磨”，即“治骨角者，既切之而复磋之；治玉石者，既琢之而复磨之；治之已精，而益求其精。”这体现了精益求精的思想。

无论是信息共享还是精益求精，这些思想早已产生，但它们的实现却得依赖科学技术的发展。没有科学技术的发展，这些思想只能摆在橱窗里，无法进入企业实践。

事物是相对的。曾经的粗放是如今回头看的粗放，我们的先行者对精益缺乏的不是认知，而是条件。童话世界的精神食粮是现实世界的物质追求，这种追求当时只能达到那种地步，精益只能达到那种水平。具体到成本计算也是如此。多维组合成本的产生，正是由于目前具备了条件，包括技术能力的提升和技术成本的降低。

一、技术能力的提升

没有信息化技术的支撑，多维组合成本只能是空中楼阁。与多维组合成本有关的技术包括如下。

（一）内存技术

以往，有的企业实施多维组合成本，系统最初运行是稳定的，但短则半年，长则两年，数据量的加大和内存不足常常导致微机性能出现问题。分摊几十万条数据，或者查询一张多维报表，少则一两个小时，多则五六个小时，甚至死机，系统陷入瘫痪。

这几年，内存从 MB 级发展到 GB 级又发展到了 TB 级，通过软硬结合产生了内存数据库技术，得到了大面积推广和大范围商用。其直接读取内存而不是磁盘，使数据处理速度提高了成千上万倍；行式存储与列式存储相结合，数据瞬时处理实时分析，同时满足了流程化业务处理和模型化多维分析需要。

除了内存容量，存储介质、网络速度和 CPU 性能等，近几年均取得了重大突破并胜利会师，共同揭开了大数据时代，为企业应用多维组合成本创造了良好的技术环境。

（二）物联网技术

多维组合成本的分摊标准是丰富的，采集分摊标准的具体数值是迫在眉睫的，这属于计量问题，靠人工显然是不可行的，因其所耗时间和精力太大，这就需要借助物联网技术。

例如，六个人一起吃饭，如果没有相应的硬件设备如扫描枪、传感器、计数器等，不能自动统计每个人每道菜的夹菜次数，费用就只能 AA 制分摊，结果显然是不准确的如图 1－10 所示。

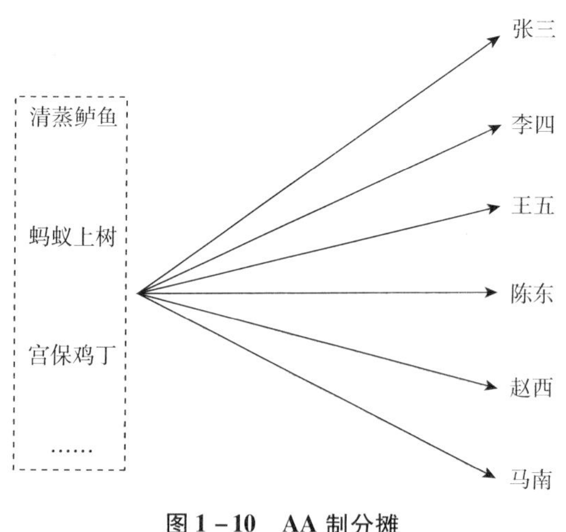

图 1－10　AA 制分摊

如果有相应的硬件设备，能够统计每个人每道菜的夹菜次数，费用就能够精准分摊（如图 1－11 所示）。没有物联网技术，互联网是虚拟的。以前有句流传很广的话，说在互联网上，你甚至不知道和你交流的是人还是狗。有了物联网技术，互联网不仅不再是虚拟的，而且是现实世界最客观、最全面、最及时的反映。我们不仅知道对方是谁，而且可以知道其身体特征和行为偏好。

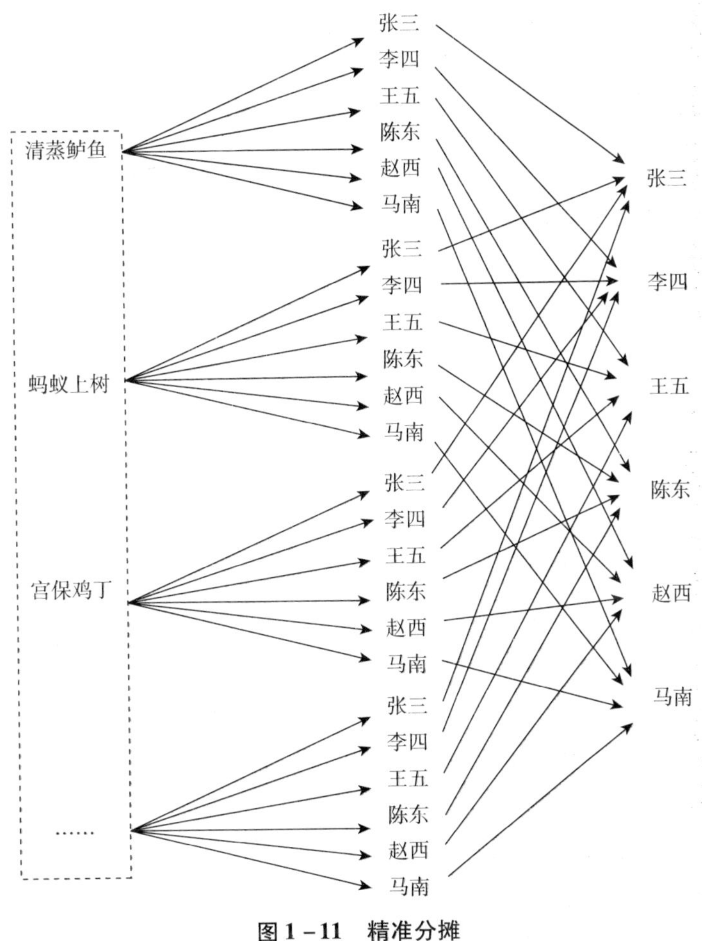

图1-11 精准分摊

现实世界接入互联网是大势所趋。例如，全球著名引擎制造商英国劳斯莱斯公司，在其飞机、直升机、舰艇等引擎产品上，平均每部配备了100多个传感器。这些传感器，采集了部件的振动、压力、温度、速度等数据，然后通过卫星传送到健康引擎数据采集系统，再传回位于英国德比郡的总控室。再如GE公司，目前有20亿台设备连接到互联网，到2020年将达到50亿台。GE公司在加州建立了San Ramon软件中心，有400多名技术人员对机器产生的PB级数据进行分析利用。

（三）数据挖掘技术

多维组合成本提供的海量数据可丰富数据资产，通过对数据资产的进一步挖掘能够创造更大的数据价值。相关的数据挖掘技术，包括聚类分组、预测分析、敏感分析、概率分析，情景模拟、多元回归等算法，目前已趋于成熟。

二、技术成本的降低

和其他信息化项目一样，实施多维组合成本需要考虑成本效益原则，但其内涵随着经营环境和技术条件的变化而变化。

以往的经营环境比较宽松，即使粗放的管理也能获得生存和发展，有的事情尽管能带来效益也只算是蝇头小利，我们可以舍弃。现在的经营环境日益严峻，只有精益的管理才能获得生存和发展，任何业务只要能带来效益即便是刀片般的薄利，我们也不可视而不见。

以往 IT 技术相对落后且成本很高，企业实施多维组合成本将得不偿失。现在 IT 技术日益发展且成本降低，例如，随着物联网的发展，传感器、扫描仪、GPS（全球定位系统）、GIS 系统（地理信息系统）等，价格均成百上千倍地下降。很多原来军方或实验室的专用设备，现在普通民营企业甚至个人都可以毫无负担地使用。再如，随着云服务的推广，原来很昂贵的软件，现在可以以较低成本使用。经济门槛的降低使企业实施多维组合成本将得大于失。

4 数据导向的多维组合成本

一、数据资产的价值

2012 年 5 月，全球最大的社交网络公司 Facebook 在 NASDAQ 上市，上市前投行对其定价是每股 38 美元，总估值 1040 亿美元，相当于波音公司、通用汽车和戴尔电脑三家市值之总和。Gartner 公司副总裁 Doug Laney 研究了 Facebook 在 IPO（首次公开募股）前的数据，估算出从 2009 年—2011 年其共收集了 2.1 万亿条有用信息，每条信息以其 IPO 估值衡量有 5 美分左右的价值，每位用户有 100 美元左右的价值。也就是说能把 Facebook 评估到上千亿美元，很大程度上依据的是其获取的用户数据。

在互联网发展重点从消费级向企业级转移的新阶段，很多公司对未来的商业模式进行了全新思考和探索，对数据产业链中企业数据的价值进行了重新定位和评估，开始像 GE 一样尽全力收集一切数据，包括眼前看上去没有价值的垃圾数据，为的就是在一个新时代面前有所准备。

2015 年 4 月贵阳大数据交易所正式运营，推动了政府数据公开和行业数据价值发现。观念是随利益变化的，可以想象，在有安全保障的前提下让渡部分数据权利如能给企业带来收益，企业就会逐步参与，数据产业链的良性循环就会逐步形成。多维组合成本项目，不仅因为支持政策制定从而具有管理上的间接价值，而且由于本身的海量数据从而具有数据上的直接价值。

多维组合成本的数据量很大，可以通过与传统成本的对比进行大致估算。例如：

（1）医药生产企业。传统成本计算以药品为成本对象，大概 100 多种，即成本对象 100 个；多维组合成本以“生产批号 + 作业”为成本对象，按一个月 30 天，每种产品每天平均 3 个批次，平均工序有 5 道等来计算，每月成本对象就有 30 × 100 × 3 × 5 = 45000 个，相对于传统成本数据增加了 450 倍左右。

（2）医药流通企业。传统成本计算对药品为成本对象，大概 3000 多种，即成本对象 3000 个；多维组合成本以“客户 + 产品 + 作业”为成本对象，按 100 家客户，3000 种产品，平均作业有 5 项等来计算，成本对象就有 100 × 3000 × 5 = 150 万个，相对于传统成本增加了 500 倍左右。

（3）快递服务公司。传统成本计算按部门归集成本费用，如果套用成本对象的概念，大概就是 200 个；多维组合成本以“客户类型 + 货物类型 + 路由 + 作业 + 部门”为成本对象，按 5 种客户类型，20 种货物类型，100 个路由，200 个部门，平均作业有 5 项等来计算，成本对象就有 5 × 20 × 100 × 200 × 5 = 1000 万个，相对于传统成本增加了 50000 倍左右。

尽管这只是理论上的估算，在实务中很多维度的组合可能是无效的。例如不会向每位客户销售所有的产品，不会由每个部门提供所有的作业等，但即便如此，各类型企业应用多维组合成本后的数据量仍将有几何级数的增长，业务处理系统 GB 级的数据量在相应的多维组合成本系统很容易就是 TB 级的。

多维组合成本的分摊标准数量很多且形态多样，让我们重视并采集以往被忽略掉的数据，如作业的工时，运输的距离，广告的次数等。

大量的多样的数据，在工业化时代可能是个恼人的累赘，但在大数据时代却是宝贵的财富。多维组合成本，开拓了新的数据源泉，形成了新的数据宝藏，提供了新的数据价值。

二、数据部门的作用

随着社会转型和产业升级，不同行业不同领域之间的边界越来越模糊，内容越来越交融。以往，随着信息化发展，有种说法“所有公司都是

IT 公司”。后来，随着互联网发展，有种说法“所有公司都是互联网公司”。现在，随着互联网的发展进入大数据时代，有种说法“所有公司都是数据公司”。尽管这些说法可能有商业噱头或概念炒作的成分，但数据的重要性目前已形成共识，很多公司成立了数据部，设置了首席数据官，专门负责运营数据资产。

过去，信息化项目只是给公司增加投入的项目，信息化建设强调业务部门主导，IT 部门配合，信息化部门只是后勤部门。它们是花钱的，产生的效益在别处。

现在，数据部门的出现，使技术不仅是应用的支撑，而且是应用的先导。在多维组合成本项目中，IT 部门通过对业务数据的加工处理支持成本计算，数据部门通过对海量数据的分析挖掘指导成本管理和业务开展。

第二章
多维组合成本的基本概念

①

与成本有关的概念

一、不同范畴的成本

成本的概念体系，有如百年的家族图谱，它的旺盛生命力，使其轻而易举地冲出了会计学领域，在其他领域也得到了应用，如结婚成本等。我们对网络上流传甚广的结婚成本清单进行分析，借此了解不同范畴的成本概念，并消除现代青年的结婚恐惧。

结婚成本清单如下所示。

婚房 60 万元

装修 10 万元

家具家电 10 万元

轿车 10 万元

恋爱 10 年花费 18 万元

度蜜月 2 万元

办喜酒支出 7 万，抵销收到的红包 7 万元

结婚成本共 110 万元。

分析：

（1）婚房、装修、家具家电、轿车属于固定资产，不是一次性费用，不应计入结婚成本。

（2）恋爱 10 年花费 18 万元，既不是结婚的充分条件，也不是必要条件。不是因为恋爱了 10 年花费了 18 万元，所以就必须结婚，也不是因为要结婚，就必须恋爱 10 年花费 18 万元。不管结不结婚，时光已无法倒流，花费已无法收回，这属于过去成本、沉没成本、结婚决策的非相关成本，不应计入结婚成本。

（3）度蜜月的2万元与结婚有关，是相关成本，同时也是责任成本中的可控成本。

（4）用办喜酒的支出抵销收到的红包，这种算法不对。办喜事如果是不可移易的民风民俗，那支出的7万元是应计入结婚成本的。收红包属于对未来支出的预收，按照礼尚往来的习俗，是要至少按本还回去的。它在形成现金资产的同时也构成了一项负债，不能作为收入。

（5）这张清单漏掉了领取结婚证的工本费9元。

根据以上分析，结婚成本等于度蜜月的2万元，加摆喜事的7万元，加结婚证工本费9元。如果移风易俗不摆酒，结婚成本等于度蜜月的2万元，加结婚证工本费9元。其中度蜜月的2万元属于可控成本，结婚真正必须花的成本也就是9元。

顺便说一下，如果原本两地分居，结婚后一方投靠另一方，丢掉了原先的工作，则原先的工作收入是结婚的相关成本，同时也是机会成本。

可能有人会说，没有结婚清单上的那110万元做基础，确实结不了婚呀。如果这样认为，就不是成本问题而是关于异化的哲学问题了。我们究竟是为生活而活着，还是为了使别人相信我们活着而活着？我们究竟是追求婚姻幸福，还是追求使别人相信我们婚姻幸福？这张清单把具有实质意义的结婚证工本费9元给漏掉了，列出来的全是形式意义的花费。我们不得不问：生活，还是被生活？结婚，还是被结婚？

我们再看网络上同样流传甚广的养育成本清单。这张清单极长，将养育过程分成了8个阶段：怀孕阶段、生产阶段、幼儿园前阶段、幼儿园阶段、小学、初中、高中、大学阶段，各阶段按明细统计出来的费用分别是1万元、2万元、7万元、8万元、12万元、15万元、20万元、25万元，合计90万元。

现在很多符合政策的家庭不愿意生二孩，甚至很多丁克家庭不愿意要孩子，这份清单估计起了不小作用。把各阶段费用全部统计出来，其作者一定花费了不少工夫。不过既然已经费了那么大工夫，已经穷举了20多年的费用，不如再加把劲，继续往前走，走到人生的尽头为止，努力把所有花费全部整理出来。当他整理完毕，抬头仰望星空时，可以问问自己：

“如果我不花费这些钱，那我准备干什么？难道带进天堂？”

清单的作者用貌似客观翔实的数据给善男信女们出了一道难题：娃，生还是不生？我们也可以给作者出一道难题：钱，花还是不花？

这份清单列出的，都是未来成本。在预测未来成本时，主要精力应放在检查和论证那些不确定因素和假设前提是否科学合理上，而不是花太多的精力去预测过分精细的数字。二十年前，有谁能料到今天的中小学校会因为生源的不足而大规模撤并呢？有谁能料到今天的大学入学率会达到70%以上呢？常说活在当下，基于今天的环境，预估遥远的数据，是另类的刻舟求剑，这不是在研究成本，而是在玩弄成本，这不是成本实践，而是成本游戏。

二、不同层面的成本

成本主要分三个层面。

（1）**财务层面的成本**，是面向过去的；主要是财务报表，局限于财务部门，满足税务等政府机关要求，即用于外部报告；数据比较笼统，报告频率一般为月。

（2）**运营层面的成本**，是面向现在的；主要是业务指标，满足业务部门一线经理需求，即用于战术分析；数据非常详细，报告频率一般为天。

（3）**战略层面的成本**，是面向未来的；既包括财务报表也包括业务指标，满足企业整体的战略计划需求，即用于战略分析；数据的详细程度取决于决策管理的需要；报告频率随需而定。

财务、运营、战略三个层面分别对应生产、经营、价值链成本，以往的教科书对这三个层面的成本还有量化的定义，虽然现在不怎么提了，这里还是介绍一下。

生产成本 = 直接材料 + 直接人工 + 制造费用

经营成本 = 生产成本 + 销售费用

价值链成本 = 生产成本 + 销售费用 + 管理费用

早些年的邯钢经验：模拟市场核算，实行成本否决，实际就是运营层面的成本管理。现在国资委对央企的要求，也包括加强运营层面和战略层面的成本管理。

三、成本项目

为避免或减少歧义，成本项目，或称费用项目，可按会计核算的成本费用科目设置，无须另外认定。生产型企业包括直接材料、直接人工、制造费用等，流通及服务型企业包括营业成本、管理费用、销售费用等。

这里的成本不包括资本化费用。例如资本化费用计入在建工程，在建工程完工后转资产，资产再通过折旧费的方式进入成本。当下的成本计算不应考虑今后形成折旧费的当下资本化费用。否则，从长远来看，计算就重复了。

每个成本项目包括许多明细项目，类似每个成本费用科目包括许多明细科目。例如：

（1）**制造费用**，包括工资、福利费、交通费、劳动保护费、折旧费、修理费、租赁费、物料消耗、低值易耗品摊销、生产用工具费、试验检验费、停工损失、取暖费、水电费、办公费、差旅费、运输费、保险费、技术组织措施费等。

（2）**销售费用**，包括工资、福利费、教育经费、工会经费、社会保险费、折旧费、修理费、物料消耗、低值易耗品摊销、办公费、差旅费、业务招待费、通信费、车辆费、能源费、运输费、保险费、租赁费、装卸费、包装费、通关费、宣传展览费、仓储费、调试费、广告费、业务提成佣金、投标费、售后服务费等。

（3）**管理费用**，包括工资、福利费、工会经费、教育经费、社会保险费、住房公积金、折旧费、办公费、通讯费、差旅费、交通费、汽车使用费、低值易耗品摊销、资料费、维修费、水费、电费、物业管理费、财产保险费、租赁费、劳动保护费、排污费、绿化费、会议费、董事会费、咨询费、审计费、诉讼费、印花税、土地使用税、车船使用税、业务招待费、资产摊销及损失等。

❷

与多维组合有关的概念

一、维度与多维组合

任何主数据均可作为费用归集的口径。例如，客户、员工等。

主数据有字段属性。例如，客户有地区、信用等级等属性；员工有性别、年龄等属性。

纳入分析的口径和属性，均可作为多维组合的分析维度。例如，要分析不同信用等级客户不同产品的收入，则维度包括信用等级、产品。

不同企业的主数据是不同的。例如，汽车在车企是产品，在非车企是资产；检修在工厂是作业，在独立的检修公司是提供的劳务，相当于生产的产品。

维度的具体成员就是维成员。例如，产品维度包括水丸、冷香丸等维成员，作业维度包括起模、成型、盖面、干燥等维成员。

维成员的粗细程度就是颗粒度。例如，作业维度的维成员，可以是起模、成型、盖面、干燥四个，也可以进一步细分为更多个。分得越细，维成员越多，颗粒度越小。

维成员的组合就是维成员组。例如，可以将“水丸＋冷香丸”定义为一个维成员组“中药”。这样，就可以查询“中药”，即“水丸＋冷香丸”的汇总数据。

维度的组合就是多维组合。例如，“产品＋作业”是多维组合。

对以上概念，需要做以下说明：

（一）关于服务与产品

服务即产品，产品即服务，它是客户交付的标的。例如软件公司销售软件，软件就是产品；软件公司除了销售软件，还提供咨询、实施等服务，那么咨询、实施等服务也是产品。

产品向服务转型，不是一种产品向另一种产品的转型，在观念层面上，它是产品中心向作业流程中心的转型，结果管理向过程管理的转型；在操作层面上，产品成本不仅包括生产环节成本，而且应承担售后等服务环节的成本。

（二）关于作业

作业的设置并不是越明细越好，不仅要从管理的实际需要出发，也要考虑海量数据的计算能力限制。在工业企业，作业就是工艺路线的工序，它是一个管理文件而不是技术文件，用于管理目的而不是生产目的，与实际生产过程中的工序是有较大区别的。出于管理需要的作业定义，比基于生产需要的作业定义，那肯定要粗得多。

（三）关于维度关系

维度之间可能是多对多的交叉关系。例如，一种产品可以包括多个作业，一项作业可以服务多种产品。

维度之间可能是一对多的包含关系。例如，一个工作中心提供多项作业，且任何一项作业只归属于一个工作中心。

再如房地产公司，项目与产品是一对多的关系，例如一个项目有很多房号，具体的房号归属于某一个项目。项目与产品类型是多对多的关系，例如一个小区项目可对应别墅、洋房、商铺等多种产品类型，一个产品类型也可对应 A 小区、B 小区等多个项目。

（四）关于多维组合

单一维度的数据意义不大。例如，统计局公布的不同区域的工资。

多维孤立的数据意义不大。例如，统计局公布的不同区域的工资，不同行业的工资，不同学历的人员工资。

多维组合的数据意义很大。例如，统计局公布了不同区域、不同行业、不同学历的人员工资，对相应区域、行业、学历的具体从业人员，就有参考作用。

组合维度越多，数据越有价值。缺乏哪个维度，哪个维度的数据就被平均了。例如，统计局公布了不同区域、不同行业的工资，缺乏学历维度，那么，不同学历的人员工资就被平均了。

我们再示例多维和多维组合的区别。例如，皮肤、贫富、外貌三个维度的数据如表2－1所示。

表2－1　三个维度的数据

单位：人

皮肤	人数
白	400
黑	400

贫富	人数
贫	400
富	400

外貌	人数
美	400
丑	400

三个维度的组合数据（如表2－2所示）。

表2－2　三个维度组合的数据

皮　肤	贫　富	外　貌	人　数（人）
白	富	美	100
白	富	丑	100
白	穷	美	100
白	穷	丑	100
黑	富	美	100
黑	富	丑	100
黑	穷	美	100
黑	穷	丑	100

可以看出，从多维到多维组合，数据量是呈指数级增加的，且多维组合更有意义。例如很多人啧啧赞叹的就是“白富美”这种多维组合，而不是“白美”“白富”或“富美”。

二、成本对象

成本对象的设置，就是明确究竟核算谁的成本。例如，以产品为成本对象，核算的就是产品成本；以作业为成本对象，核算的就是作业成本；以“产品＋作业”为成本对象，核算的就是“产品＋作业”的组合成本。

成本对象的设置，是成本核算的最基本问题，成本模块的最基础设置。不同成本核算方法之间最本质的区别，就是成本对象的区别，而不是归集、分配、展现方式的区别。一方面，正是成本对象的区别造成了归集、分配、展现方式的区别；另一方面，传统成本或作业成本计算，有时和多维组合成本计算一样，也有灵活的归集、分配、展现方式。

列宁曾用“用头脑的哲学”来评价唯心主义，我们可以用“无维度的成本”来评价传统成本。成本对象是不是多维组合，可作为衡量成本管理精益程度的最直观标准。

（一）成本对象的设置，取决于管理目标

例如：

（1）目标是对财务部门实施精益化管理，核算不同员工、作业的多维组合成本，则成本对象可定义为“人员 + 作业”。作业只能是财务部门的作业，如对账、开票、收款等。

（2）目标是对销售部门实施精益化管理，核算不同客户、产品、作业的多维组合成本，则成本对象可定义为“客户 + 产品 + 作业”。其中，作业只能是销售部门的作业，如投标、竞标等。

（3）目标是对生产部门实施精益化管理，核算不同产品、作业的多维组合成本，则成本对象可定义为“产品 + 作业”。其中，作业只能是生产部门的作业，如起模、成型等工序。需要强调的是，应该包括外包作业，如果生产部门有外包作业的话。如果不包括，一来工艺路线不完整，二来工序委外费用这一成本项目无法向相关的作业和产品归集。

（4）目标是对全公司实施精益化管理，核算不同客户、产品、作业的多维组合成本，则成本对象可定义为“客户 + 产品 + 作业”。其中，作业是全程作业链上的所有作业，包括采购、仓储、物流、生产、销售和售后服务等。

（二）成本对象的设置，应避免维度缺失或冗余

例如，对财务部门实施精益化管理，核算不同员工、小组、作业的多维组合成本，成本对象可定义为“人员 + 作业”，而不是“人员 + 小组 + 作业”。因为人员可关联唯一的小组，小组成本可在人员成本的基础上自

然汇总，无须设置。

即使目前暂时不需要包括某维度的多维结果，也需进行包括该维度的多维设计。可以减少该维度的颗粒度，但不可缺失该维度。例如，目前不需要，但估计未来需要核算作业维度的成本，则应将作业维度纳入成本对象，至于具体的作业可以定义得较粗。未来细化作业是比较容易的，而调整成本对象，增加原本没有的作业维度则比较困难。为了保护 IT 投资，避免方案反复，一开始就应统筹设计。

（三）特殊行业的成本对象设置

一些特殊行业的多维组合成本，有特殊的维度管理要求，需要设置特殊的成本对象，示例如下：

1. 资金密集型企业

例如航空公司，需要核算不同飞机的成本；比如供电企业，需要核算不同电力资产的成本，这时需要将资产纳入成本对象。

资产包括附属设备，如果有的话。资产主数据中将多个相同资产作为一个资产管理，或者先作为一个资产管理，后又拆分为多个资产，均属业务处理范畴。业务如何处理，成本如何核算，即相应的，将多个相同资产作为一个资产核算，或者先作为一个资产核算，后又按拆分的多个资产核算。

纳入成本对象的资产仅是生产用资产，办公用资产不纳入成本对象。生产用资产数量可能非常多，但具体到某个月，有维修、检修等作业发生的资产比例较小，即实际纳入成本对象的资产较少。

作为资源的资产和作为成本对象的资产是不同的。作为资源的资产，是费用的产生者；作为成本对象的资产，是费用的承担者。

资产维度的成本不是持有成本，而是运行成本，例如航空公司的航油、航材，供电企业的工资、材料等运行维护费用。资产的持有成本是原值减折旧。随着时间递延，运行成本和持有成本呈反方向变化，两者之和呈马鞍形，必然存在一个最经济的使用年限，即固定资产经济寿命如图 2－1所示。

资产维度的成本即运行成本不包括折旧。资产是维度，折旧是成本项目，将折旧计入资产成本是典型的想当然，说不清任何业务意义。也就是说，如果计算出资产维度的成本，就可以结合现成的资产持有成本，分析经济寿命，辅助更新决策。如果资产维度的成本包括折旧，那就不知道想表达什么，用于什么目的。

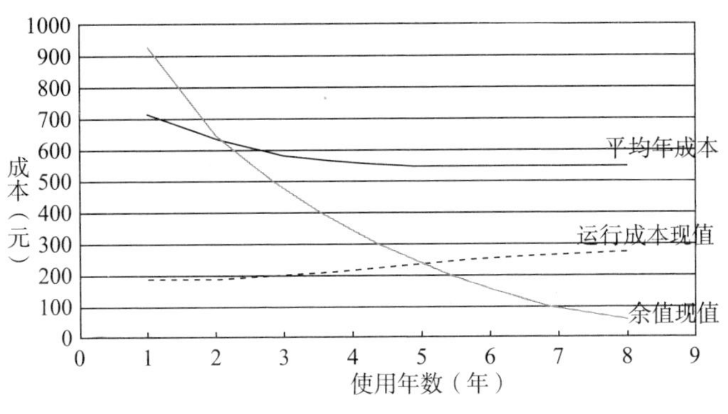

图 2－1　固定资产经济寿命

2. 智力密集型企业

例如咨询公司等，需要核算不同员工的成本，这时需要将员工纳入成本对象。

作为资源的员工和作为成本对象的员工是不同的。作为资源的员工，是费用的产生者；作为成本对象的员工，是费用的承担者。

员工维度的成本是员工的正常使用成本。

作为资源的人员，产生的费用也仅仅表现为人工费；作为成本对象的人员，需要承担的费用不仅包括人工费，而且包括电话费、差旅费，以及分摊而来的水电费、办公费等。项目按人天报价时往往比较高，例如 5000 元/人/天，就是这个意思。

3. 项目密集型企业

例如软件公司等，需要核算不同项目的成本，这时需要将项目纳入成本对象。

项目与工程容易混淆。工程对应的是资本化支出，项目对应的是费用化支出；工程是客观的存在，在建工程完工后要转为固定资产；项目是人为的定义，例如可将一种药品定义为一个项目，以此实现该药品的全生命周期管理。

如果不是项目密集型企业，仅仅需要对偶尔发生的事件，如一次野外活动、一场团队培训等单独核算成本，也可将其定义为项目，按项目来归集费用，但无须将项目纳入成本对象。这样的项目成本可反映项目全程的完整费用，属于专款专用的费用综合查询而不是成本计算。

❸ 成本对象与成本项目

在多维组合成本中，成本具体体现为各成本项目，多维组合体现为成本对象。多维组合成本的计算，就是成本对象的各成本项目的计算如图2-2所示。

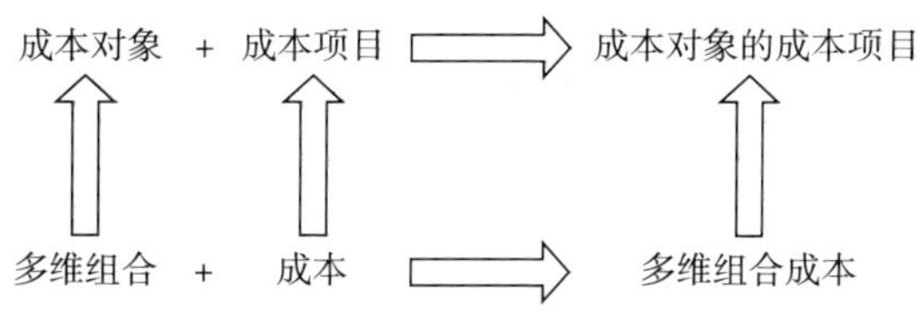

图2-2 成本对象与成本项目

一、成本对象与成本项目的对应关系

多维组合成本体现了成本对象消耗资源，资源消耗的价值表现形式为发生的各项费用，因此，成本对象与成本项目之间要有对应关系。即：管理目标决定了成本对象，成本对象决定了费用的归集范围。通俗地说，就是各回各家，各找各妈。例如：

（1）多维组合成本在财务部门实施，成本对象是“人员+作业”，作业只是财务部门的作业。此时，成本项目只能是财务部门发生或承担的费用，如人工费、电话费、办公费、水电费等。

（2）多维组合成本在销售部门实施，成本对象是“客户+产品+作业”，作业只是销售部门的作业。此时，成本项目只能是销售部门发生或承担的费用，如业务招待费、差旅费、办公费、水电费等。

（3）多维组合成本在生产部门实施，成本对象是“产品+作业”，作业只是生产部门的作业。此时，成本项目只能是生产部门发生或承担的费用，如材料费用、人工费用、制造费用等。顺便说一下，信息化系统中的产品和材料，是在物料或存货主数据中统一管理的，但性质完全不一样，产品是成本对象中的一个维度，材料是一种资源，材料费用是一种资源消耗。

（4）多维组合成本在全公司实施，成本对象是“客户＋产品＋作业”，作业是全程作业链上的所有作业，包括采购、生产、物流、财务等具体作业。此时，成本项目是公司所有部门发生的所有费用，如销售成本、各项管理费用、销售费用等。

如果进错房，找错娘，后果就严重了。例如，将销售部门的费用与财务部门的“人员＋作业”进行对应并予以分摊，是莫名其妙的。

二、成本对象与成本项目的组合形式

成本项目作为指标时，多维组合成本的报表展现形式如表2－3所示。

表2－3　成本项目作为指标时的报表展现

客户	产品	部门	作业	成本项目1	成本项目2
客户丙	产品1	部门2	作业1		10
客户甲	产品1	部门1	作业1	10	10
			作业2	40	
	产品2	部门1	作业3	15	
			作业4	15	
客户乙	产品1	部门1	作业1		50
		部门2	作业1		30
总计				80	100

成本项目作为维度时，多维组合成本的报表展现形式如表2－4所示。

表2－4　成本项目作为维度时的报表展现

客户	产品	作业	部门	成本项目	汇总
客户丙	产品1	作业1	部门2	成本项目2	10
客户甲	产品1	作业1	部门1	成本项目1	10
				成本项目2	10
		作业2	部门1	成本项目1	40
	产品2	作业3	部门1	成本项目1	15
		作业4	部门1	成本项目1	15
客户乙	产品1	作业1	部门1	成本项目2	50
			部门2	成本项目2	30
总计					180

不同的展现形式，内容是完全一样的。它们的区别如下：

（1）成本项目作为指标时，报表会出现空值；成本项目作为维度时，报表不会出现空值。

（2）成本项目作为指标时，不选成本项目的多维报表是没有意义的；成本项目作为维度时，不选成本项目的多维报表，金额表示的是全部成本项目的汇总如表 2－5 所示。

表 2－5　成本项目的汇总

客户	产品	作业	部门	汇总
⊟客户丙	⊟产品1	⊟作业1	部门2	10
⊟客户甲	⊟产品1	⊟作业1	部门1	20
		⊟作业2	部门1	40
	⊟产品2	⊟作业3	部门1	15
		⊟作业4	部门1	15
⊟客户乙	⊟产品1	⊟作业1	部门1	50
			部门2	30
总计				180

从表 2－5 可以看到，没有选择成本项目时，“客户甲＋产品 1＋作业 1＋部门 1”的维度组合的金额，是成本项目 1 和成本项目 2 的汇总。

4 多维组合成本的内涵和场景

一、多维组合成本的业务内涵

我们在生活中面对的，是三维空间加上时间构成的四维时空，如果再增加维度就很难理解。而对于多维组合成本，我们需要理解它的业务内涵，否则就成了没有意义的数字堆砌。

（一）内外贯通

多维组合的各维度，是并列关系，先后组合均有意义。例如，“产品＋作业”的成本，表示产品消耗各作业的成本；“作业＋产品”的成本，表示作业为不同产品提供的成本。

为客户提供产品，是公司正常运营的外在牵引力；由部门提供作业，是公司正常运营的内在支撑力。客户、产品、部门、作业的多维组合，体现了公司外在牵引力与内在支撑力的结合，即内外贯通，包括：

（1）一人万饼，即一家客户一种产品的成本，由众多部门和作业提供如图2－3所示。

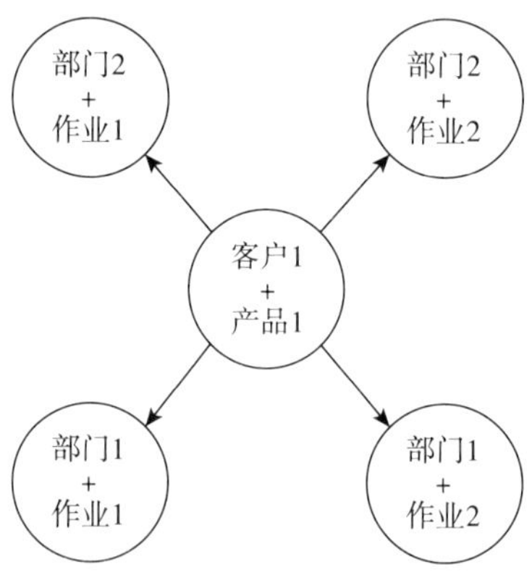

图2－3 一人万饼

（2）一饼万人，即一个部门一项作业的成本，由众多客户和产品分担如图 2－4 所示。

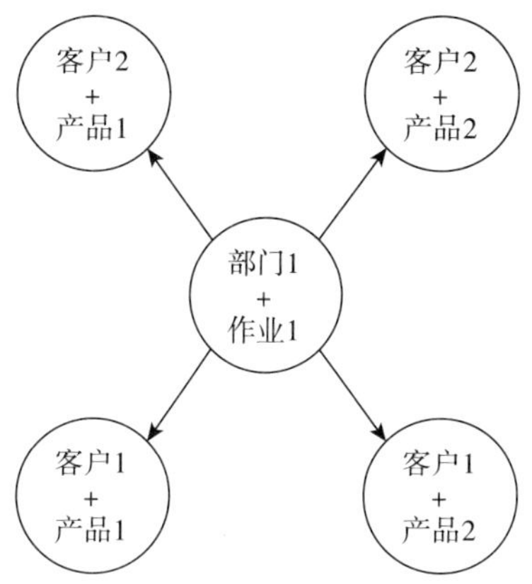

图 2－4　一饼万人

（3）万人万饼，即不同客户不同产品的成本，均由众多部门和作业提供如图 2－5 所示。

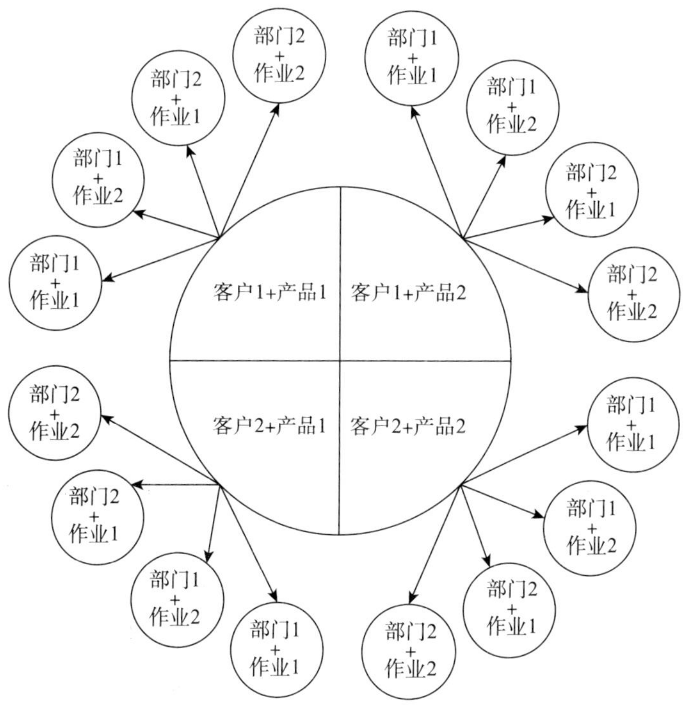

图 2－5　万人万饼

（4）万饼万人，即不同部门不同作业的成本，均由众多客户和产品分担如图 2－6 所示。

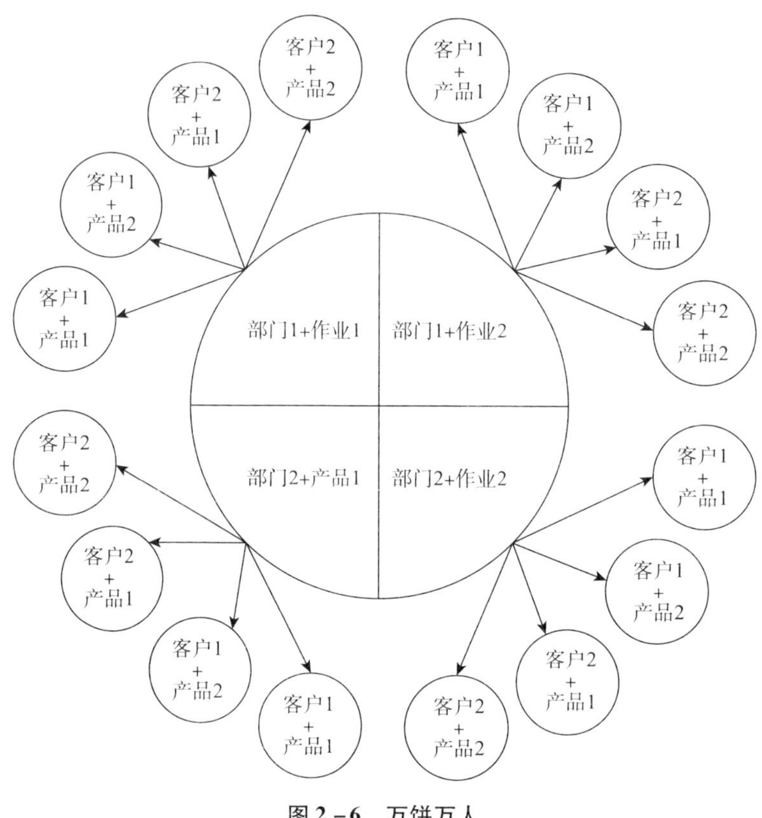

图 2－6　万饼万人

（二）上下协同

与客户不直接联系的各部门，与最终产品不直接联系的各作业，在不同岗位不同环节，都在为向客户提供产品而做出自己的贡献，体现自己的价值。

部门提供作业，就是价值形成过程。不同部门不同作业的连接，就是价值传递和叠加过程。为客户提供产品，就是价值实现过程。价值为作业的内在标准，作业为价值的外在表现，作业与价值的融合，使作业链运行有了价值最大化目标，价值链分析有了作业最优化指引。连接作业形成的作业链，体现了企业内部不同岗位不同环节的上下协同如图 2－7 所示。

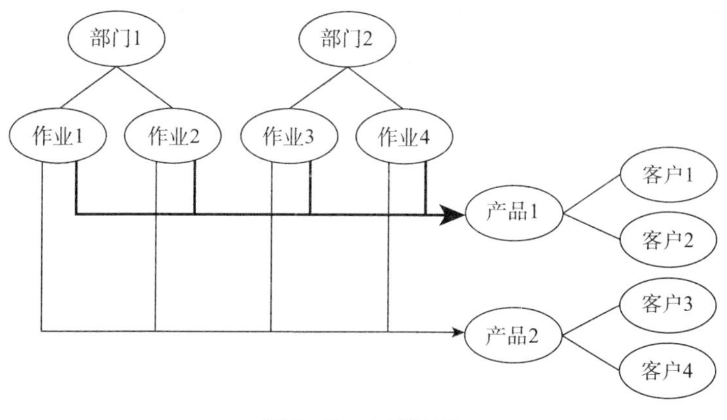

图 2-7　上下协同

二、多维组合成本的场景示例

在所有信息化项目中，多维组合成本项目往往是对企业作用最大的，同时也是对员工触动最深的。不同的企业，所在行业有新有老，经营规模有大有小，管理水平有强有弱，员工素质有高有低，但都是有客户、产品、作业、部门的，都适用多维组合成本。

多维组合成本，可以应用于任何单位，包括行政事业单位，或工商、服务型企业；可以应用于任何部门，包括生产、采购、销售，甚至财务、人事等部门如图 2-8 所示。

示例具体说明如下：

（1）**金融公司应用多维组合成本**，可以计算不同客户类型，不同金融产品，受理、初审、调查、评估、授信等不同作业，不同营业厅等维度及维度组合的成本。通过计算结果，可支持客户政策制定，如明确哪些客户是坏账低、信用等级高的客户；可支持产品政策制定，如应重点推广哪些金融产品；可支持作业政策制定以推进精益管理；可支持不同营业厅的绩效考核。另外，还可支持定价政策，如不同客户类型不同金融产品应如何分别定价等。

（2）**教育机构应用多维组合成本**，可以计算不同学员类型，不同课程等教学产品，课程设计、课堂教学、课后辅导、考试评卷等不同作业，不同科室等维度及维度组合的成本。通过计算结果，可支持招生政策制定，如明确哪类学员是优质生源；可支持产品政策制定，如推广哪些课程产品是有利可图的；可支持作业政策制定；可支持不同科室的绩效考核。另外，还可支持定价政策，如不同学员类型不同课程产品如何分别定价等。

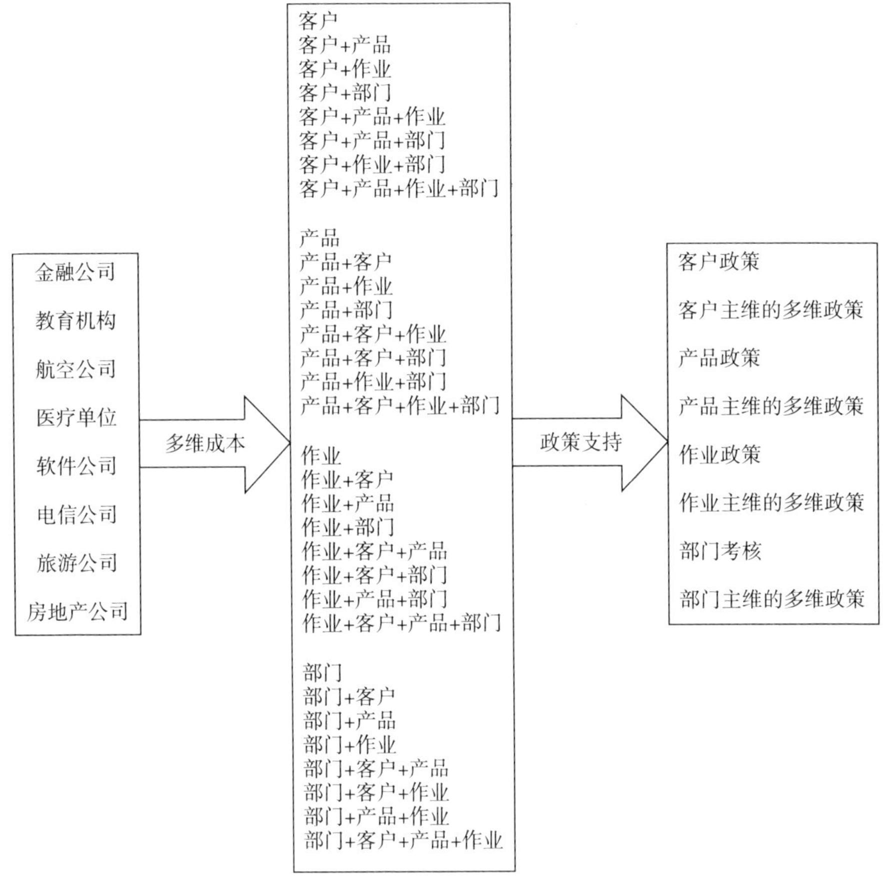

图 2-8　多维组合成本的场景示例

(3) **航空公司应用多维组合成本**，可以计算不同旅客，不同服务类型，机务、航务、航检、保安等不同作业，不同机组，不同单机资产，不同航线等维度及维度组合的成本。通过计算结果，可支持客户政策制定，如明确哪些旅客是 VIP 客户；可支持产品政策制定，如资源应重点倾斜在哪些服务上；可支持作业政策制定，如是否将非核心辅助作业外包；可支持各机组的绩效考核。另外，还可支持定价政策，如不同航线不同时段的机票如何分别定价等。

(4) **医疗单位在住院部应用多维组合成本**，可以计算不同患者的成本，并根据性别、年龄、职业等关联属性计算不同类别的患者成本，以及计算不同的疾病，化验、诊断、护理等不同作业，不同医务组等维度及维度组合的成本。通过计算结果，可支持针对不同类型患者的资源倾斜；可支持产品政策制定，如是否提供皮肤病的医疗服务；可支持针对不同医疗作业的资源倾斜；可支持绩效考核，如对不同科室或医务组的业绩进行评价。另外，还可支持医疗服务定价，如不同类型患者不同病种如何分别定价等。

(5) **软件公司应用多维组合成本**，可以计算不同客户，不同软件产品，不同模块不同版本，售前、咨询、开发、实施、维护等不同作业，不同部门，不同项目组等维度及维度组合的成本。通过计算结果，可支持客户政策制定，如明确哪些客户是重点客户，对重点客户可提供多大优惠；可支持产品政策制定，如是否开发新模块或升级新版本；可支持作业政策制定，如是否可将实施、维护作业外包出去；可支持绩效考核，如对不同部门或项目组的业绩进行评价。另外，还可支持定价政策，如不同客户不同模块如何分别定价等。

(6) **电信公司应用多维组合成本**，可以计算不同客户，不同地域和渠道，不同通信服务，营销、呼叫、计费等不同作业，不同部门等维度及维度组合的成本。通过计算结果，可支持客户政策制定，如明确哪些客户是重点客户，对重点客户可提供多大返利；可支持产品政策制定，如是否提供或停止某项通信服务；可支持作业政策制定，如是否可将计费作业外包出去；可支持绩效考核，如对部门服务进行对标。另外，还可支持定价政策，如不同套餐如何分别定价等。

(7) **旅游公司应用多维组合成本**，可以计算不同客户类型，不同旅游产品，营销、导游、交通等不同作业，不同部门等维度及维度组合的成本。通过计算结果，可支持客户政策制定，如明确重点发展团体还是个人客户；可支持产品政策制定，如是否推出新旅游景点；可支持作业政策制定，如是否应将导游作业外包出去；可支持部门和员工考核。另外，还可支持定价政策，如不同客户类型不同旅游景点如何分别定价等。

（8）**房地产公司应用多维组合成本**，可以计算不同项目不同阶段，不同客户，别墅、洋房、商铺等不同产品类型及产品，招投标、设计、建筑施工、市场营销等不同作业，不同部门等维度及维度组合的成本。通过计算结果，可支持项目政策制定，如是否开发该项目；可支持客户政策制定，如明确定位哪种类型的客户；可支持产品政策制定，如主要开发哪个区域哪种类型的产品；可支持作业政策制定；可支持部门和员工考核。另外，还可支持定价政策，如不同区域不同产品类型如何分别定价等。

第三章 多维组合成本的需求分析

❶ 整体需求分析

多维组合成本的需求分析，我们区分为不同的主题。不同的主题相当于不同的主维，即从众多维度中分别选择一个作为主要维度，形成不同的分析视角，使层次更分明，结构更清晰。区分不同的主题，也是技术性能支撑的需要。因为多维组合的数据量很大，区分主题有了主维，维度组合的数据量可处于可控范围内。

在多维组合成本中，每个维度均可作为主维，从而形成一个个分析主题。下面我们列举各主题常用的分析内容。

一、客户分析主题

分析内容：

（1）不同客户，成本分别多少？即：不同客户的成本。

（2）同一客户不同产品，成本分别多少？即：向客户销售不同产品的成本。

（3）同一客户不同作业，成本分别多少？即：客户消耗不同作业的成本。

（4）同一客户不同部门，成本分别多少？即：客户消耗不同部门的成本。

（5）同一客户同一产品的不同作业，成本分别多少？即：向客户销售某种产品，消耗不同作业的成本。

（6）同一客户同一产品的不同部门，成本分别多少？即：向客户销售某种产品，消耗不同部门的成本。

（7）同一客户同一作业的不同部门，成本分别多少？即：客户消耗某项作业，归属于不同部门的成本。

（8）同一客户同一产品的不同部门不同作业，成本分别多少？即：向客户销售某种产品，消耗不同部门不同作业的成本。

二、产品分析主题

分析内容：

（1）不同产品，成本分别多少？即：不同产品的成本。

（2）同一产品不同客户，成本分别多少？即：销售产品给不同客户的成本。

（3）同一产品不同作业，成本分别多少？即：产品消耗不同作业的成本。

（4）同一产品不同部门，成本分别多少？即：产品消耗不同部门的成本。

（5）同一产品同一客户的不同作业，成本分别多少？即：销售产品给某位客户，消耗不同作业的成本。

（6）同一产品同一客户的不同部门，成本分别多少？即：销售产品给某位客户，消耗不同部门的成本。

（7）同一产品同一作业的不同部门，成本分别多少？即：产品消耗某项作业，归属于不同部门的成本。

（8）同一产品同一客户的不同部门不同作业，成本分别多少？即：销售产品给某位客户，消耗不同部门不同作业的成本。

三、作业分析主题

分析内容：

（1）不同作业，成本分别多少？即：不同作业的成本。

（2）同一作业不同客户，成本分别多少？即：提供作业给不同客户的成本。

（3）同一作业不同产品，成本分别多少？即：提供作业给不同产品的成本。

（4）同一作业不同部门，成本分别多少？即：提供作业给不同部门的成本。

（5）同一作业同一客户的不同产品，成本分别多少？即：某位客户消耗的作业，归属于不同产品的成本。

（6）同一作业同一客户的不同部门，成本分别多少？即：某位客户消耗的作业，归属于不同部门的成本。

（7）同一作业同一产品的不同部门，成本分别多少？即：某种产品消耗的作业，归属于不同部门的成本。

（8）同一作业同一部门的不同客户不同产品，成本分别多少？即：某个部门消耗的作业，归属于不同客户不同产品的成本。

四、部门分析主题

分析内容：

（1）不同部门，成本分别多少？即：不同部门的成本。

（2）同一部门不同客户，成本分别多少？即：部门为不同客户消耗的成本。

（3）同一部门不同产品，成本分别多少？即：部门为不同产品消耗的成本。

（4）同一部门不同作业，成本分别多少？即：部门消耗不同作业的成本。

（5）同一部门同一客户的不同产品，成本分别多少？即：某位客户消耗的部门服务，归属于不同产品的成本。

（6）同一部门同一客户的不同作业，成本分别多少？即：某位客户消耗的部门服务，归属于不同作业的成本。

（7）同一部门同一产品的不同作业，成本分别多少？即：某个产品消耗的部门服务，归属于不同作业的成本。

（8）同一部门同一作业的不同客户不同产品，成本分别多少？即：某个部门消耗的作业，归属于不同客户不同产品的成本。

客户、产品、作业、部门等主数据分别有各自丰富的属性，这些属性又可以关联其他的主数据，其他的主数据分别又有各自丰富的属性，所有这些属性均可以作为分析的维度。

客户、产品、作业、部门的属性列举如下：

客户属性：客户类型、地区、行业、级别、分管部门、专营业务员、信用等级、注册资金、营业规模等。

产品属性：产品分类、生产国别、厂牌、体积、重量、ABC 分类、保修期等。

作业属性：作业类型、工作中心、资源、计费类型、检验水平等。

部门属性：部门类型、负责人、成立日期等。

计算出客户、产品、作业、部门等各维度的成本，相应的各属性的成本自然就知道了，即在客户、产品、作业、部门等维度成本的基础上，可对各属性形成的维度及其组合成本进行分析查询。例如基于客户成本，可查询专营业务员的成本，查询不同性别、不同年龄段的业务员成本，查询不同性别业务员不同产品的成本等。这应该是不言自明的，是各分析主题的题中应有之义。

2 医药生产企业示例

一、企业概况

一家医药生产企业，净资产2亿元，在全国有3大生产基地，拥有员工3000余名。自主研发和生产的药品有100余种，主要有中成药和中药饮片。公司通过了欧盟GMP（Good Manufacturing Practices，《药品生产质量管理规范》）注册认证，产品在国内市场有较高的市场份额。

随着信息化的发展，流程的重要性越来越超越部门；随着互联网的发展，数据的重要性越来越重于流程。基于这种认识，公司组织架构在洗尽铅华后返璞归真，回归到创业期的轻盈简洁。现在的主要部门设置如图3－1所示。

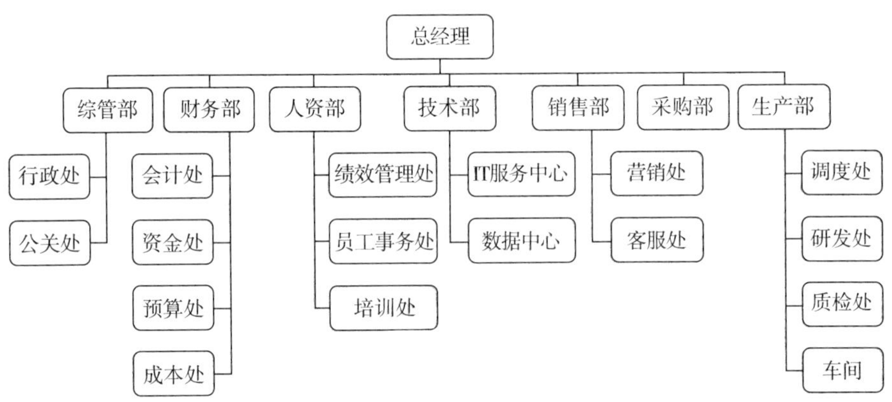

图3－1 医药生产企业组织结构

这些年来，尤其是通过国家GMP认证以来，公司发展很快，但也面临较大压力。

（1）销售价格下行。随着医保制度改革的深入，医疗保险覆盖面越来越广，机构药品消费比重越来越大。国家制定了招标投标政策，要求药品生产企业进入医保招投标平台公开透明竞争。这些制度和政策促使药品不断降价。国家还采取最高限价手段限制药品定价，药品价格虚高的企业可能会受到国家有关部门的核查。

（2）**运营成本上升**。公司主要产品是中药，生产中药所需的药材等原材料不断涨价，几年来的中药材价格指数总体已上升两倍多，部分品种甚至上升五六倍；中药材有效成分的提取需要消耗燃料、电力，这些能源也在不断涨价；GMP 改造、环境保护投入比较大，相应费用也在不断攀升。

二、成本核算现状

（一）BOM 单与工艺路线

目前，公司设置了 BOM 单（即物料清单）和工艺路线等基础资料。

实现传统成本管理的分步法计算，离不开 BOM 单；实现作业成本计算，离不开工序、工艺路线。

简单地说，BOM 单也称产品结构，其最高层对应的是产成品，中间每一层对应的是半成品。工序就是作业，对应的是在制品。工序串在一起就是工艺路线。

例如，用水、酒、醋、药汁等原料生产水丸，要经过起模、成型、盖面、干燥四道工序。水丸的 BOM 单就由水、酒、醋、药汁构成，水丸的工艺路线就由起模、成型、盖面、干燥构成。

再如，用包装材料、水丸生产十粒盒装水丸，要经过选丸、组装两道工序。十粒盒装水丸的 BOM 单就由包装材料、水丸构成，十粒盒装水丸的工艺路线由选丸、组装构成。

这里也可以看出产品、产成品、半成品、在制品的概念区别。例如，水丸既是产品也是半成品，十粒盒装水丸既是产品也是产成品，处于各个工序正在生产过程中的水丸或十粒盒装水丸，是在制品。

在《红楼梦》中，薛宝钗向周夫人介绍了冷香丸的做法：要春天的白牡丹花蕊 12 两，夏天的白荷花蕊 12 两，秋天的白芙蓉花蕊 12 两，冬天的白梅花蕊12两。将这四样花蕊，于次年春分之日晒干，和药末子一齐研好。要雨水节令的雨12钱，白露节令的露12钱，霜降节令的霜12钱，小雪节令的雪12钱。将这四样水调匀，加入蜂蜜12钱，白糖12钱，与药一起调和，制作成龙眼大的丸药，放入旧瓷坛，埋在花根下。发病时，拿出一丸药，用黄柏12两煎汤送服。

薛宝钗的介绍，详细描述了冷香丸的BOM单和工艺流程，而且BOM单有多层。我们一层层分析。

（1）先看研好的药BOM单。其所用材料，是春天的白牡丹花蕊，夏天的白荷花蕊，秋天的白芙蓉花蕊，冬天的白梅花蕊，用量是各12两。工艺路线是晒干、研磨两道工序。

（2）再看调匀的水BOM单。其所用材料，是雨水节令的雨，白露节令的露，霜降节令的霜，小雪节令的雪，用量是各12钱。工艺路线是调匀一道工序。

（3）再看丸药的BOM单。其所用材料，是研好的药、调匀的水、蜂蜜和白糖。工艺路线是调和、制作、掩埋三道工序。

（4）最后看可交付食用的丸药的BOM单。很多人以为丸药做好产品生产就结束了，实际上，丸药并不是可以交付的最终产品，例如公司把药品生产出来灌装完成，还不是最终可交付的产品，只有将药品与药品说明书、包装盒等组装后才能对外销售。红楼梦中最终可交付的丸药BOM单，其所用材料，是丸药、黄柏，工艺路线是煎汤一道工序。

根据薛宝钗的描述，冷香丸多层BOM单如图3－2所示。

BOM单是产品的物化组成部分，相当于块块；工艺路线是产品的生产过程，相当于条条。产品就是条条与块块的结合。国外有个企业管理软件还真把BOM单和工艺路线结合在一起，统称为工程设计。在进行工程设计时，不仅包括了产品使用的物料、经过的工序，还包括了各工序使用的资源。如果薛宝钗用这个软件，则冷香丸的工程设计如表3－1所示为：

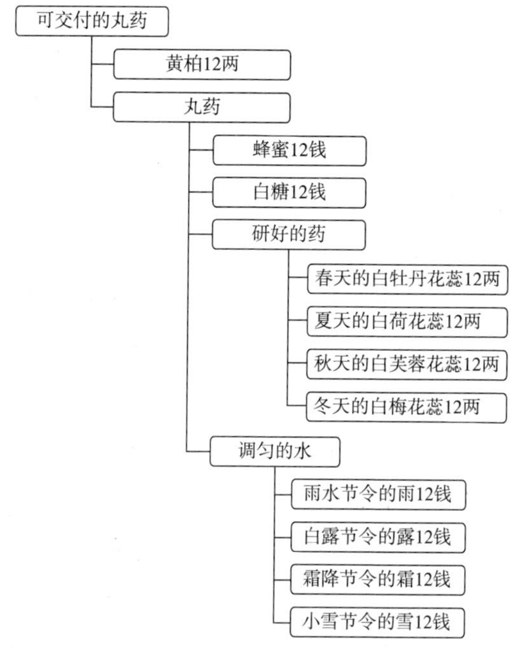

图 3-2 红楼梦丸药 BOM 单

表 3-1 冷香丸的工程设计

<table>
<tr><td rowspan="15">可交付的丸药</td><td>工序</td><td>物料</td><td>工序</td><td>物料</td><td>工序</td><td>物料</td></tr>
<tr><td rowspan="14">煎汤</td><td rowspan="13">丸药</td><td rowspan="11">调和</td><td rowspan="5">研好的药</td><td rowspan="4">晒干</td><td>春天的白牡丹花蕊 12 两</td></tr>
<tr><td>夏天的白荷花蕊 12 两</td></tr>
<tr><td>秋天的白芙蓉花蕊 12 两</td></tr>
<tr><td>冬天的白梅花蕊 12 两</td></tr>
<tr><td>研磨</td><td></td></tr>
<tr><td rowspan="4">调匀的水</td><td rowspan="4">调匀</td><td>雨水节令的雨 12 钱</td></tr>
<tr><td>白露节令的露 12 钱</td></tr>
<tr><td>霜降节令的霜 12 钱</td></tr>
<tr><td>小雪节令的雪 12 钱</td></tr>
<tr><td>蜂蜜 12 钱</td></tr>
<tr><td>白糖 12 钱</td></tr>
<tr><td>制作</td></tr>
<tr><td>掩埋</td></tr>
<tr><td>黄柏 12 两</td></tr>
</table>

薛宝钗是很聪明的，没必要为了验证她的聪明而使事情人为变复杂，否则就是我们的不智，所以，表 3－1 所示工程设计不包括资源。

有的公司由于成本项目太多，因此起个新概念叫成本 BOM，将多个成本项目合并为一个，以方便汇总查询。这个将多个指标相加得到的新指标，实则为指标组。指标组容易理解，成本 BOM 则很难理解。BOM 的汉译就是物料清单，成本 BOM 岂不成了成本物料清单？这不是创新，这是胡闹。多维组合成本应简化概念，让大家一听就明白。多一个不必要的概念，理论普及就多了一重障碍，理论与实践之间就多了一道壁垒，项目过程就多了一份沟通成本。

生造概念对其他项目也许无伤大雅，甚至可以当成一种市场策略或商务技巧，但对成本项目则是危险的。因为成本的概念体系有如繁茂的参天大树，而且枝叶已经过于繁茂了，以至于遮蔽了树干和根本，导致问题很难看清，经常出现讨论概念时慷慨激昂，面对问题时却束手无策的场面，这是很不好的文风、学风和工作作风。成本项目，应侧重事实而不是概念，侧重实践而不是理论。

（二）存货成本与生产成本的交互

工业企业的经营包括采购环节、库存环节、生产环节和销售环节，分别对应采购成本、存货成本、生产成本、销售成本。

采购成本形成了存货成本，存货成本形成了销售成本，这是单向关系。

生产成本与销售成本无关。即使是追求零库存管理的厂家，产品在车间生产完成后不进仓库直接销售，生产成本与销售成本仍然没有直接关系。因为这时的仓库就是车间现场仓，即使没有把车间某个位置当成实际的仓库，但这个位置仍是一个客观的存在，至少需要在账面上当成现场仓，这样才能知道产品是在什么地点完工下线的，是在什么地点销售出库的。这个车间的现场仓，当产品完工时将生产成本转化为存货成本，当销售出货时将存货成本转化为销售成本，而不是将生产成本直接转化为销售成本。

生产成本与存货成本之间不是单向关系，而是交互关系。材料、半成品的存货出库成本是半成品、产成品生产成本中直接材料的来源，半成品、产成品的生产成本是半成品、产成品的存货入库成本的来源。存货成本和生产成本的关系，就是存货核算模块和成本管理模块互为因果的数据关系，就是存货会计人员和成本会计人员相互协作的工作关系。

例如，水丸、十粒盒装水丸的存货成本和生产成本计算过程如图3－3所示。

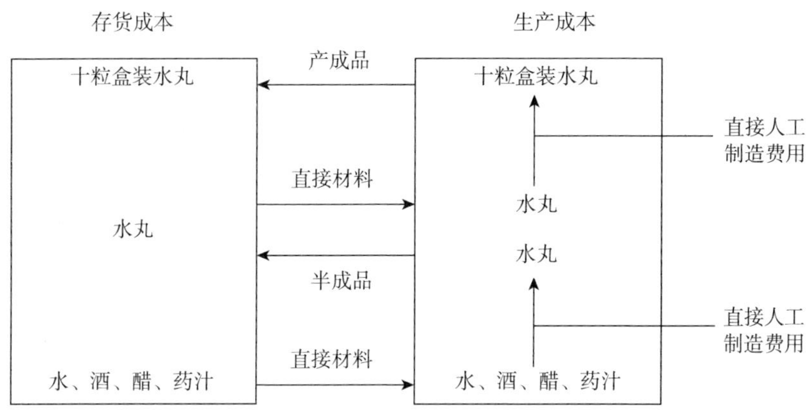

图3－3　存货成本与生产成本的数据关系

计算过程说明如下：

（1）原料出库。存货核算模块根据先进先出法算出水、酒、醋、药汁的存货出库成本，通过水、酒、醋、药汁的材料出库单传递给成本管理模块，形成水丸生产成本中的直接材料。

（2）半成品生产。成本管理模块根据材料费用、人工费用和制造费用等，核算出水丸的生产成本。

（3）半成品入库。成本管理模块将计算结果通过水丸的产成品入库单，传递给存货核算模块，形成水丸的存货入库成本。

（4）半成品出库。存货核算模块根据先进先出法算出水丸的存货出库成本，通过水丸的材料出库单传递给成本管理模块，形成十粒盒装水丸生产成本中的直接材料。

（5）产成品生产。成本管理模块根据水丸、包装盒、药品说明书的材料费用、人工费用和制造费用，核算出十粒盒装水丸的生产成本。

（6）产成品入库。成本管理模块将计算结果通过十粒盒装水丸的产成品入库单，传递给存货核算模块，形成十粒盒装水丸的存货入库成本。

可以看到，整个计算过程反映了从材料到半成品再到产成品的生产过程，反映了沿 BOM 单的成本卷积过程。BOM 单往往有多层，因此成本卷积往往有多次。

（三）生产批次成本

目前，公司成本核算采用的是分批法，核算每一生产批次的产品成本，包括半成品和产成品的成本。

1. 生产批次与存货批次不同

存货批次发生在库存环节，用库存批号，对应存货成本，岗位上对应存货会计人员。

生产批次发生在生产环节，用生产批号，对应生产成本，岗位上对应成本会计人员。

例如，药材在采购验收入库时或药品在生产完工入库时，录入的批号是库存批号；在药材领料出库或药品销售出库时，根据实际批次从入库录入的批号中选择相应的批号。这个库存批号会伴随材料或产品收发的每个物流环节，以满足 GSP（Good Supply Practice 缩写，《药品经营质量管理规范》）对物流过程进行管理的要求。

药品在下达生产任务单时，会有一个生产批号，这个生产批号会伴随药品生产的每个工序环节，以满足 GMP 对生产过程进行管理的要求。

2. 生产批次与存货批次有关

有了库存批号和生产批号，我们可以追踪去向。例如，某位供应商某天提供的药材是哪一库存批号的；这一库存批号的药材用于哪一生产批号的药品；这一生产批号的药品形成了哪一库存批号的药品；这一库存批号的药品进入了哪些渠道，销售给了哪些客户。

同样的，有了库存批号和生产批号，我们可以回溯来源。例如，进入某一渠道，销售给某位客户的药品，是哪一库存批号的药品；这一库存批号的药品是哪一生产批号生产的；这一生产批号的药品用的是哪一库存批号的药材；这一库存批号的药材是由哪位供应商在哪天提供的。

尽管库存批号和生产批号是两个不同的概念，但为了现场管理方便，我们可以人为地使两者完全一致。例如可以指定，药品入库的库存批号按药品生产批号自动生成。

(四) 成本核算的数据关系

目前，公司已经完成会计电算化和财务业务一体化，成本模块和系统其他各模块已经建立了集成接口，数据关系如图 3 -4 所示。

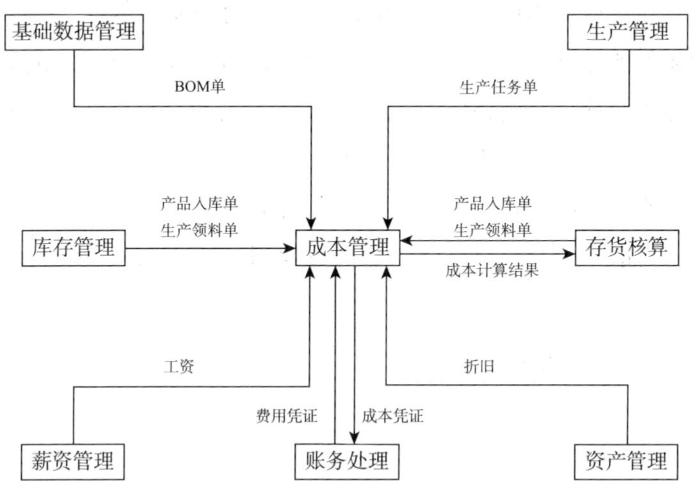

图 3 -4　成本核算的数据关系

数据关系说明如下：

(1) 基础数据管理模块向成本管理模块传递 BOM 单，BOM 单的层级决定了成本卷积的自下而上的先后顺序。BOM 单即物料清单，在医药行业也称为配方。

(2) 生产管理模块向成本管理模块传递成本对象的范围，即已下达执行且本月月初未关闭的生产任务单上的产品，也就是正在生产过程中的产品，以及投产数量。

(3) 库存管理模块或存货核算模块向成本管理模块传递材料领用、废品报废和产品完工入库等数据。库存管理和存货核算模块的数据是一致的，两者存在数据的传递和回写关系。

(4) 薪资管理模块向成本管理模块传递直接人工、间接人工等工资数据。

(5) 账务处理模块向成本管理模块传递费用数据，并接收成本管理模块生成的成本类会计凭证。

（5）资产管理模块向成本管理模块传递资产折旧数据。

（五）入库倒冲

药品生产需要严格按照配方配料，按规定用量领料。不过，再怎么严格也不可能一丝不差，这和机械制造行业不同。例如，制造一台设备需要零件3个，就不可能领取3.01个或2.99个，而药品领料就不可能这么准确，只能无限地逼近准确，投料时先后以斤、两、钱为单位，最后是一滴滴的加。尽管如此，原料挥发、跑冒滴漏的情况是客观存在的，原料实际耗用量与配方标准用量是不可能一丝不差的。

为统计原料的准确耗用，计算产品的准确成本，衡量真实的损耗率和生产浪费，目前企业采用入库倒冲法计算材料消耗。入库倒冲的流程如图3－5所示。

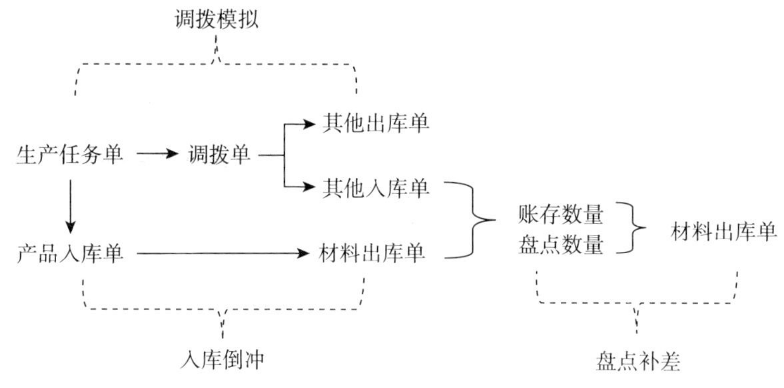

图3－5 入库倒冲流程

流程说明如下：

第一步：调拨模拟。

例如，水丸的生产配方是：生产1个水丸耗用药汁1克，现生产任务是1000个。根据生产任务单可生成调拨单，将药汁1000克从原料仓调到车间现场仓。调拨单审核后，会同时生成一张原料仓的其他出库单和车间现场仓的其他入库单。这样，车间现场仓的药汁账面数量为1000克。

第二步：入库倒冲。

产品完工时，根据生产任务单生成产品入库单，例如完工入库980个。

此时根据产品入库单自动倒冲，生成一张材料出库单，药汁消耗 980 克。这样，车间现场仓的药汁账面数量为 1000 克 - 980 克 = 20 克。

第三步：盘点补差。

980 克是药汁理论用量，20 克是药汁账面数量。为获取实际用量，需对车间现场仓进行盘点。例如，药汁盘点数量为 15 克，则说明多消耗 5 克。据此会生成补差的材料出库单，药汁出库 5 克。

第四步：计算结果。

水丸生产完工 980 个，实际耗用药汁 985 克。相对于标准用量 980 克，损耗是 5 克。

需要说明以下几点：

（1）入库倒冲需要建立车间现场仓，把原料从原料仓发到车间现场仓，是调拨而不是材料出库或生产消耗。

（2）原料的生产消耗数据，是产品入库倒冲时形成的，原料盘点补差时修正的。补差或正或负，反映实际用量比标准用量或多或少。1 个月盘点 1 次，差异由该月生产的产品承担；1 周盘点 1 次，差异由该周生产的产品承担。

（3）差异在不同产品间，按产品产量和原料标准用量分配。例如，A 产品的原料标准用量是 2 克，产量 50 个；B 产品的原料标准用量是 5 克，产量 40 个。如果原料盘点差异为 30 克，则 A、B 分别承担 10 克和 20 克。

（六）完工与在制

传统核算方式下，成本在完工产品与在制品之间的分配方法有多种，企业根据具体条件选择，目前采用约当产量法。

约当产量，就是在制品按其完工程度折合成完工产品的产量。例如在制品 10 件，平均完工 40%，则相当于完工产品 4 件。

约当产量法，就是将产品生产费用，按完工产量和约当产量，在完工产品和在制品之间进行分配，示例如下：

本月完工 26 件，月初无在制品，月末在制品 10 件，平均完工程度 40%，本月发生生产费用 3000 元。则：

单位成本＝3000÷（26＋10×40%）＝100元/件

完工产品成本＝26×100＝2600元

在制品成本＝10×40%×100＝400元

约当产量可根据在制品在各工序的盘存数量和各工序完工程度计算，各工序完工程度可根据工时定额确定，示例如下：

某产品单位工时定额50小时，经由两道工序，第一道工序工时定额20小时，第二道工序工时定额30小时。则：

第一道工序完工程度＝20×50%÷50＝20%

第二道工序完工程度＝（20＋30×50%）÷50＝70%

注：计算公式中的50%，是各工序内在制品的完工程度。各工序内的在制品，有的快加工完毕，有的刚加工不久，为了简化，可按平均完工50%计算。

如果原材料是生产开始一次投入，则无论在制品完工程度如何，都应和完工产品一样负担材料费用，示例如下：

某产品本月完工600件，在制品100件，完工程度50%。原材料开始一次投入。月初在制品和本月直接材料费用70700元，直接人工费用39650元，制造费用29250元。则：

完工产品直接材料＝70700÷（600＋100）×600＝60600元

在制品直接材料＝70700÷（600＋100）×100＝10100元

完工产品直接人工＝39650÷（600＋100×50%）×600＝36600元

在制品直接人工＝39650÷（600＋100×50%）×（100×50%）＝3050元

完工产品制造费用＝29250÷（600＋100×50%）×600＝27000元

在制品制造费用＝29250÷（600＋100×50%）×（100×50%）＝2250元

除了约当产量法，成本在完工产品与在制品之间的分配方法还有多种，这里顺便做一下介绍。

（1）不计算在制品成本

适用于在制品数量很小的情况。

（2）在制品成本按年初数固定计算

适用于在制品数量很小，或者数量虽大但变动不大的情况。

（3）在制品成本按耗用的原材料费用计算

适用于产品成本中材料费用比重较大，且材料在生产开始一次投入的情况。

（4）在制品成本按定额成本计算

适用于在制品数量很小，或者数量虽大但变动不大，且制定了比较准确的在制品定额单位成本的情况。此时：

在制品成本 = 在制品数量 × 在制品定额单位成本

完工产品成本 = 月初在制品成本 + 本月发生费用 - 月末在制品成本

（5）定额比例法

适用于在制品数量变动较大，且制定了比较准确的定额的情况，示例如下：

第 1 工序，定额材料 600 元，定额工时 10 小时；

第 2 工序，定额材料 700 元，定额工时 45 小时；

第 3 工序，定额材料 800 元，定额工时 35 小时。

注：定额材料是累计数，定额工时是各工序数。

月初在制品：直接材料 7600 元，直接人工 3275 元，制造费用 6550 元；

本月生产费用：直接材料 100000 元，直接人工 100000 元，制造费用 200000 元。

完工产品 1000 件，在制品 400 件，其中第 1 工序 150 件，第 2 工序 140 件，第 3 工序 110 件。

成本计算过程如下：

完工产品定额材料费用 = 1000 × 800 = 800000 元

在制品定额材料费用 = 150 × 600 + 140 × 700 + 110 × 800 = 276000 元

完工产品定额工时 = 1000 × （10 + 45 + 35）= 90000 小时

在制品定额工时 = 150 × 10 × 50% + 140 × （10 + 45 × 50%）+ 110 ×（10 + 45 + 35 × 50%）= 13275 小时

材料费用分配率 = （7600 + 100000）÷（800000 + 276000）= 0.1

人工费用分配率 = （3275 + 100000）÷（90000 + 13275）= 1

制造费用分配率 = （6550 + 200000）÷（90000 + 13275）= 2

完工产品直接材料 = 800000 × 0.1 = 80000 元

在制品直接材料 = 276000 × 0.1 = 27600 元

完工产品直接人工 = 90000 × 1 = 90000 元

在制品直接人工 = 13275 × 1 = 13275 元

完工产品制造费用 = 90000 × 2 = 180000 元

在制品制造费用 = 13275 × 2 = 26550 元

注：

材料费用分配率 = （月初在制品实际成本 + 本月直接材料）÷（完工产品定额材料 + 在制品定额材料）

直接人工分配率 = （月初在制品直接人工 + 本月直接人工）÷（完工产品定额工时 + 在制品定额工时）

制造费用分配率 = （月初在制品制造费用 + 本月制造费用）÷（完工产品定额工时 + 在制品定额工时）

可以看出，传统成本计算虽然涉及了工序，但仅影响分配标准，而不是作为成本对象。

三、成本需求分析

（一）各维度的需求

1. 客户维度的需求

不同的客户有不同的交期、产品规格、配方、原料产地、原料供应商等方面的要求，即便是同种产品，不同客户也有不同成本，需要分别核算。

2. 产品维度的需求

在药品市场曾发生了毒胶囊事件和维 C 银翘片事件，社会影响很坏。毒胶囊事件，是厂家以工业明胶替换食用明胶；维 C 银翘片事件，是厂家以山银花枝叶替换山银花。这么做确实降低了产品成本，但也牺牲了产品质量，危害了群众健康。每种药品都有自己的配方，在不改变既定配方的前提下，应通过准确的成本计算以控制成本。

由于资源限制或分工协作，产品是可以外包的。例如企业保留水丸的生产，而把十粒盒装水丸的包装生产外包出去。这需要准确地核算产品成本，才能与外包价格进行比较以做出产品外包决策。

3. 作业维度的需求

产品相当于生产结果，产品生产各环节的工序相当于生产过程，只知道结果是不够的，还需要知道过程，即计算各工序的成本。否则，产品成本发生异动时，不知道是在具体哪个环节造成的。

对于在制品，只知道整体数量和整体状态是不够的。例如，只知道有 100 个在制品，完工程度 60%，这样的计算是粗放的，成本管理是不准确的。我们还需要知道分布在各工序的具体数量和具体状态，例如，100 个在制品，分布在起模、成型、盖面、干燥等各工序的分别有 20 个、30 个、10 个、40 个，工序完工程度分别为 60%、70%，50%，65%，这样的管理才是精益的，实际成本才是准确的。

由于资源限制或分工协作，作业是可以外包的。例如企业保留产品生产过程中的核心作业，而把非核心的普通作业外包出去。这需要准确地核算作业成本，才能与外包价格进行比较以做出作业外包决策。

有的企业对产品实行主动报检，即如果班组对某批次某工序的生产质量不是很自信，主动向质检部门提出申请，质检部门才提供检验服务。好处是万一发现质量问题，只承担本工序造成的损失；坏处是需要承担检验成本。如果班组对某批次某工序的生产质量很自信，则可不报检，好处是不用承担检验成本；风险是如果在后续生产或经营过程中发现了问题，经分析认定是本班组造成的，则该班组需要承担全部成本，即本工序及受本工序影响的后续所有环节的成本。执行这样的政策，需要准确的作业成本的数据支持。

4. 部门维度的需求

公司的劳保用品、低值易耗品等，各部门各车间随用随取，没有登记，或者登记了没有进行成本分摊或分摊标准不合理，造成不同部门不顾自己的实际需求争抢资源，浪费比较严重。

各车间消耗的辅助生产部门提供的维修服务也是如此，没有登记，或者登记了没有进行成本分摊或分摊标准不合理，造成不同车间对资产的维护意识淡薄，共耗的维修费用偏高，机器设备的损耗比较严重。

水电费、取暖费等制造费用也是如此。

这要求将共耗费用向不同部门合理分摊，以增强各部门的成本意识。

5. 工作中心维度的需求

工作中心是相近的不同工序的共同归属，可用于产能负荷计算、生产效率评估、成本数据的归集分摊。计算不同工作中心的成本，可从经济角度更全面地衡量其业务效果。

6. 成本中心维度的需求

部门是基于行政隶属关系设置的，成本中心是基于成本核算关系设置的，两者口径不一致。一般来说，成本中心是独立收集成本的最小组织或责任单位，承担费用的流入流出和归集分配。计算不同成本中心的成本，仅仅顾名思义就知道是不可或缺的。

（二）成本对象

公司有多维成本管理需求，不同维度之间的关系如下：

客户：与产品、作业、部门、工作中心、成本中心等维度，是多对多的关系。

产品：与作业是多对多的关系，一种产品可能有多项作业，一项作业也可能服务多个产品。产品与部门、工作中心、成本中心等维度，是多对多的关系。

作业：与部门、工作中心、成本中心等维度，是多对一的关系。例如，一项作业归属一个工作中心，一个工作中心有多项作业。因此，只要计算出不同作业的成本，就可以通过关联关系，自动计算出不同工作中心、不同成本中心的成本。

部门：与工作中心、成本中心等维度，是一对多的关系。即一个部门可能有多个工作中心或成本中心，一个工作中心或成本中心归属于一个部门。

工作中心：与成本中心是多对一的关系。即一个工作中心归属于一个成本中心，一个成本中心可能有多个工作中心。

客户、产品和部门，都与批号关联，且为一对多的关系。即：一位客户对应多个批号，一个批号只对应一位客户；一种产品对应多个批号，一个批号只对应一种产品；一个部门对应多个批号，一个批号只对应一个部门。这里说的批号，是生产批号而不是库存批号。因此，只要计算出不同批号的成本，就可以通过关联关系，自动计算出不同客户、不同产品、不同部门的成本。

批号是下达生产任务时指定的，其属性可以自由定义，例如交期等。这样，通过批号，也可以关联不同交期，从而计算不同交期的成本。

由此，可以明确多维组合成本的成本对象，那就是：批号+作业。

需要说明以下几点：

（1）有的企业将多个客户的销售订单合并下达一个生产任务，这时一个批号就对应多个客户了。有的企业不是按销售订单生产，而是按市场预测生产，这时批号与客户就没有对应关系了。

（2）工作中心是根据生产管理需要设置的，成本中心是根据成本管理需要设置的，部门是根据行政管理需要设置的。一般来说，生产管理是具体的，相应的，工作中心是最细的；行政管理是总体的，相应的，部门是最粗的；成本中心则介于两者之间。因此，工作中心是隶属于成本中心的，成本中心是隶属于部门的。当然，在具体企业可能有不同的设置，它们之间的关系因设置的不同而可能不同。

3 医药流通企业示例

一、企业概况

一家医药流通企业，净资产 1 亿元，在全国有 90 家分店，拥有员工 1500 余名。经营的药品有 3000 余种，范围包括中成药、西药制剂、生物制品、计划生育用品等。公司已发展成为覆盖全国的连锁药店。主要部门设置如图 3 –6 所示。

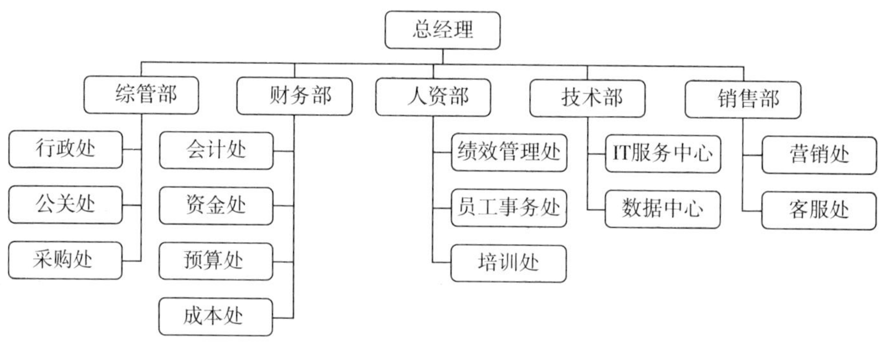

图 3 –6　医药流通企业组织结构

这些年来，由于医药分家的试点和推行，加之人口老龄化和环境污染等给人们的身体健康造成的影响，导致药品的消费需求量增加，公司发展较快，但也面临较大压力。

（1）**同业竞争激烈**。有些地方药店多过米店，导致惨烈的价格战。

（2）**非同业加入竞争**。公司面临超市、便利店的竞争，例如，维生素、矿物质类的乙类非处方药品在便利店的销售增长非常明显。原因主要是互联网的发展减少了信息不对称，部分患者的用药在便利店就顺利地自我解决了。

二、成本核算现状

(一) 存货批次成本

随着信息化发展，企业成本核算越来越细。在手工阶段核算每类药品的成本，会计电算化后核算每种药品的成本。目前实现了财务业务一体化，可以核算每种药品每一批次的成本。

存货计价方法是先进先出法，批号规则为先进先出。为保证实物的先进先出，即保证现场的实物流转和账面的价值流转一致，各仓库对同样的药品是按不同批号分开存放的。

存货批次成本计算示例如下：

1 月 1 日，批号 2014 - 01 - 01，阿司匹林，库存数量 5 个，单价 10 元。

1 月 2 日，批号 2014 - 01 - 02，阿司匹林，采购数量 11 个，单价 8 元。

1 月 3 日，阿司匹林，销售数量 10 个。则：

销售出库 10 个，根据先进先出规则，应有 5 个来自批号 2014 - 01 - 01，有 5 个来自批号 2014 - 01 - 02。

对于批号 2014 - 01 - 01 的阿司匹林：

期初存货 = 5 × 10 = 50 元

本期采购入库 = 0

本期销售出库 = 5 × 10 = 50 元

期末存货 = 50 + 0 - 50 = 0

对于批号 2014 - 01 - 02 的阿司匹林：

期初存货 = 0

本期采购入库 = 11 × 8 = 88 元

本期销售出库 = 5 × 8 = 40 元

期末存货 = 0 + 88 - 40 = 48 元

（二）直运业务成本

商业企业的经营包括采购环节、库存环节和销售环节，分别对应采购成本、存货成本、销售成本。

采购成本形成了存货成本，存货成本形成了销售成本，这是单向关系。

采购成本与存货成本未必相等。例如，花 100 元钱买了一箱货物，运输费用 200 元。那么，按相关会计制度的规定，这时的货物成本就是 100 + 200 = 300 元。常说“千里送鹅毛，礼轻情义重”，其实不仅情义重，成本也挺高。因为此时鹅毛的成本，已经不仅仅是鹅毛的买价，还包括鹅毛的运输费、装卸费、保险费、包装费、仓储费及运输途中的合理损耗等费用。

公司存在直运销售，即药品直接从供应商送达客户，不经过公司仓库。此时，就没有存货成本，采购成本直接形成销售成本。

直运业务的账务处理如下：

给客户开票时：

借：应收账款

贷：主营业务收入

贷：应交税金－应交增值税－销项税

收到供应商发票时：

借：主营业务成本

借：应交税金－应交增值税－进项税

贷：应付账款

以往采用变通方式，将直运业务等同于先由供应商向公司发货，然后由公司向客户发货。财务业务一体化后，要求权责一致，货单同行，仓库在担负实物收发职责的同时，具有对出入库单据的最终审核生效权，而仓库实际既没收到货，也没发出货，无法审核变通出来的出入库单据。另外，这样的变通，对做存货周转分析也会造成误导。信息化经验说明，实际发生什么就在系统记录什么，不应耍小聪明，搞自以为是的变通。

（三）VMI 业务成本

实行医药分家后，很多医院找药店合作，有的提出了 VMI，即供应商管理库存。即医院自己不要库存了，而在需要的时候，由药店随时提供。

VMI 业务账务处理如下：

向医院药房发出商品时：

借：发出商品

贷：库存商品

收到医院的结算通知开具发票时：

借：应收账款

贷：主营业务收入

贷：应交税金 - 应交增值税 - 销项税

确认收入的同时结转成本：

借：主营业务成本

贷：发出商品

三、成本需求分析

（一）各维度的需求

1. 客户维度的需求

不同的客户，由于不同的地理位置导致不同的运输费用，由于不同的市场环境导致不同的广告宣传费用，由于不同的规模导致不同的业务招待费用，诸如此类。即便销售的品种和数量相同，不同客户也有不同成本，需要分别核算。

现在客户到药店消费，一般都是使用医保卡，大多数也会办理会员卡。药店可以掌握客户的年龄、性别等信息，可以对这些信息进行利用以指导和促进业务开展。

随着互联网的发展，医药公司正积极开展电子商务，通过网络进行销售，以降低店铺租金等费用。但由于医药行业对药品的配送要求比较高，客户分布比较分散，配送成本相对会提高。新商业模式的开展需要成本数据的支持。

2. 产品维度的需求

医药市场进行过用户调查，发现60%以上的用户，对在药店购买药品以外的商品不仅不介意，甚至觉得比较安全放心。也就是说，连锁药店不仅可以而且应该开展药品销售以外的其他业务，尤其是社区型药店，不应定位于药品销售者，而应定位于健康产品和服务的提供者，围绕健康主题，提供个人养生、科学美容、婴儿和老人护理等服务，拓展业务范围，拉近与客户的距离。开展这些业务，需要产品成本的数据支持。

3. 作业维度的需求

现在的连锁药店引进了驻店药师制度，每个药店都配备了1～3名药师。尤其是老药师的坐诊，对药品销售的促进作用是明显的。但目前老药师人才匮乏，聘用成本比较高。对于药师聘用，究竟是采取企业自行招聘的方式还是与门诊医院合作的方式，这需要药师咨询作业成本的数据支持。

为了及时响应医院等大客户的药品需求，加快药品配送，医药流通企业有自建的物流体系，目前已初具规模。关于物流体系，现在内部有三种意见：一是保守发展，仅限于满足自身的配送需要；二是大力发展，在满足自身配送需要的同时发展第三方物流，对外提供服务；三是取消自有物流，自身的配送通过第三方物流完成。这需要物流作业成本的数据支持。

4. 部门维度的需求

连锁药店包括直营店和加盟店。直营店是公司直接管理；加盟店主要靠收取加盟费，以及销售给加盟店药品赚取进销差价。对加盟店的管理重点是进行订货监管，实行集中采购。但这仅靠信息化系统是不够的，还需要设置专门机构进行实地监管。作为内部部门管理的直营店和作为外部管理的加盟店这两种模式，究竟哪一种更有利，公司内部各执一词，管理层莫衷一是，这需要部门成本的数据支持。

5. 员工维度的需求

仅仅依靠销售收入或回款作为业务员的业绩考核标准是不够的，还应结合其花费的各项费用，如工资费用、通信费用、差旅费用、业务招待费用等，这需要员工成本的数据支持。

（二）成本对象

公司有多维成本管理需求，不同维度之间的关系如下：

客户：与产品、作业，是多对多的关系；如果客户有专营部门或专营业务员，则客户与部门、业务员是多对一的关系。即一位客户归属于一个部门或一位业务员，一个部门或一位业务员负责多位客户。

产品：与作业、部门、业务员等维度，是多对多的关系。

作业：与部门是多对一的关系，即一项作业归属于一个部门，一个部门有多项作业。因此，只要计算出不同作业的成本，就可以通过关联关系，自动计算出不同部门的成本。作业与员工是一对多的关系，即一项作业由多位员工提供，一位员工只提供一项作业。

部门：与员工是一对多的关系。

由此，可以明确多维组合成本的成本对象，那就是：客户 + 产品 + 作业。

需要说明以下几点：

（1）作业和部门是人为设置的，它们之间的关系因设置的不同而不同。例如，如果把销售部看作一个整体，则药师咨询作业归属于销售部一个部门，这时作业与部门是多对一的关系；如果销售部之下有众多门店，则药师咨询作业存在于众多门店，这时作业与部门是多对多的关系。

（2）作业是人为设置的，它与员工的关系因设置的不同而不同。例如，作业设置得比较粗时，一位员工只负责一项作业；作业设置得比较细时，一位员工可能会同时负责多项作业。

（3）多维组合成本没有一成不变的万能解决方案。例如，不同企业有不同的管理需要，可能设置不同的成本对象。有的企业会将员工纳入成本对象；有的企业会将员工按性别、年龄、学历、籍贯等特征进行归类，将员工类型纳入成本对象；有的企业则不将员工纳入成本对象。

（4）多维组合成本不区分相同维度的不同订单的成本。即客户、产品、部门等维度均相同的订单，其成本即是相同的。可以这么理解，不同订单的成本之所以不同，且仅是因为其维度代表的特征不同。

各维度完全相同，成本却不同，这种情况会不会有呢？当然会有，例如分别于今天和昨天交付的内容完全相同的两张订单，成本当然可能不同，原因就太多了，如交通原因、情绪原因、天气原因等，但这种情况不再考虑。

多维组合成本，是改变千人一面的传统成本计算，实现千人千面而不是未来可能的一人千面。有的企业管理软件为成本计算提供成本对象和内部订单两种模式，如果两者合二为一，则是一人千面的大致实现思路。一代人做一代人的事情，在这里，我们不讨论下一代人应该做什么或怎么做，只讨论我们这代人应该做的。

4 快递服务公司示例

一、企业概况

一家快递服务公司，净资产1亿元，在全国有2000多个营业网点，拥有员工近3万名。主要针对网购买家提供快递服务。公司积极开发和引进具有高技术含量的信息技术与设备，实现了对快件流转的全程监控和资源的有效调度，确保了服务质量。

随着规模的不断扩大，公司的组织模式也在不断变迁，先后采用过功能导向组织模式、服务导向组织模式、客户导向组织模式和矩阵式组织模式。现在的主要部门设置如图3-7所示。

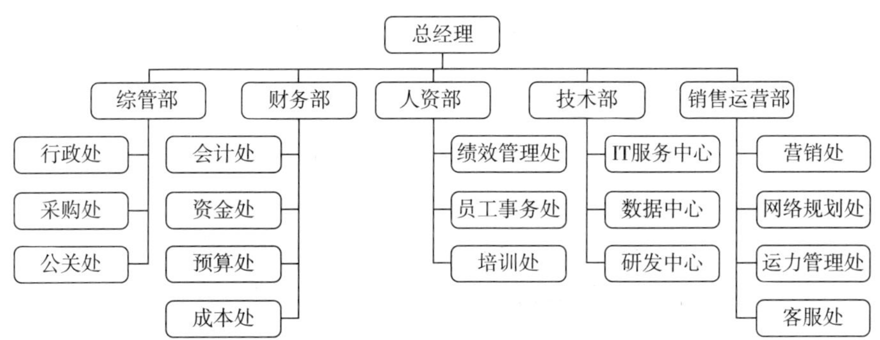

图3-7 快递服务公司组织结构

这些年来，由于电商发展、网购普及，市场对快递服务产生了强烈需求，公司取得了超常发展，但也面临较大压力。

（1）**服务单价较低**。不同于物流公司，快递公司主要是为个人而不是企业服务，主要是运送数量少的小型货物而不是数量多、重量大的货物，因此价格相对较低。

（2）**服务成本较高**。在美国物流成本仅占国民生产总值的10%，在中国却占到了21%以上，这是交通运输管理体制造成的问题。不同于物流公司，快递公司全国联网，一般采用空运而不是陆运的方式，采用上门收发的方式而不是专线运输的方式，在服务便捷的同时也造成了成本的高企。

二、成本核算现状

（一）成本费用的账务处理

账务处理上，成本费用分为营业成本和期间费用。

营业成本，即发生的与合同或服务直接相关的支出，如系统开发费、运输费、仓储费、装卸费、加工费、包装费等。

期间费用，即企业当期发生的必须从当期收入中得到补偿的费用，包括营业费用、管理费用和财务费用。营业费用是指与合同或服务间接相关的客户支出，如在客户询价、物流方案设计、物流方案投标、合同签订等方面发生的业务承揽费，在客户关系维护、处理客户投诉、评价与审核客户等方面发生的客户服务费；管理费用是指与合同或服务间接相关的行政支出，如行政人员薪资等；财务费用是指银行利息支出等。

（二）作业成本核算

在财务会计的成本费用核算之外，公司进行过作业成本核算的试点，对成本费用分不同作业核算。例如：

（1）运输作业的成本，即对运输环节的成本费用进行确认和归集。运输方式有铁道运输、公路运输、水上运输、航空运输和管道运输，以航空运输为主。

（2）存储作业的成本，即对存储环节的成本费用进行确认和归集。存储方式有普通存储和冷链存储。

（3）装卸作业的成本，即对装卸环节的成本费用进行确认和归集。对铁路运输而言，始发和到达的装卸作业成本大致占到运费的20%左右，船舶运输则占到40%左右。

（4）包装作业的成本，即对包装环节发生的材料费用、人工费用、设计费用进行确认和归集。

（5）加工作业的成本，即对加工环节的成本费用进行确认和归集。加工就是进行简单的组装、剪切、套裁、贴标签、刷标志、分类、检量、弯管、打孔等作业，主要是为了打包方便，运输安全，保障质量。

三、成本需求分析

（一）各维度的需求

1. 客户维度的需求

不同的客户，由于不同的地理位置导致不同的运输费用，由于不同的信用等级导致不同的退换货和客户服务费用。针对不同客户类型提供针对性服务和差异化收费，需要不同客户类型的成本数据支持。

2. 产品维度的需求

快递公司的产品可以认为是“货物类型+路由”。

由于快递服务范围广，任何一家公司都不可能单独涵盖所有业务类型，所以行业外包程度较高，企业协同运作普遍。例如从珠海到沈阳的快递单，途经珠海、广州、武汉、郑州、北京、沈阳，那么有可能将北京到沈阳这段的快递业务外包给别的公司。同样的，公司也可能承接别的快递公司的外包业务。这样，“货物类型+路由”如何定价就是个很紧迫的问题，这需要产品成本的数据支持。

公司开展的快递业务，包括普通服务和定制服务。不同的服务类型如何定价，也需要产品成本的数据支持。

不同的货物类型，如大宗电器与小宗食品，其快递成本显然是不同的，需要分别核算。

不同的路由，如从广州到珠海，和从广州到北京，其成本显然是不同的，需要分别核算。另外，路由优化分析也需要路由成本的数据支持。

3. 作业维度的需求

公司内部有不同的分工，包括接货、分拣、打包、解包、送货等，需要核算不同作业的成本。作业外包政策的制定，也需要作业成本的数据支持。

4. 部门维度的需求

每单快递业务都需要两个或两个以上的站点分工协作完成，为此公司建立了庞大的服务网络。在这个网络中，每个站点会替其他站点中转或派送，也会让对方为其提供同样的服务。最终收入是由一个站点实现的，而成本却是由不同站点承担的。这就需要在对不同站点进行成本计算的基础上进行内部结算，这需要部门维度的成本数据支持。

（二）成本对象

公司有多维成本管理需求，不同维度及其之间的关系如下：

客户类型：由于快递业务的客户数量大，针对不同客户计算客户成本显然是不现实的，可将客户按信用等级、性别、区域等特征划分为不同类型。类型的划分可以是复合型而不是单一型的，例如“信用等级优＋性别男＋东城区”为一种类型。客户类型与货物类型、路由、作业、部门等维度，是多对多的关系。

货物类型：由于快递业务的货物种类多，针对不同货物计算货物快递成本显然是不现实的，可将货物按用途、体积、重量等特征划分为不同类型。类型的划分可以是复合型而不是单一型的，例如“食品＋500ml以下＋1kg以下”为一种类型。货物类型与路由、作业、部门等维度，是多对多的关系。

路由：与作业、部门等维度，是多对多的关系。

作业：与部门是多对多的关系。即一项作业存在于多个部门，一个部门有多项作业。

由此，可以明确多维组合成本的成本对象，那就是：客户类型＋货物类型＋路由＋作业＋部门。

需要说明以下几点：

（1）多维组合成本不区分相同维度的不同快递单的成本。即客户类型、货物类型、路由、作业、部门等维度相同的快递单，其成本是相同的。可以这么理解，不同快递单的成本之所以不同，是且仅是因为其维度代表的特征不同。

（2）运输时限对快递成本的影响较大。如果快递业务经常对运输时限提出明确要求，则需要将其纳入成本对象，分别归集和分摊费用，计算不同运输时限的成本，以指导区别报价。

（3）快递服务公司，以及电力、电信、银行等企业，由于客户太多，不可能也没必要核算每位客户的成本，只需核算每类客户的成本。这时，同类的每位客户，其成本都是相同的。

第四章 多维组合成本的解决方案

❶ 整体解决方案

解决方案分三步，即多口径归集，多路径分摊，多维度展现如图4－1所示。

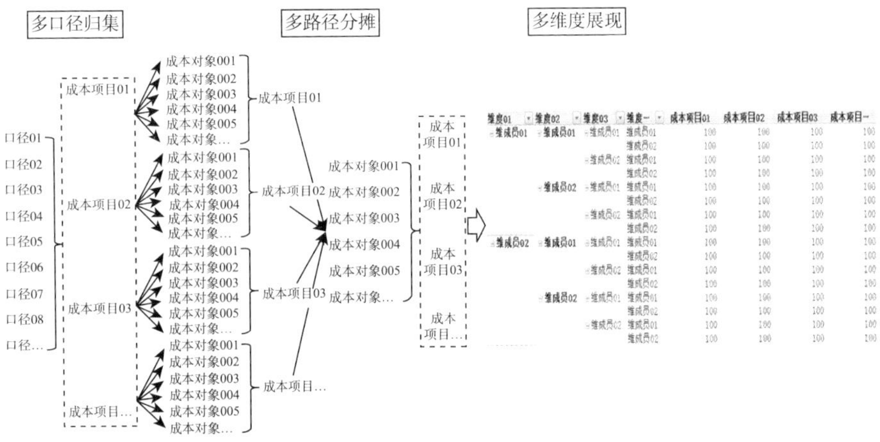

图4－1 多维组合成本整体解决方案

多维组合成本与传统成本计算的区别如图4－2所示。

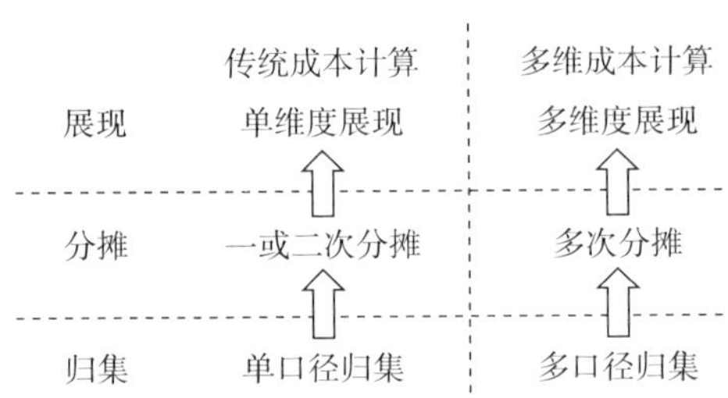

图4－2 多维组合成本与传统产品成本的区别

多维组合成本之所以归集支持多口径，分摊支持多路径，展现支持多维度，根本原因在于成本对象是多维组合。

一是多维组合的成本对象的设置，要求费用归集支持多口径。生产费用有不同的类别，不同类别的费用既可能归集到公司级别，也可能归集到部门级别；既可能归集到生产批号级别，也可能归集到工序级别，归集口径可大可小。与成本对象相适应，多维组合成本对生产费用在各种口径上的归集均应予以支持，使得费用的归集是最灵活的。

二是多维组合的成本对象的设置，要求费用分摊支持多路径。生产费用有不同的类别，不同类别的费用指向最终成本对象的路径可能是不同的。在每一路径的每个节点的分摊标准可能是不同的，既可能按工时分摊，也可能按定额分摊；既可能按面积分摊，也可能按功耗分摊……分摊路径可长可短，分摊标准可繁可简。与成本对象相适应，多维组合成本对生产费用在各条路径上的分摊均应予以支持，使得费用的分摊是最精准的。

三是多维组合的成本对象的设置，要求成本展现支持多维度。成本对象关联客户、产品、作业、部门等，并可进一步关联到员工及其姓名、性别、年龄，以及工作中心、成本中心、客户类型、产品类别、作业类型……维度组合可多可少。与成本对象相适应，多维组合成本对成本费用在各个维度上的展现均应予以支持，使得成本的分析是最全面的。

多口径归集使得费用的归集最灵活，多路径分摊使得费用的分摊最精准，多维度展现使得成本的分析最全面。多口径归集，多路径分摊，多维度展现，三者是紧密联系的；归集最灵活，分摊最精准，分析最全面，三者是一脉相承的如图 4－3 所示。

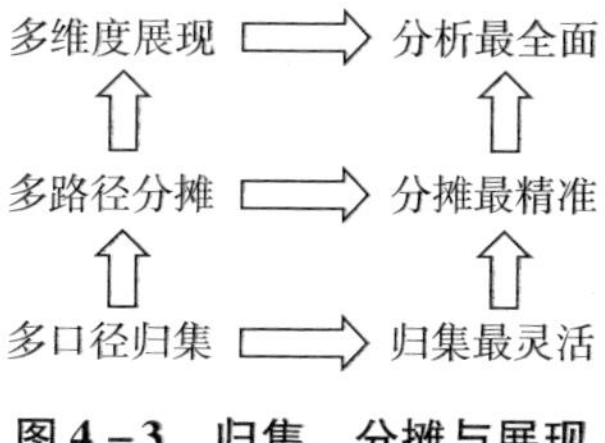

图 4－3　归集、分摊与展现

一、多口径归集

（一）多口径归集概述

1. 应用场景

多口径归集包括以下应用场景：

不同费用项目，有不同的归集口径。例如水电费，可能按公司归集；办公费，可能按部门归集；工资，可能按员工归集如图 4 –4 所示。

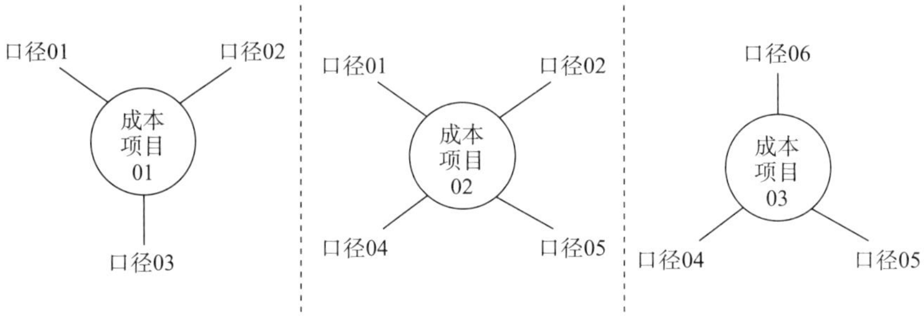

图 4 –4　费用的多口径归集

同一费用项目，在不同时期可能有不同的归集口径。例如业务招待费，一个时期可能按部门归集，另一个时期可能改为按员工或按客户归集。

同一费用项目，在同一时期不同场景，可能有不同的归集口径。例如运输费用，在运输一种产品时，可能按“部门 + 产品”口径归集；在运输多种产品时，只能按部门归集。

2. 数据来源

费用归集包括以下数据来源：

（1）**账务系统**。例如，通过费用类科目的辅助核算，如客户、产品、作业、部门、员工、项目等辅助核算归集费用。

（2）**业务系统**。多维组合成本主要的数据来源不是账务系统，而是业务系统。例如材料费来源于存货核算模块，人工费来源于薪资管理模块，折旧费来源于资产管理模块，业务招待费来源于费用报销模块等。

3. 取数方式

多维组合成本无论是基于独立系统开发还是现有系统实现，取数均有三种方式。

（1）**录**，即由用户将费用数据手工录入。

（2）**导**，即用户将费用数据从其他系统导出到 Excel 表或手工填写 Excel 表，再通过预置的 Excel 表模板导入。

（3）**取**，即开发与现有账务系统或业务系统的接口，通过接口自动取费用数据。

（二）多口径归集的场景

1. 归集与分摊的关系

成本计算过程就是费用的归集与分摊过程，传统成本计算是如此，作业成本计算是如此，多维组合成本计算也是如此。作业成本法区分“追溯”“动因分配”和“分摊”三种方式，其实“追溯”就是归集，“动因分配”就是成本动因明确的分摊，“分摊”就是成本动因不明确的强制分摊，所以它的计算过程仍然是归集与分摊。

成本计算的准确性，取决于归集与分摊，归集影响水源，分摊影响水流，具体如下：

（1）**费用归集的口径大小**。例如，业务招待费以往按部门归集，现在按订单归集。归集口径变小了，数据就更准确了。如果费用归集口径足够小，直接归集到成本对象，那就不用分摊了，此时的成本数据就是最准确的了。

（2）**费用分摊的准确性高低**。例如，以往各部门没有安装电表，电费按产量分摊；现在各部门安装了电表，电费按用电量分摊。现在的分摊标准更合理，因此数据更准确。

可能有人会说，将全部费用都直接归集到成本对象，那不是最好吗？如果能做到，那当然是最好，但这是无法做到的。原因包括：

一是成本对象太多。例如，一家企业的客户、产品、作业、部门分别有 10 个。此时，多维组合的成本对象理论上将有 1 万个。

二是信息载体太多。费用归集到成本对象需要有相应的信息载体。如果以细化的成本中心为载体，发生的费用直接归集到可关联多个维度的成本中心，则这样的成本中心理论上需要 1 万个。信息载体之多，是任何企业都无法承受之重。

三是颗粒度太粗。为了解决信息载体太多的问题，有人认为可以简化处理，例如，将客户、产品、作业、部门分别合并为 3 个，此时成本中心理论上只需要 81 个，就比较可行了。但这样做的本质是为了关联多维度而牺牲每个维度的颗粒度。按照这种思路，如果客户、产品、作业、部门均合并成了一个，那就最好了，成本中心就 1 个，归集到成本中心的费用天生就是多维的。不过颗粒度之粗，是任何企业管理都无法承受之痛。

顺便指出，成本对象用客户类型或产品类型或作业类型等，取代客户或产品或作业，类似于颗粒度变粗。例如有 1000 位客户，分 8 种客户类型，如果成本对象是客户类型而不是客户，则只知每类客户而不知每个客户的成本，或只能千人一面地平摊。从粗到细的“分”难，从细到粗的“合”易，如果成本对象是客户，则可知具体客户成本，且只需简单汇总就可知客户类型成本。

四是权限控制和职责分工问题。例如，某车间工人领用材料，业务发生时只知道是用于哪个产品哪项作业，并不知道相应的客户，不仅不可能知道，而且不应该知道，因此无法在业务发生环节直接归集，只能交由财务月底分摊。

可以看到，希望将全部费用直接归集到成本对象而避开分摊，是在回避现实，而不是正视现实，它只能转移问题，不能解决问题。对费用归集口径应取的态度是：

一是要求而不强求。归集口径能细化则细化，不可细化则不细化。细化归集口径，是且仅是成本计算的有益补充，不是且不可能是必须前提。

二是依靠而不依赖。如果费用能有一个共同的归集口径，那么分摊将有一个共同的起点；如果费用能有一个细化的归集口径，那么分摊将有一个较高的起点。但不能指望所有费用均能有统一的细化的归集口径。

业务口径与成本对象的关系如图 4 -5 所示。

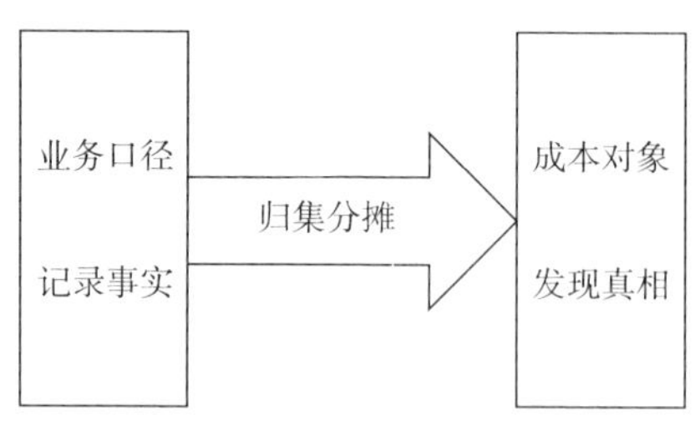

图 4 -5　业务口径与成本对象的关系

一是归集与分摊并没有明确的概念区别。例如一个人吃饭，费用是向一个人归集；两个人吃饭，费用是向两个人分摊，也可以说，费用是向两个人分别归集。

二是归集与分摊并没有清晰的应用界限。归集或分摊，均是记录的费用事实指向隐藏的成本真相的方式，均是业务口径通往成本对象的手段。记录的事实不变，隐藏的真相不变，方式可变；业务口径不变，成本对象不变，手段可变。在成本计算过程中，归集与分摊经常是交叉使用的方式和手段。

2. 单口径的归集

归集到某口径的费用并不是该维度的成本。

例如，某费用归集到产品 A 为 150 元，归集到作业 1 为 200 元如表 4 –1 所示。不能认为产品成本是 150 元，作业成本是 200 元。

表 4 –1　费用的归集

产品	作业	费用（元）
产品 A		150
	作业 1	200

归集到产品 A 的费用应向作业分摊如图 4 –6 所示。

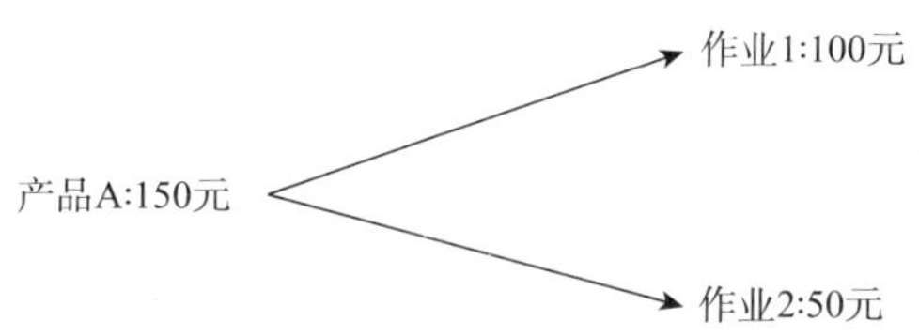

图 4 –6　归集到产品的费用向作业分摊

归集到作业 1 的费用应向产品分摊如图 4 –7 所示。

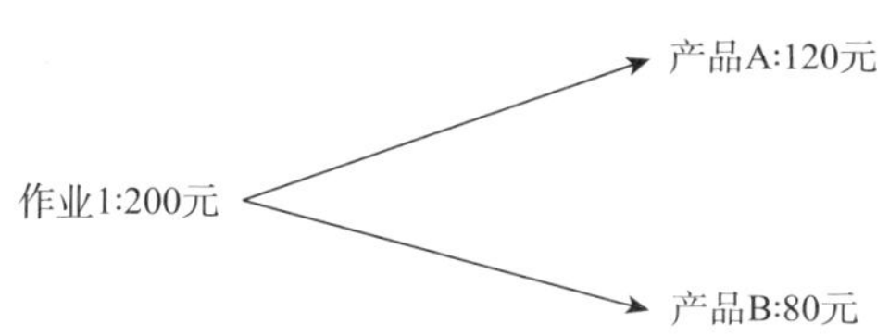

图 4 –7　归集到作业的费用向产品分摊

分摊完成后，向不同方向汇总，才是各个维度的成本。例如，产品和作业维度的成本均为 350 元如表 4 –2 所示。

表 4-2 分摊结果

产品	作业	费用（元）
产品 A	作业 1	100
产品 A	作业 2	50
产品 A	作业 1	120
产品 B	作业 1	80

从以上计算结果可以看到以下几点：

（1）归集到产品 A 的 150 元，是专属于产品 A 的费用，不向其他产品分摊；归集到作业 1 的 200 元，是专属于作业 1 的费用，不向其他作业分摊。

（2）归集到产品 A 的 150 元，是作业 1 和作业 2 的共耗费用，需向作业 1 和作业 2 分摊；归集到作业 1 的 200 元，是产品 A 和产品 B 的共耗费用，需向产品 A 和产品 B 分摊。

（3）产品 A 的成本，是归集的 150 元，与分摊共耗费用而来的 120 元之和；作业 1 的成本，是归集的 200 元，与分摊共耗费用而来的 100 元之和。

（4）只有将各个口径归集的费用，全部向维度组合进行分摊，计算出维度组合的成本，然后才能由维度组合的成本，向不同方向汇总，得到各个维度的成本。即欲将取之，必先予之如图 4-8 所示。

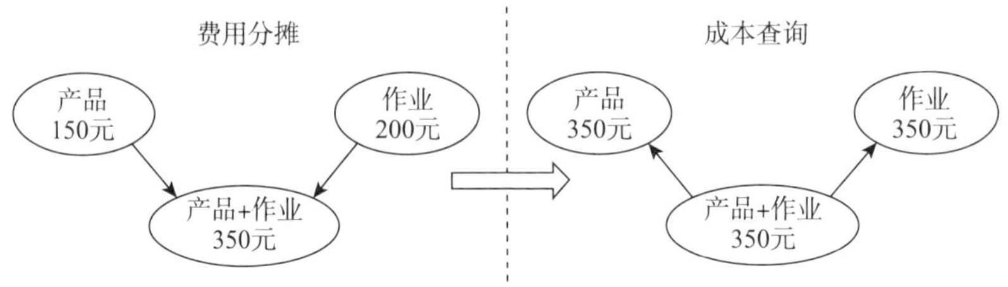

图 4-8 费用与成本的先予后取关系

3. 多口径的归集

归集到多个口径组合的费用并不是该多维组合的成本。

例如，费用 1 归集到"客户甲 + 部门 1"为 80 元，费用 2 归集到"产品 1 + 作业 1"为 100 元，如图表 4-3 所示。不能认为客户、部门、"客户 + 部门"的成本为 80 元，不能认为产品、作业、"产品 + 作业"的成本为 100 元。

表 4－3 费用的归集

费用科目	辅助核算				金额
	客户	产品	作业	部门	
费用 1	客户甲			部门 1	80 元
费用 2		产品 1	作业 1		100 元

归集到“客户甲＋部门 1”的费用应进行分摊如图 4－9 所示。

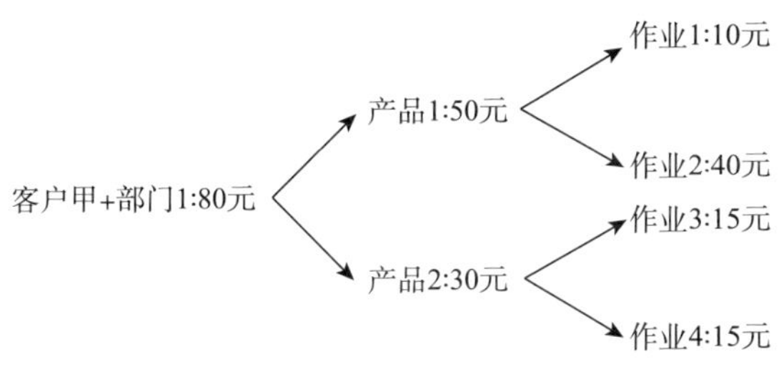

图 4－9 费用分摊

归集到“产品 1＋作业 1”的费用应进行分摊如图 4－10 所示。

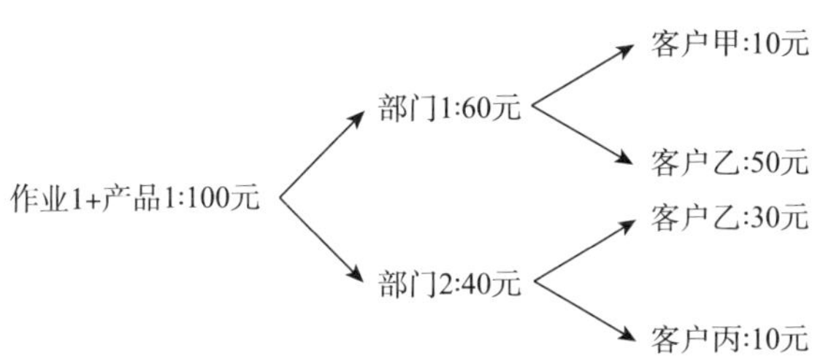

图 4－10 费用分摊

分摊完成后，向不同方向汇总，才是各个维度的成本。例如，客户、部门、产品、作业维度的成本，均为 180 元如表 4－4 所示。

表 4－4 分摊结果

费用科目	辅助核算				金额（元）
	客户	产品	作业	部门	
费用 1	客户甲	产品 1	作业 1	部门 1	10
费用 1	客户甲	产品 1	作业 2	部门 1	40
费用 1	客户甲	产品 2	作业 3	部门 1	15
费用 1	客户甲	产品 2	作业 4	部门 1	15

续表

费用科目	辅助核算				金额（元）
	客户	产品	作业	部门	
费用2	客户甲	产品1	作业1	部门1	10
费用2	客户乙	产品1	作业1	部门1	50
费用2	客户乙	产品1	作业1	部门2	30
费用2	客户丙	产品1	作业1	部门2	10

分摊完成后，向各维度组合方向汇总，才是各维度组合的成本。例如，“客户+部门”维度的组合成本为180元如表4-5所示。

表4-5　“客户+部门”的组合成本

单位：元

费用科目	客户	部门	汇总
费用1	客户甲	部门1	80
费用2	客户丙	部门2	10
	客户甲	部门1	10
	客户乙	部门1	50
		部门2	30
总计			180

例如，“产品+作业”维度组合的成本为180元如表4-6所示。

表4-6　“作业+产品”的多维成本

单位：元

费用科目	产品	作业	汇总
费用1	产品1	作业1	10
		作业2	40
	产品2	作业3	15
		作业4	15
费用2	产品1	作业1	100
总计			180

从计算结果可以看到以下几点：

（1）归集到“客户甲+部门1”的80元，是专属于“客户甲+部门1”的费用，不向相同维度组合的其他任何成员分摊；归集到“产品1+作业1”的100元，是专属于“产品1+作业1”的费用，不向相同维度组合的其他任何成员分摊。

（2）归集到“客户甲+部门1”的80元，是各产品各作业的共耗费用，需向各产品各作业分摊；归集到“产品 1 + 作业 1”的 100 元，是各部门各客户的共耗费用，需向各部门各客户分摊。

（3）“客户甲 + 部门 1”的成本，是归集的 80 元，与分摊共耗费用而来的 10 元之和。“产品 1 + 作业 1”的成本，是归集的 100 元，与分摊共耗费用而来的 10 元之和。

（4）只有将各个口径组合归集的费用，全部向维度组合进行分摊，计算出维度组合的成本，然后才能由维度组合的成本，向不同方向汇总，得到各个维度及其组合的成本。即欲将取之，必先予之，如图 4 – 11 所示。

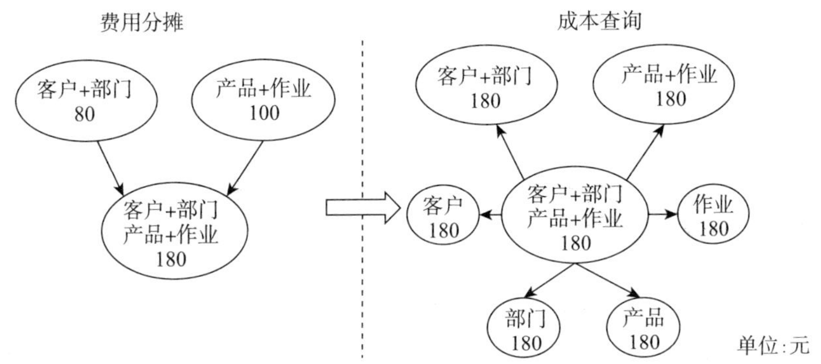

图 4 – 11　费用与成本的先予后取关系

很多公司开展财务分析项目，基于科目的辅助核算进行多维分析，往往归于失败，原因就在于没有对不同辅助核算归集的费用进行分摊。

看到这里可能有人认为，既然如此，那就丰富科目的辅助核算，通过分摊以反映完整的一致的多维成本信息。这种认识还是错的，这里需要澄清两个容易混淆的认识。

一是科目的辅助核算与成本的多维组合不应混淆。科目的辅助核算如果足够明细，费用归集口径足够小，则不用进行多维成本计算。而正是因为多维组合的指数级海量数据，使科目的辅助核算不可能足够明细，费用归集口径不可能足够小，因此必须进行多维成本计算。

二是成本核算精益化与会计核算精益化并不是相辅相成，而是此消彼长的。成本核算越是精益化，会计核算的成本类会计科目越是简化。成本核算精益化的极致，就是所有成本类信息全部到成本管理系统查询，会计核算的成本类会计科目只设一个或少数几个，辅助核算可全部取消。这与财务业务一体化对会计核算的影响是类似的，它使总账回到了它的名称所体现的本来含义，即仅仅是汇总的账，不用再设置五六个科目层级，不用再设置几百上千个明细科目，不用再做几十上百行会计分录，因为科目再多、核算再细，也不可能比业务系统提供的信息更丰富。例如要查库存商品，总账就一个总数，明细到存货核算模块去查；要查营业收入，总账就一个总数，明细到销售管理模块去查。无需会计核算的精益，会计就能掌握更准确更及时更全面更详细的信息，那还有必要追求会计核算的精益吗？当然，这并不意味财务部门就没事可做了，相反更重要了，它的工作重心应从后端账务转移到前端业务，主要职能应从财务会计转移到管理会计。

最完全的辅助核算，即没有缺漏的、真正意义的多维组合，其数据量之大已经超出了科目辅助核算范畴，不是会计核算模块能够解决的，而需要独立的成本管理模块，由这个独立的模块去处理费用归集与分摊，实现多维组合，提供所有成本数据。然后，类似于财务业务一体化，由成本管理模块生成汇总的成本类会计凭证，传递到总账。

基于失败的财务分析项目，如果我们深入分析，同样可以产生多维组合成本的思想火花，从而打开全新视界。当然，从精益生产管理，从数据质量管理等深入下去，也是可以产生的，正所谓条条道路通罗马。有价值的火花处处有，我们曾经路过却没有看到，或虽然看到却没有捕捉。

同样是进行多维分析，多维组合成本与商务智能项目有着质与量的双重区别。从数据的角度可以看到，多维组合成本不是简单的数据搬家，不是简单的将分散查询转化为集中查询，不是简单的将平面二维查询转化为立体多维查询，而是通过分摊模型，让原本孤立的数据面向应用关联，让原本静止的数据基于规则流动，在关联中聚合，在流动中碰撞，在聚合与碰撞中裂变，在裂变中产生多维组合的海量数据，进而丰富数据资产。

二、多路径分摊

（一）多路径分摊概述

1. 分摊路径

多路径分摊可以用平行结构示意如图 4－12 所示。

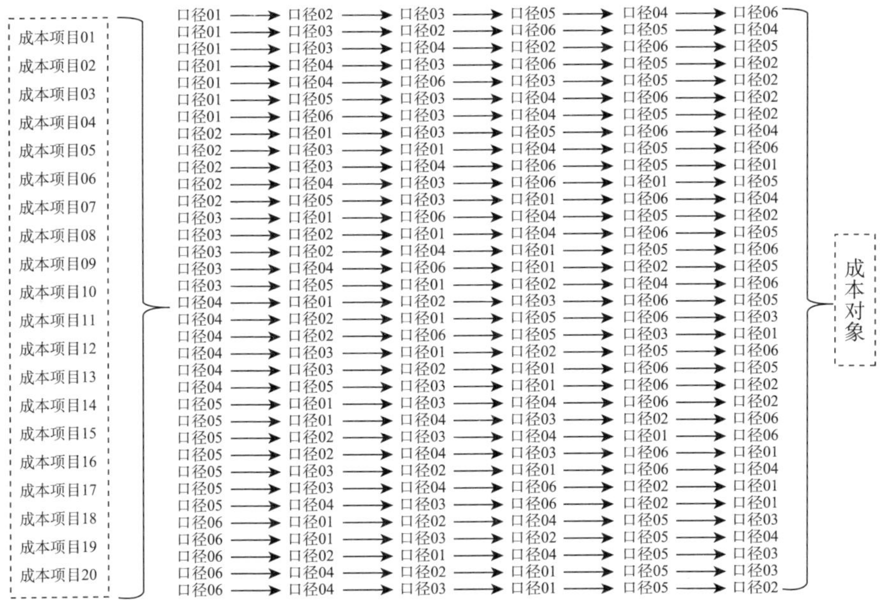

图 4－12　分摊路径的平行结构示意图

多路径分摊也可以用网状结构示意如图 4－13 所示。

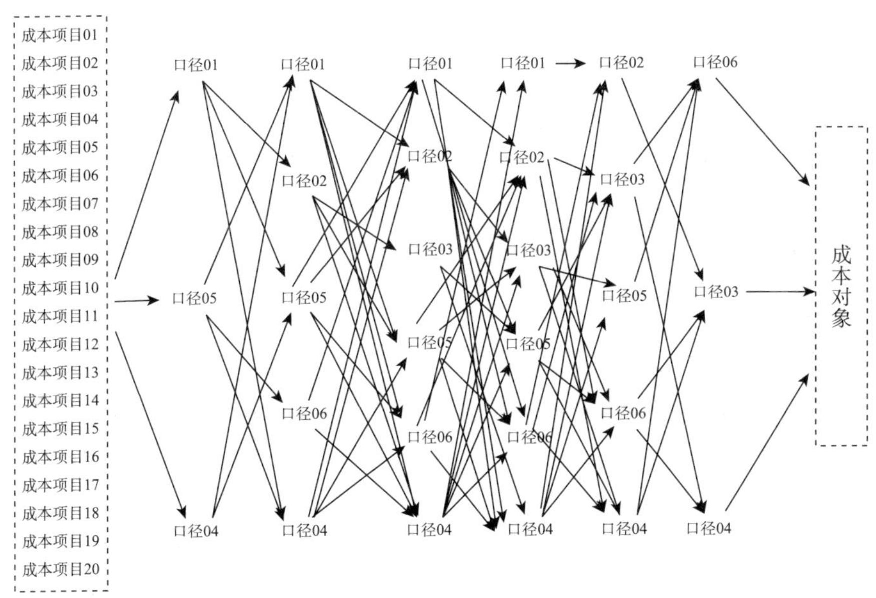

图 4－13　分摊路径的网状结构示意图

网状结构示意图和平行结构示意图的形式不同，内容和意义完全一样。示意图说明，无论费用的归集口径是什么，最后均分摊到多维组合的成本对象。示意图反映了将不同口径归集的费用向成本对象分摊的过程，这一过程就是分摊路径。

示例：将租金分摊到车间后，还需要继续分摊。一个车间提供多项作业，一项作业为生产多种产品服务，一种产品有多个批次。我们就需要将租金先分摊到不同作业，再分摊到不同产品，最后分摊到不同批次。将归集到公司的租金费用，沿着车间、作业、产品分摊到最终成本对象的过程，就是分摊路径。

为了计算多维组合的成本对象的成本，有时需要借助不纳入成本对象的口径，例如港口、码头等。

关于分摊路径，做以下几点说明：

（1）分摊路径就是成本多维的实现路径。

分摊随着维度空间的转换而转换。作业之所加，即分摊之所向；部门之所在，即分摊之所系；产品之所流，即分摊之所指；用户之所及，即分摊之所至。沿着分摊路径，穿过多维业务空间，形成多维组合成本。

（2）分摊路径是多维组合成本特有的基础设置。

分摊路径相对于传统成本计算的分摊来说，内涵有了极大丰富，外延有了极大扩展，它在不同节点可以选择不同分摊标准进行最合理分摊，成本核算显然就大大精准了。分摊路径应预先定义，不应在分摊过程中临时指定或改变路径。

（3）关于多路径分摊的“多”。

在这里我们顺便对多路径分摊的“多”进行一个估量。如果有 8 个口径，则可能的分摊路径就会有 8 的阶乘即 40320 条；如果有 10 个口径，则可能的分摊路径就会有 10 的阶乘即 300 多万条。阶乘算法还比较保守，因为并不是所有费用的分摊路径都会经过 8 个或 10 个节点，有的费用直接归集到成本对象不用分摊，有的费用归集时比较明细，只需一两步就分摊到了成本对象。所以理论上可能的分摊路径比阶乘算法算出的数量更大。当然这只是理论上的估量，实践虽然复杂但远不会这么复杂，例如分摊路径不会是所有口径的任意排列组合。

(4) 一种费用项目一般只设置一条分摊路径。

分摊路径应区分不同费用项目分别定义。同一费用项目，可能有多个归集口径，但只有一条分摊路径，多个归集口径的最大并集就是分摊的统一起点。例如差旅费有100元归集到销售部门，80元归集到张三员工，则“部门+员工”就是归集口径，对其他维度就是共耗费用，沿分摊路径进行分摊。我们不对不同口径归集的差旅费分别定义分摊路径，那样会导致分摊路径太多，将本来比较复杂但可以解决的问题，变成更加复杂而近乎无法解决。

也就是说，多路径分摊的“多”，是针对各个成本项目总体而言的，不是针对某个成本项目个别而言的。而多口径归集的“多”，既是针对各个成本项目总体而言的，也是针对某个成本项目个别而言的。

(5) 分摊路径的可视化

多维组合成本，由于费用项目多，归集口径多，分摊路径长，分摊节点多，因此就要求分摊模型要可视化地反映费用分摊过程，提供分摊导航功能如图4-14所示。

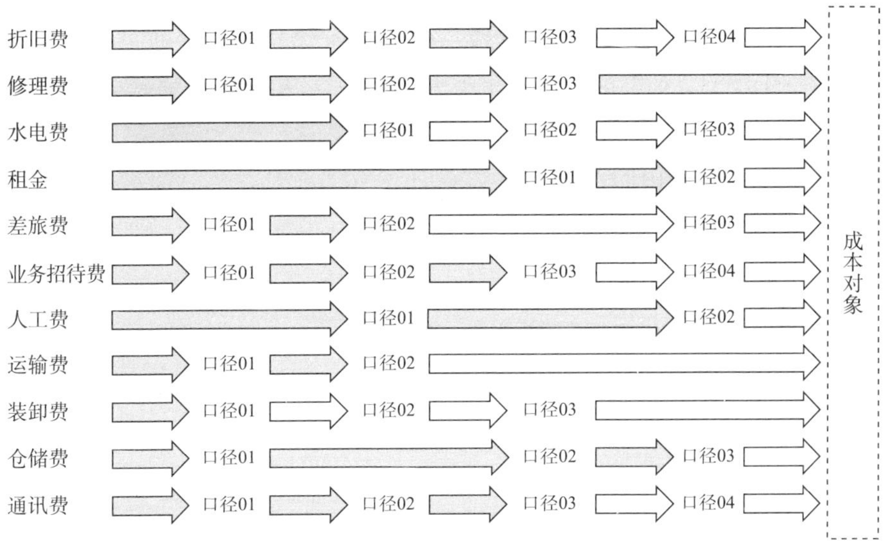

图4-14 多维组合成本的分摊导航

通过分摊导航，可以看到每一费用项目的分摊进度，在每一节点的分摊范围、分摊标准和分摊结果。分摊导航是海洋的灯塔和迷宫的指南，提供了直观的操作指引，可随时把握费用分摊工作的现状和方向。

2. 分摊标准

（1）分摊标准的选择

一是不同明细费用项目的分摊标准可能是不同的。

对于某个费用项目，传统成本计算往往采用一个分摊标准向产品进行分摊。多维组合成本计算，由于费用项目下的不同明细可能有不同的分摊标准，因此需要按每个明细项目进行分摊，工作量会比较大，当然也仅仅是工作量的问题。许多明细项目的归集和分摊方式是完全相同的，因此可在穷举式调研的基础上按归集和分摊方式对明细项目进行分类，同一分类的明细项目可统一进行归集和分摊。

二是不同节点的分摊标准可能是不同的。

例如生产企业的电费，分摊路径中的各节点依次为车间、作业、产品、批次，采用的分摊标准可能分别为用电量、设备工时×功率、产品产量、生产批量。

三是同一分摊节点不同成员的分摊标准可能是不同的。

例如同样是作业向产品的分摊，起模工序的分摊标准可能是作业工时，成型工序的分摊标准可能是作业次数。

四是不同约束条件下的分摊标准可能是不同的。

例如某制造费用向产品进行分摊时，如果有实际工时的记录，则按实际工时分摊；没有实际工时的记录，则按定额工时分摊，此时只能认为，工厂默认实际工时与定额工时是差不多的，所以才没必要记录实际工时，按定额工时分摊也是可以的；如果连定额工时都没有，则按产品产量分摊，此时只能认为，工厂默认生产各产品消耗工时是差不多的，所以才既不制定定额工时，也不记录实际工时，按产品产量分摊也是可以的。如果据此计算出来的结果与业务事实差距较大，这种计算也是有意义的，因为它至少将默认的错误暴露出来了，可敦促工时计量工作的改进。

无论选择什么分摊标准，只要是分摊就会存在合理性问题。分摊的合理性是相对而不是绝对的，相对的合理好于绝对的错误，就像家庭联产承包政策，土地分配的合理性是相对而不是绝对的，但承包制相对的合理，远胜于绝对不合理的、大锅饭的、不分配的人民公社。

五是分摊标准有不同的确定依据。

某项费用没有明确的分摊标准时，可以从不同途径寻找依据。例如：

行业专家。即听取行业专家的意见。

数据分析。即相关性分析。例如，不知道运输费用该用什么标准分摊，就列出过去12个月的运输费用数据，以及可能的分摊标准如人工工时、运输里程等的数据，分别计算运输费用与人工工时、运输里程的相关系数，选择较大的作为分摊标准。

一线员工。相对传统成本计算，多维组合成本更多地依赖业务人员。一线业务人员由于天天在现场，对费用的发生原因、过程和影响，认识是最清楚的，对分摊标准的选择也是最有发言权的。

（2）分摊标准的数值

示例：厂房租金是每月10万元，有三个车间，面积分别为300平方米、200平方米和500平方米，则三个车间应分摊的租金分别是3万元、2万元和5万元。这里，面积就是分摊标准，300平方米、200平方米和500平方米就是分摊标准的数值。

分摊标准的数值，也有录、导、取等多种取数方式。多维组合成本可促进企业完善基础管理，例如敦促企业测量过去没有测量过的车间面积，记录设备的使用功率、车辆的运输里程等。

丰富的分摊标准是多维组合成本的一大特点，也是一大优点。采集分摊标准的数值，在目前的技术条件下并不算难事。作业成本有一种时间驱动的核算模型，对分摊标准做了简化，必要时我们也可以参考这种简化方式。

3. 分摊范围

成本对象的范围，取决于业务单据所处的状态。例如：

（1）医药生产企业的成本对象是“生产批号+作业”，其中生产批号的范围，取决于关联的生产任务单的状态，即只应包括已投产且本月初未完工的生产任务单，而不是所有的生产任务单。已投产不限月份，即不管生产任务单的投产日期是哪个月的；本月初未完工，体现在生产任务单是否处于关闭状态上。

（2）医药连锁企业的成本对象是“客户 + 产品 + 作业”，其中客户和产品的范围，取决于销售订单的状态，即只包括已下达执行且本月初未完成的销售订单，而不是所有的销售订单。已下达执行不限月份，即不管销售订单的订单日期是哪个月的；本月初未完成，体现在销售订单是否处于关闭状态上。

（3）快递服务公司的成本对象是“客户类型 + 货物类型 + 路由 + 作业 + 部门”，其中客户类型、货物类型、路由的范围，取决于快递单的状态，即只包括已下达执行且本月初未完成的快递单，而不是所有的快递单。已下达执行不限月份，即不管快递单的单据日期是哪个月的；本月初未完成，体现在快递单是否处于关闭状态上。

可以看到，多维组合成本以业务状态而不是业务日期为标准来明确成本对象的范围，相对于传统成本计算是一个很大的优点，例如：

一是医药生产企业，已经完工入库但由于存在不确定性尚未关闭的生产任务单，次月发生废品损失，照样可以追加此生产任务单关联的成本对象的成本。

二是医药连锁企业，已经交付但由于存在不确定性尚未关闭的销售订单，次月发生售后服务费用，照样可以追加此销售订单关联的成本对象的成本。

三是快递服务公司，已经完成但由于存在不确定性尚未关闭的快递单，次月发生投诉之类的费用，照样可以追加此快递单关联的成本对象的成本。

可以看到，多维组合成本将产品周期管理转化为了服务周期管理，从而促使经营者从关注产品或劳务的交付转移到关注全程服务的交付，从关注眼前行为眼前利益转移到关注长期影响长期利益。

企业实务中经常出现这种情况，即有些部门的一把手急功近利，特别是在干部轮岗之时，新旧交替之际，不顾质量不计后果地突击抓业务，创造了自己在任时的业绩，至于这些突击发展的业务留下的隐患则由继任者去处理，引起的麻烦由后来者去承担，造成的损失由新人去埋单。通过多维组合成本，就可以追加这种短期行为的成本，准确衡量真实业绩，促使大家树立长远意识。

以产品为中心是传统成本计算最根本的思想缺陷，在这种思想下，大家认为产品或劳务交付完成，一切就万事大吉。以多维组合破除产品中心，是多维组合成本最根本的思想突破，在这种思想下，大家认为产品或劳务交付完成，一切才刚刚开始。借助多维组合成本，可促使企业实现产品观向多维观的转变。

根据业务单据所处状态，确定成本对象的范围后，每项费用在分摊路径上，后节点应在前节点已分摊的范围内进行，即递进进行。例如：

一是医药生产企业对材料费用的分摊，节点依次是产品、作业、生产批次。则：

（1）在向产品分摊时，依据是相关范围的生产任务单上的不同产品；

（2）进一步指向作业时，只向该产品消耗的不同作业分摊；

（3）进一步指向生产批号时，只向该产品该作业对应的不同生产批号分摊。

二是医药连锁企业对业务招待费的分摊，节点依次是部门、客户、作业、产品。

（1）在向部门分摊时，依据是相关范围的销售订单上的不同部门；

（2）进一步指向客户时，只向该部门的不同客户分摊；

（3）进一步指向作业时，只向该部门该客户的不同作业分摊；

（4）进一步指向产品时，只向该部门该客户该作业对应的不同产品分摊。

三是快递服务公司对运输费的分摊，节点依次是部门、路由、作业、货物类型、客户类型。

（1）在向部门分摊时，依据是相关范围的快递单上的不同部门；

（2）进一步指向路由时，只向该部门的不同路由分摊；

（3）进一步指向作业时，只向该部门该路由的不同作业分摊；

（4）进一步指向货物类型时，只向该部门该路由该作业对应的不同货物类型分摊；

（5）进一步指向客户类型时，只向该部门该路由该作业该货物类型对应的不同客户类型分摊。

分摊范围是由投入产出原则决定的，分摊标准是由成本动因原则决定的。投入产出原则决定了费用向谁分摊，成本动因原则决定了费用怎么分摊。

（二）多路径分摊的场景

1. 专属费用与共耗费用的关系

多路径分摊只针对共耗费用。为此，需先介绍专属费用与共耗费用的关系。

传统成本计算的成本对象是产品，多维组合成本的成本对象是多维组合。因成本对象不同，专属费用与共耗费用的概念也不同。

对于多维组合成本而言，只要是归集到某个口径的费用，就是该口径的专属费用，对其他口径就是共耗费用。

例如单口径归集，归集到某产品的费用就是该产品的专属费用，对于作业维度来说，就是共耗费用，需要向不同作业分摊。归集到某作业的费用就是该作业的专属费用，对于产品维度来说，就是共耗费用，需要向不同产品分摊如图 4－15 所示。

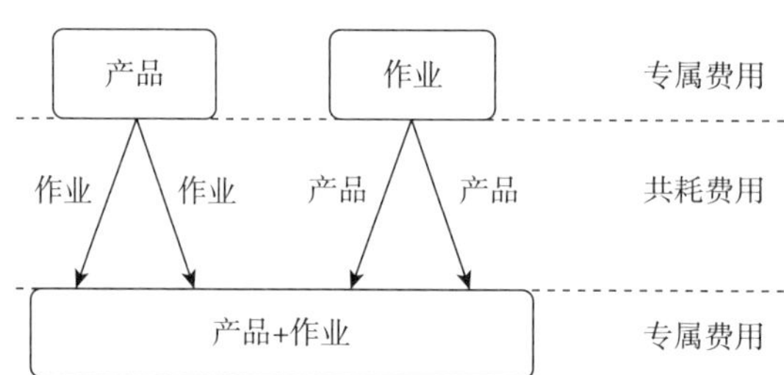

图 4－15　单口径的专属费用与共耗费用

再如多口径归集，归集到某“客户＋部门”的费用就是该“客户＋部门”的专属费用，对于产品、作业维度来说，就是共耗费用，需要向不同产品和作业分摊。归集到某“产品＋作业”的费用就是该“产品＋作业”的专属费用，对于部门、客户维度来说，就是共耗费用，需要向不同部门和客户分摊如图 4－16 所示。

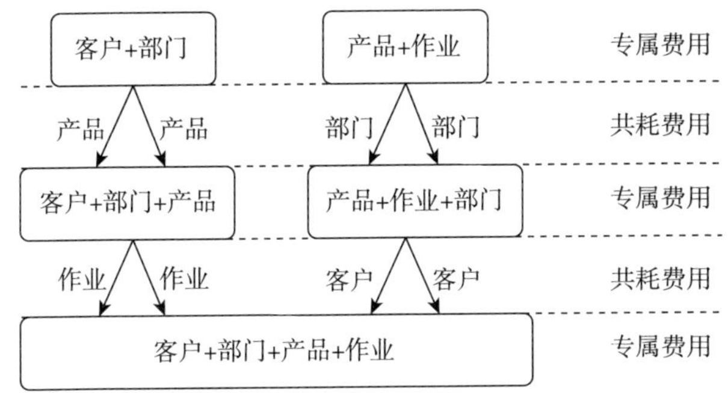

图 4－16　多口径的专属费用与共耗费用

2. 多口径归集与多路径分摊的关系

通过多口径的专属费用与共耗费用，可以看到，如果成本对象就是“客户＋部门＋产品＋作业”，那么，通过多口径归集就可以完成整个成本计算过程。也就是说，如果多口径归集的口径与成本对象恰好一致，则不再需要多路径分摊如图 4－17 所示。

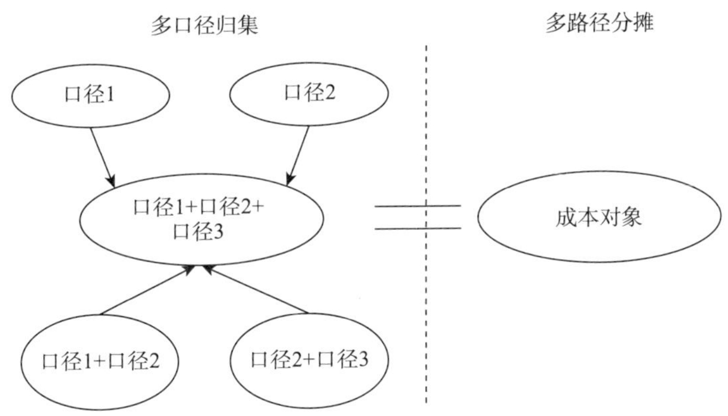

图 4－17　多口径归集完成成本计算

我们已经知道，归集与分摊的本质是完全一样的。在进行多口径归集时，也适用分摊路径、分摊标准、分摊范围等概念。既然已经有了多口径归集，为何还要进行多路径分摊呢？因为通过多口径归集就完成成本计算，只会是一种特例或个案，在实务中不会总有这么美的事情。我们在制定方案时，不可能天才地考虑全景，但也不能天真地只考虑个案。

在大多数情况下，通过多口径归集仍到达不了最终目标，即多维组合的成本对象，因此需要进行多路径分摊。多口径归集与多路径分摊的关系如图 4－18 所示。

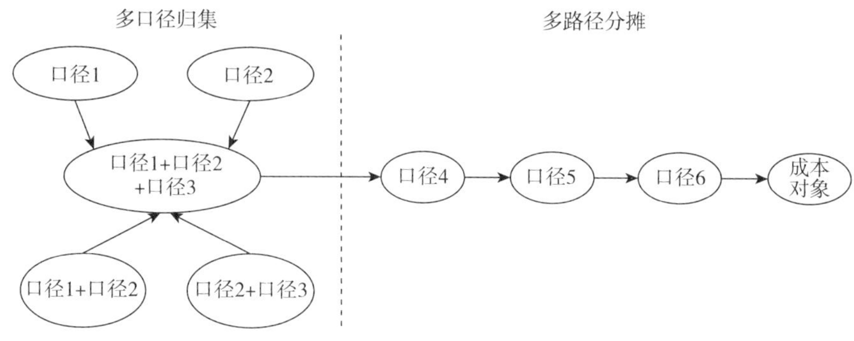

图 4－18　多口径归集与多路径分摊

如果某项费用只有一个归集口径，则这个归集口径就是分摊的起点，对外，即对其余口径则是共耗费用了。

如果某项费用有多个归集口径，则通过多口径归集，将不同口径的专属费用变成口径并集的专属费用，这个最大并集即为分摊起点，对外，即对其余口径则是共耗费用了。

即先通过多口径归集实现内部统一，相当于攘外必先安内，相当于分摊前的预处理，以明确对外的共耗费用。然后再进行多路径分摊，这时，不再考虑可能还有某个口径的专属费用，也避免了某项费用设置多条分摊路径。

多维组合成本在企业实务中，就是通过需求分析明确成本对象后，搭建费用归集与分摊模型，而搭建这一模型，说得干脆点，就是要厘清分摊的线，解开归集的结。

（三）关于事前分摊

国外有一种成本计算方法，随着他们的企业管理软件也带到了中国部分企业。

1. 方法概述

这种方法认为，做事之前先要有规矩，生产之前先要有标准，生产过程就是按标准进行成本自动卷积的过程，生产的某道工序完成了，工序成本就自动形成了；生产的产品完成了，产品成本就自动形成了。因此，成本计算是不需要对费用进行分摊的。

这种方法，工序成本由直接材料、直接人工和制造费用构成。其中，直接材料成本等于材料消耗定额乘以单位材料成本，直接人工成本等于工时乘以成本人工费率，制造费用等于工时乘以成本间接费率。

在计算因子中，材料消耗定额是已知的，例如生产 1 辆汽车需要 4 个轮子；单位材料成本是已知的，例如轮子采购价格是 3000 元；作业工时数据是已知的，例如从现场生产制造系统可以取到每道工序开工和完工的时间。问题就在于费率，包括成本人工费率和成本间接费率，是如何设置的。

2. 费率制定

费率是一种标准，但与产品标准成本或作业标准成本不同。产品标准成本是针对产品制定的，作业标准成本是针对作业制定的，而费率是针对资源制定的。这里的资源，是指设备、人工或生产线，通过资源完成工序。

成本人工费率，就是占用某种资源时，直接人工每小时多少钱。成本间接费率，就是占用某种资源时，间接费用或者说制造费用每小时多少钱。

费率计算场景：

假如生产箱盖需要熔炼和压铸两道工序，熔炼有 1 名熔炼工使用熔炼炉，工资 1500 元；压铸有 2 名压铸工使用压铸机，工资分别为 3000 元和 6000 元。

熔炼炉和压铸机分摊厂房租金分别为 300 和 600 元，折旧分别为 10 元/小时和 15 元/小时，分摊车间管理人员工资分别为 15000 元和 30000 元。全月工时为 150 小时。

费率计算过程：

熔炼炉的成本间接费率 = 熔炼炉分摊厂房租金 ÷ 全月工时 + 熔炼炉折旧

= 300 ÷ 150 + 10

= 12 元/小时

压铸机的成本间接费率 = 压铸机分摊厂房租金 ÷ 全月工时 + 压铸机

折旧

=600 ÷ 150 + 15

=19 元/小时

熔炼炉的成本人工费率 = **熔炼工工资 ÷ 全月工时 ÷ 熔炼工人数 + 熔炼炉分摊管理人员工资 ÷ 全月工时 ÷ 熔炼工人数**

=1500 ÷ 150 ÷ 1 + 15000 ÷ 150 ÷ 1

=110 元/小时/人

压铸机的成本人工费率 = **压铸工工资 ÷ 全月工时 ÷ 压铸工人数 + 压铸机分摊管理人员工资 ÷ 全月工时 ÷ 压铸工人数**

= （3000 + 6000） ÷ 150 ÷ 2 + 30000 ÷ 150 ÷ 2

=130 元/小时/人

这种方法，成本计算的准确性在很大程度上取决于费率设置的合理性。费率是在系统初始化时设置的，这样，成本计算问题就变成了系统初始设置问题了。也就是说，我们本希望通过软件来进行成本计算，现在球被踢了回来，要求我们在应用软件前自己制定好费率，软件只是以预先制定好的费率为基础来计算成本。

可以看到，国外的这种成本计算方法，并不是不进行费用分摊，费率的制定过程，就是一个费用分摊的过程。它将费用分摊工作提前进行了，不是在事后进行，而是在事前进行，在正式量产前的原型样件试制时就制定好；不是在软件系统内进行，而是在软件系统外进行。另外，为了保证科学合理，费率还要与时俱进，每年调整，不可能一成不变。

3. 成本计算

直接人工和制造费用是依据费率计算的。例如，某产品耗用 1 名熔炼工使用熔炼炉 2 小时，耗用 2 名压铸工使用压铸机 1 小时，则：

直接人工 =1 人 ×2 小时 ×110 元/小时/人 +2 人 ×1 小时 ×130 元/小时/人 =480 元

制造费用 =2 小时 ×12 元/小时 +1 小时 ×19 元/小时 =43 元

4. 差异处理

如果实际发生直接人工是 500 元，制造费用是 50 元，则：

直接人工差异＝500－480＝20 **元**

制造费用差异＝50－43＝7 **元**

差异处理有多种方式，包括：

（1）**不处理**。因为差异本月可能为正，下月可能为负，长期而言就是零，所以可以不用处理。

（2）**结转损益**。这是将差异视为与生产无关的问题，认为不应该计入产品成本。例如材料用贵了，是采购部门的责任；人工用贵了，是人力资源部的责任；制造费用消耗多了，也是管理部门的问题，与生产部门没有关系。

（3）**分摊到不同产品或工序**。这是将差异视为与生产有关的问题。无论是材料用贵了，或者人工用贵了，或者制造费用消耗多了，都是生产部门的需求造成的。分摊到工序显然比分摊到产品更细致。分摊到产品，可以明确差异是哪种产品造成的；分摊到工序，可以明确差异是哪种产品的哪道工序造成的。

可以看到，差异如果分摊，就可以在原成本计算的基础上得到实际成本了。如果差异分摊到产品，就可以得到实际产品成本；如果差异分摊到工序，就可以得到实际工序成本，进一步得到“产品＋作业”的多维组合成本。与国内成本计算方法相比，计算结果在理论上是一样的，可谓殊途同归。

5. 成本分析

成本分析是针对差异进行的。例如，如果产品成本中的直接材料成本是600元，实际材料费用是800元，材料成本差异是200元，说明材料用多了或用贵了；如果产品成本中的直接人工成本是480元，实际人工费用是500元，人工成本差异是20元，说明人工用多了或用贵了；如果产品成本中的制造费用是43元，实际制造费用是50元，制造费用差异是7元，说明制造费用消耗多了。

6. 方法点评

国外的这种成本计算方法，核心是通过事前分摊制定出费率，并不适合中国企业。

从经营环境来看，西方发达国家是资金密集型或技术密集型企业，员工人数一般不多，设备比较先进，经营环境比较稳定，能够比较科学和严谨地制定出费率；我们是劳动密集型企业，是世界工厂，动不动就是万人大厂，设备相对落后，市场变化迅速，产品更新频繁，企业寿命较短，很难比较科学和严谨地制定出费率。

从制造费用来看，这种方法针对制造费用而不是明细制造费用设置成本间接费率，只能计算制造费用总数而不能计算制造费用明细，无法对具体制造费用进行分析。

从税务要求来看，根据人为设置的费率来计算成本，等于可以人为地调节成本。把费率定高些，成本就高些。如果差异采用不分摊的方式，税是不是就可以少交些？所有费用必须全部分摊，就不存在这个问题了，税务的人为调节空间就大大缩减了。

（四）关于实时分摊

多维组合成本在企业的实施，会涉及全员全程。成本计算会涉及谁来分摊和什么时候分摊等问题。这不仅是系统的权限问题，也是成本观念问题。

1. 关于分摊主体的利弊分析

各级管理人员和员工，可以查询自己权限范围内的成本报表，这是没有争议的。但说起成本计算，大家都认为是财务部门的事情。有没有可能让各业务部门也参与进行费用分摊呢？部分企业对奖金的分配就采用了公司分配给各部门，再由各部门自行向员工分配的方式。既然业务部门可以参与奖金的分配，参与成本的分配为什么就不可以呢？

业务部门参与成本分摊工作，相当于费用的蛋糕层层切。例如归集到公司口径的费用由公司主导，与各部门协商讨论后向各部门分配；归集或已分配到部门的费用由部门主导，与各班组协商讨论后向各班组分配；归集或已分配到班组的费用由班组主导，与各员工协商讨论后向各员工分配；归集或已分配到员工的费用由员工自行向各作业分配；归集或已分配到作业的费用由工作中心向最终成本对象进行分配等。

业务部门参与成本分摊工作，其利主要有：

（1）**实际业务的主体就是系统操作的主体**。即实现实务与系统的结合，有利于业务部门了解成本的前因后果和相关绩效的来龙去脉。

（2）**费用发生的主体就是费用分配的主体**。即谁发生的费用由谁进行分摊，分摊过程更透明，分摊结果更准确，业务部门由成本计算结果的被动接受者变为主动参与者，对于最终的成本结果和相应的考核结果也就心服口服。

（3）**有利于加强费用的自我监督**。可增强全体员工的成本控制意识，充分调动员工关注成本计算的积极性，发挥员工参与成本分析的主动性，激发员工加强成本控制的创造性。

（4）**有利于加强费用的上下监督**。如公司口径的奢华消费向部门分摊时，部门将予以抵制；部门发生的不合理费用向公司归集时，公司将予以制止。

（5）**有利于加强费用的平级监督**。如电费按员工人数分摊，一个部门的浪费将由大家承担，因此浪费行为将被其他部门纠正，从而相互促进成本节约。

业务部门参与成本分摊工作，其弊主要是涉及面太广，组织工作要求很高。

基于大多数企业现状，成本分摊工作还是由财务部门负责，业务部门提供所需数据。具备一定条件后，业务部门可以直接进系统查询，条件成熟后可考虑由业务部门参与费用分摊等工作。

2. 关于实时分摊的利弊分析

现在，实时成本的观念已经比较普及。基于预先制定的费率随着生产过程实现成本自动卷积，是计算实时成本的一种方式，另外可采用实时分摊的方式。

什么时候分摊，取决于管理需要。如果需要实时跟踪成本进度，则实时分摊；如果需要按周跟踪成本进度，则按周分摊；如果只需按月跟踪成本进度并完成月度成本报表，则按月分摊。

实时进行成本分摊工作，其利主要有：

（1）系统负荷比较均匀，业务部门参与成本分摊工作所花时间和精力也比较均匀。

（2）让员工平时也绷紧成本这根弦，有利于加强日常成本控制意识。

（3）某一费用发生时比较清楚因果关系，立即分摊结果更准确。

（4）成本是动态的，且动态成本的时间粒度可细化到日，甚至到一时一事，成本的逐日或逐笔累积可方便管理者跟踪成本进度，监控异常成本，并及时采取针对性措施。

实时进行成本分摊工作，其弊主要是工作量比较大，例如对每笔运输费用进行分摊，比月底对所有运输费用进行集中分摊，工作量要大好多；另外，折旧、工资等费用月底才能取到数据。

基于大多数企业现状，成本分摊工作还是按月进行。具备一定条件后可以按旬或周分摊，条件成熟后可考虑实时分摊。

（五）关于交互分配

交互分配，就是由于相互提供服务而产生的相互之间的分配，例如：

企业有供电和供水两个辅助生产车间。其中：

供电车间供电362000度，归集费用89000元，其中供水车间耗用6000度；

供水车间供水5370吨，归集费用21000元，其中供电车间耗用120吨。

我们需要计算出水和电的成本，以便后续向成本对象进一步分配。

水和电的成本计算方法包括以下几种：

1. 直接分配法

是指对各辅助生产车间发生的费用直接进行分配，不考虑各辅助生产车间之间相互提供劳务的情况。这种方法适用于辅助生产车间相互提供产品或劳务不多，不进行费用的交互分配对成本计算影响不大的情况。计算如下：

电的单位成本＝89000÷（362000－6000）＝0.25元/度

水的单位成本＝21000÷（5370－120）＝4元/吨

2. 交互分配法

是指对各辅助生产车间发生的费用进行两次分配。计算如下：

供电车间转出费用 = 供水车间转入费用 = 89000 ÷ 362000 × 6000 元

供电车间转入费用 = 供水车间转出费用 = 21000 ÷ 5370 × 120 元

供电车间费用转入转出后的费用 = 89000 − 89000 ÷ 362000 × 6000 + 21000 ÷ 5370 × 120 = 87994.14 元

供水车间费用转入转出后的费用 = 21000 − 21000 ÷ 5370 × 120 + 89000 ÷ 362000 × 6000 = 22005.86 元

交互分配后：

电的单位成本 = 87994.14 ÷ （362000 − 6000）= 0.2472 元/度

水的单位成本 = 22005.86 ÷ （5370 − 120）= 4.1916 元/吨

在各月辅助生产费用水平相差不大的情况下，为了简化计算工作，可以用本月的辅助生产单位成本作为下月交互分配的单位成本。

3. 代数分配法

是指运用代数中的多元一次联立方程，在辅助生产车间相互提供劳务情况下进行费用分配的方法。采用代数分配法的分配结果最正确，但在有多个辅助生产车间相互提供劳务的情况下，未知数也相应增多，计算会比较复杂。计算如下：

设电的单位成本为 X，水的单位成本为 Y，则：

89000 + 120Y = 362000X

21000 + 6000X = 5370Y

计算结果：

X = 0.2472，即为电的单位成本

Y = 4.1869，即为水的单位成本

（六）关于网状分摊

1. 网状分摊的场景

不同费用项目的多路径分摊形成网状结构，但这张网是数据构成的逻辑网，而不是实体构成的物理网。实体构成的物理网，包括电网、水网、气网等。供电公司、供水公司、供气公司的多维组合成本计算，就需要网状分摊。

就整体而言，每家公司都会有自己的运输网、销售网、客户网，例如快递服务公司。但就个体而言，每张单据的交付仍是链状而不是网状，例如具体的某张快递单，它的路径是确定的。

但对于供电公司、供水公司、供气公司则不同，电或水或气，在经营过程中时集时分，最终向具体用户交付时，分不清是从哪条路径过来的如图4－19所示。

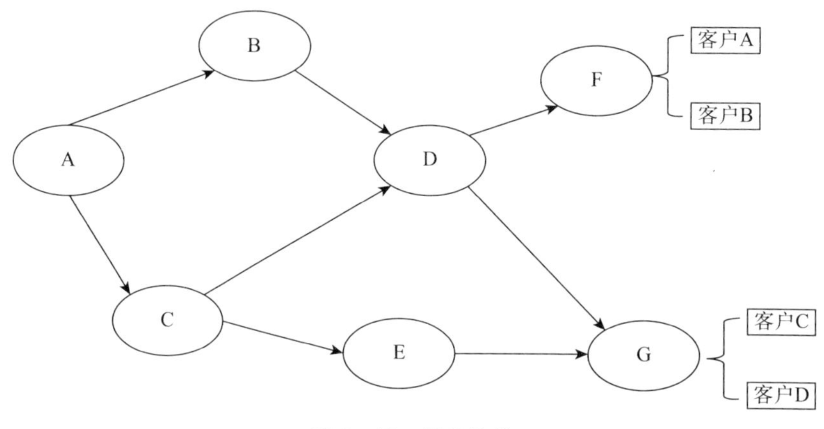

图4－19　网状结构

供电、供水、供气公司有以下特征：

（1）**企业性质**。它们不同于一般的生产型企业，因为电、水、气并不是自己生产的；也不同于一般的流通型企业，因为它们采购的电、水、气，如果没有压力等级的加工，用户是不能直接用的。

（2）**输配过程**。它们对电、水、气，分别都有输送过程和分配过程。

（3）**网络维护**。它们均为资产密集型行业，需要为资产提供维修、维护、巡视等作业，以保障网络正常运行。资产是作业的客体而不是主体，即为资产提供作业，而不是资产提供作业。

（4）**压力等级**。在输配过程中，每经过一个节点，电、水、气的压力等级一般会发生变化。可以认为，它们的产品就是不同的压力等级，变压过程就是不同压力等级产品的生产过程，输配过程就是不同压力等级产品的运输过程。每个节点就代表了位置信号明确的唯一一个压力等级。

（5）**成本对象**。多维组合成本的成本对象，是“资产＋作业＋压力等级＋用户类型”。

（6）**分摊路径**。费用既要向“资产＋作业”分摊，反映价值形成过程，也要沿网络各节点分摊，反映价值传递和叠加过程，还要向用户类型分摊，反映价值实现过程。

2. 网状分摊的步骤

应用多维组合成本时，网状分摊的主要步骤如图 4 – 20 所示：

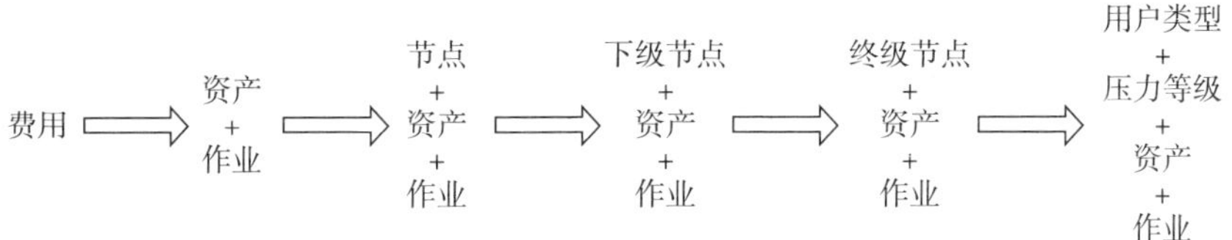

图 4 – 20　网状分摊的主要步骤

第一步，将费用归集或分摊到“资产 + 作业”；

第二步，将“资产 + 作业”的成本归集或分摊到节点；

第三步，将“节点 + 资产 + 作业”的成本分摊到下级节点；

第四步，将“下级节点 + 资产 + 作业”的成本分摊到终极节点；

第五步，终级节点本身代表压力等级，且服务不同的用户类型，从而将“终级节点 + 资产 + 作业”的成本分摊到“用户类型 + 压力等级 + 资产 + 作业”，实现多维组合成本。

（七）关于无法分摊

1. 无法分摊的场景

不是所有的费用都有特定的成本动因。有时找不到与成本相关的驱动因素，或者几个假设的驱动因素与成本的相关程度都很低，或者取得驱动因素的代价很高，导致有些费用，确实不知道如何分摊。

另外，有些公司实行全成本核算，但又没有实行相应的全作业管理，导致部分费用没有匹配的相应作业，无法向作业维度分摊。

即使无法分摊，也应明确是什么费用，在分摊路径中的哪个节点，因什么原因，无法向哪个维度分摊。这才是有意义的探讨，而不是无原则的扯皮。个别费用在个别节点因特殊原因无法向某个维度分摊，显然并不能成为我们放弃整个多维组合成本方案的借口。

2. 无法分摊的变通

对于无法分摊的费用，不能不分摊，否则不能保证各维度的数据完整和一致。我们在分析时，会发现不同维度的成本不相等，会分不清原因究竟是无法分摊还是分摊遗漏。

无法分摊的变通方法，就是在无法分摊的维度虚拟一个维度成员，由其来承担无法分摊的费用。

例如某项费用有500元，其中有100元无法向具体客户分摊，则由虚拟的“客户888”承担如表4-7所示。

表4-7　虚拟客户承担无法分摊的费用

客　户	费用项目01（元）
客户1	100
客户2	100
客户3	100
客户4	100
客户888	100

再如某项费用有400元，其中有80无法向具体作业分摊，则由虚拟的“作业888”承担如表4-8所示。

表4-8　虚拟作业承担无法分摊的费用

作　业	费用项目02（元）
作业1	80
作业2	80
作业3	80
作业4	80
作业888	80

对于无法分摊做了这样的变通，是有业务意义的，它的业务意义正在于无法分摊本身。

例如，它说明该由客户维度承担的费用，有100元找不到具体客户。这样的结果会敦促我们以后发生费用要有客户的针对性，减少盲目性，尽量减少与客户无关的费用。

再如，它说明该由作业维度承担的费用，有80元找不到具体作业。这样的结果会敦促我们以后发生费用要有作业的针对性，减少盲目性，尽量减少与正常作业无关的费用。

找过但没找到，与没有去找，是不同性质的两码事。

变通分摊是在强制平摊之外，对于无法分摊的另一种解决方法。

（八）关于矩阵运算

矩阵在多维组合成本的计算，包括分摊和查询过程中应用很多，示例如下。

现有两个客户分别是 A、B，有三个产品分别是 A、B、C，有两项作业分别是 A、B。

对 A 客户：A 产品销量 5 个，B 产品销量 10 个，C 产品销量 3 个。

对 B 客户：A 产品销量 4 个，B 产品销量 5 个，C 产品销量 5 个。

对 A 产品：A 作业单位成本 10 元，B 作业单位成本 15 元。

对 B 产品：A 作业单位成本 15 元，B 作业单位成本 20 元。

对 C 产品：A 作业单位成本 10 元，B 作业单位成本 10 元。

现计算各客户各作业的成本，则：

A 客户 A 作业成本 $=5\times10+10\times15+3\times10=230$ 元

A 客户 B 作业成本 $=5\times15+10\times20+3\times10=305$ 元

B 客户 A 作业成本 $=4\times10+5\times15+5\times10=165$ 元

B 客户 B 作业成本 $=4\times15+5\times20+5\times10=210$ 元

如果采用矩阵，则客户产品矩阵描述如图 4－21 所示：

	A 产品	B 产品	C 产品
A 客户	5	10	3
B 客户	4	5	5

图 4－21　客户产品矩阵

产品作业单位成本矩阵描述如图 4－22 所示：

	A 作业	B 作业
A 产品	10	15
B 产品	15	20
C 产品	10	10

图 4－22　产品作业单位成本矩阵

客户作业成本计算如图 4－23 所示

$$\begin{pmatrix} 5 & 10 & 3 \\ 4 & 5 & 5 \end{pmatrix} \begin{pmatrix} 10 & 15 \\ 15 & 20 \\ 10 & 10 \end{pmatrix} = \begin{pmatrix} 230 & 305 \\ 165 & 210 \end{pmatrix}$$

图 4－23 客户作业成本计算

即客户作业成本矩阵的计算结果如图 4－24 所示：

$$\begin{array}{c} \\ A\text{客户} \\ B\text{客户} \end{array} \begin{array}{cc} A\text{作业} & B\text{作业} \\ \left(\begin{array}{c} 230 \\ 165 \end{array} \right. & \left. \begin{array}{c} 305 \\ 210 \end{array} \right) \end{array}$$

图 4－24 客户作业成本矩阵的计算结果

可以看到，尽管结果相同，但矩阵运算比较简洁。如果实务不是示例的 2 个客户、3 种产品、2 项作业，而是 200 个客户、300 种产品、20 项作业，一般求解就很烦琐，而矩阵运算只是一个公式，效率和性能优势就明显体现出来了。

三、多维度展现

（一）多维报表的实现

通过费用的多口径归集和多路径分摊，就可以得到成本对象的成本计算表如表 4－9 所示。

表 4－9 成本对象的成本计算表

成本对象	费用项目 01	费用项目 02	费用项目 03	费用项目 04	费用项目……

成本对象可以关联不同口径如图 4－25 所示。

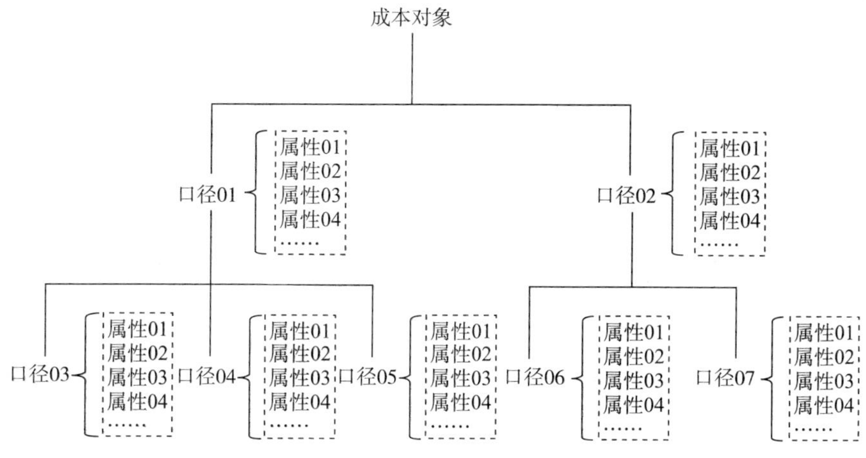

图4－25　成本对象关联不同口径

成本对象关联不同口径，结合成本对象的成本计算表，就可以得到不同维度的成本计算表如表4－10所示。

表4－10　不同维度的成本计算表

维度01	维度02	维度03	维度04	维度05	维度06	维度07	维度08	……	费用项目01	费用项目02	费用项目03	费用项目04	费用项目……

通过不同维度的成本计算表，就可以进行多维度展现了如表4－11所示。

多维度展现，其表现形式是成本分析的万表同源。万表同源的实现机制，则是费用分配的百口归一。也就是说，费用分配的百口归一，为成本分析的万表同源创造了前提，为多维度展现提供了基础。

百口归一，就是任何类型的资源消耗，任何口径的费用归集，全部分摊到成本对象，形成成本对象的成本计算表；万表同源，就是所有维度的成本查询，所有指标的去向追溯，全部来源于成本对象的成本计算表。

“百口归一”，“万表同源”，是形象但并不夸张的说法。我们介绍了多口径归集，所以对百口归一的“百”就不用再解释了，这里解释一下万表同源的“万”。

表 4－11　成本报表的多维度展现

单位：元

维度01	维度02	维度03	维度04	费用项目01	费用项目02	费用项目03	费用项目04
维度01成员01	维度02成员01	维度03成员01	维度04成员01	100	100	100	100
			维度04成员02	100	100	100	100
		维度03成员02	维度04成员01	100	100	100	100
			维度04成员02	100	100	100	100
	维度02成员02	维度03成员01	维度04成员01	100	100	100	100
			维度04成员02	100	100	100	100
		维度03成员02	维度04成员01	100	100	100	100
			维度04成员02	100	100	100	100
维度01成员02	维度02成员01	维度03成员01	维度04成员01	100	100	100	100
			维度04成员02	100	100	100	100
		维度03成员02	维度04成员01	100	100	100	100
			维度04成员02	100	100	100	100
	维度02成员02	维度03成员01	维度04成员01	100	100	100	100
			维度04成员02	100	100	100	100
		维度03成员02	维度04成员01	100	100	100	100
			维度04成员02	100	100	100	100

成本对象是多维组合，就算只有客户、产品、作业、部门四个维度。这四个维度分别有多个属性，任何一个属性又可以关联其他的主数据，从而自动带出其他主数据的多个属性。例如客户有专营业务员属性，专营业务员的主数据又有性别、年龄、籍贯等属性。所有这些属性均可以作为维度且进行任意组合，从而产生上万张各有业务意义的成本报表。当然了，如果有人坚持眼见为实，一定要我把这上万张成本报表都画出来，那我是没办法做到的。我用手指着月亮，你却盯着我的手。

多口径归集和多路径分摊确实是一项比较艰辛的工作，不过这种艰辛通过多维度展现可得到足够的补偿，更何况后面还有数据分析和数据挖掘的红利，以及应用价值的惊喜，能有这些回报，所以付出是值得的。如果读者认可了这一点，那么作者的付出也是值得的。

多维报表查询在实务中往往是一个递进过程。例如先查询各客户的成本如表 4－12 所示。

表 4－12　各客户成本

单位：元

客户	费用项目01	费用项目02	费用项目03	费用项目04
客户01	800	800	800	800
客户02	800	800	800	800

发现某客户的成本异常后，下钻查询该客户各产品的成本如表4－13所示。

表4－13　某客户各产品的成本

单位：元

客户	产品	费用项目01	费用项目02	费用项目03	费用项目04
客户01	产品01	400	400	400	400
	产品02	400	400	400	400
客户02	产品01	400	400	400	400
	产品02	400	400	400	400

发现该客户某产品的成本异常后，下钻查询该客户该产品的各部门消耗的成本如表4－14所示。

表4－14　某客户某产品各部门的成本

单位：元

客户	产品	部门	费用项目01	费用项目02	费用项目03	费用项目04
客户01	产品01	部门01	200	200	200	200
		部门02	200	200	200	200
	产品02	部门01	200	200	200	200
		部门02	200	200	200	200
客户02	产品01	部门01	200	200	200	200
		部门02	200	200	200	200
	产品02	部门01	200	200	200	200
		部门02	200	200	200	200

发现该客户该产品某部门的成本消耗异常后，下钻查询该客户该产品该部门各作业消耗的成本，并最终找到成本异常的原因如表4－15所示。

表4－15　某客户某产品某部门各作业的成本

单位：元

客户	产品	部门	作业	费用项目01	费用项目02	费用项目03	费用项目04
客户01	产品01	部门01	作业01	100	100	100	100
			作业02	100	100	100	100
		部门02	作业01	100	100	100	100
			作业02	100	100	100	100
	产品02	部门01	作业01	100	100	100	100
			作业02	100	100	100	100
		部门02	作业01	100	100	100	100
			作业02	100	100	100	100
客户02	产品01	部门01	作业01	100	100	100	100
			作业02	100	100	100	100
		部门02	作业01	100	100	100	100
			作业02	100	100	100	100
	产品02	部门01	作业01	100	100	100	100
			作业02	100	100	100	100
		部门02	作业01	100	100	100	100
			作业02	100	100	100	100

可以看到，这是一个顺藤摸瓜的过程。之所以顺藤能摸到瓜，是因为这条藤是成本计算时的各条分摊路径相互交织并逐层递进形成的，否则不仅摸不到瓜，反而可能摸到一个大疙瘩。

(二) 多维表与二维表

多维表基于数据仓库的数据模型，是“维度加指标”模式；二维表基于数据库的数据表或视图，是“字段加记录”模式。多维表和二维表分别通过字段关联和主键关联，可实现横向到边、纵向到底的查询。由于关联是无止境的，多维组合的数据量是指数级的，所以横向到边、纵向到底，理论上近乎横向无边、纵向无底。

多维表和二维表的展现形式不同。多维表的展现形式如表4-16所示。

表4-16　多维表示例

部门	客户	产品	销售数量	销售收入
部门1	客户1	产品1	80	8000
		产品2	100	20000
		产品3	120	25000
	客户2	产品1	80	8000
		产品2	100	20000
		产品3	120	25000
部门2	客户1	产品1	80	8000
		产品2	100	20000
		产品3	120	25000
	客户2	产品1	80	8000
		产品2	100	20000
		产品3	120	25000

二维表的展现形式如表4-17所示。

表4-17　二维表示例

部门	客户	产品	销售数量（个）	销售收入（元）
部门1	客户1	产品1	80	8000
部门1	客户1	产品2	100	20000
部门1	客户1	产品3	120	25000
部门1	客户2	产品1	80	8000
部门1	客户2	产品2	100	20000
部门1	客户2	产品3	120	25000
部门2	客户1	产品1	80	8000

续表

部门	客户	产品	销售数量（个）	销售收入（元）
部门2	客户1	产品2	100	20000
部门2	客户1	产品3	120	25000
部门2	客户2	产品1	80	8000
部门2	客户2	产品2	100	20000
部门2	客户2	产品3	120	25000

除了展现形式不同，多维表和二维表还有其他不同。

二维表侧重反映流程化的业务过程，例如001号采购申请单采购某商品100个，二维表可查询执行采购申请已下达订单的数量80个，采购订单已入库的数量60个，采购入库单已开具发票的40个，采购发票已付款的20个。多维表侧重反映模型化的分析过程，例如某商品本月采购申请数量100个，订单数量100个，订单数量与采购申请数量不一定存在关联关系。

二维表可展示很多业务属性，例如客户的发货地址、电话、传真、邮箱、联系人等。多维表从数据分析的需要出发，在模型中不一定包括类似数据。

（三）多维表与报表模块的报表

多维表与报表模块的报表，本来没有什么可比性，但既然都叫报表，我们还是对比一下。

（1）多维表可下钻上卷，是活的；报表模块的报表是行列固定的，是死的。可以想一想，如果我们需要在不同的查询间切换，两者会有什么不同。

（2）多维表不需要设置单元格公式；报表模块的报表需要设置单元格公式。可以想一想，如果一张报表有上万条数据，两者会有什么不同。

（3）多维表的维度是自动维护的；报表模块的报表需要人工维护。可以想一想，业务系统有成千上万的客户或产品，如果增加了几位客户或几种产品，两者会有什么不同。

（4）多维表是基于数据仓库的，计算可瞬时完成；报表模块的报表是基于数据库的，计算需从最底层取数。可以想一想，生成一张新报表所花的时间，两者会有什么不同。

（5）多维表的分析是基于数据模型的；报表模块的报表分析是基于数据表的。可以想一想，如果需要进行不同企业、不同期间的对比分析，需要进行比重、比较、趋势分析，两者会有什么不同。

（6）多维表的指标为支持不同场景的反复使用只需一次定义；报表模块的报表项目为支持不同场景的反复使用需要反复定义。可以想一想，如果有成百上千个不同的场景使用同样的指标，两者会有什么不同。

（7）多维表不用写指标汇总公式、表间取数公式、计算稽核公式；报表模块的报表需要写汇总公式、取数公式、稽核公式。可以想一想，如果指标层级多，关系复杂，两者会有什么不同。

报表模块仅仅是为了做法定报表，满足工商、税务、国资委等的对外披露要求，所以也许不应该进行这种对比。但实务中有的企业将报表模块定位错误，用于了内部管理，所以我们还是进行对比，以便企业能够将其重新定位。如果这种对比伤害了报表模块的开发者，那我就在此道歉。不过，我真不是故意的。

针对需求分析制定的解决方案，其总体框架即多口径归集、多路径分摊和多维度展现，适用于所有类型企业的多维组合成本项目，但共性之外还有个性，具体到每家企业还需要进一步具体化，即结合每个行业每家企业的特点制定针对性的解决方案。也就是说，我们先谈解决方案的普遍性，后谈不同行业不同企业的特殊性。

实践是丰富多彩的，场景是千变万化的，决定了成本的归集与分摊工作是错综复杂的。常说兵来将挡，水来土掩，对于每一个具体问题，阐述其解决方案总是相对容易的；而兵和水一起来，对于众多的具体问题，阐述一个统一的解决方案，则是相对困难的。为了阐述的方便，在这里对解决方案进行示例时，有一个重要的假设前提，那就是具体的某项费用，其归集口径是唯一的。如果没有这个前提，示例将极其复杂，几乎没有办法进行。

那么这个前提存不存在呢？当然有可能不存在。例如发生业务招待费100元，有10元是归集到某位客户的，有60元是归集到某个部门的，有30元是归集到某个部门某位客户的。对于这样的情形需通过多口径归集解决，即归集到客户的要向部门分摊，归集到部门的要向客户分摊，这样等于将业务招待费 100 元归集到了“客户 + 部门”这个唯一的口径。这个已归集到“客户 + 部门”的业务招待费 100 元，就是示例的基础，它是客户、部门之外其他维度的共耗费用。示例不再考虑专属费用，因为无论是专属于客户的费用 10 元、专属于部门的费用 60 元，或专属于“客户 + 部门”的费用 30 元，都已经通过多口径归集，统一到了“客户 + 部门”这个唯一的口径，下面只用示例共耗费用的多路径分摊。简单地说，导致示例前提可能不存在的问题已经解决了，这一前提已经被创造出来了。它可以作为我们进一步向前讨论的基础，可以使讨论使用的示例是脉络清晰的。

以下我们示例多维组合成本在不同行业的解决方案。

医药生产企业示例

通过需求分析，可明确医药生产企业的成本对象是“生产批号 + 作业”，进而核算客户、产品、作业、部门、班组、工作中心、成本中心等不同维度及其组合的成本。以下是示例解决方案。

示例产品为水丸、冷香丸；作业为起模、成型、盖面、干燥等工序；生产批次为 A、B、C、D；部门为车间 1、车间 2；费用为材料费用、人工费用、制造费用中的电费。示例的各维度之间应有组合关系，成本对象与费用之间应有对应关系，这是重要的。至于具体示例数字的大小，例如究竟是 100 元还是 88.88 元，则并不重要。也就是说，本书的作者是希望听到读者的批评意见的，但不希望是从这方面提出。虽然示例相对于方案是具体的，但相对于实务它不得不是抽象的。

一、费用的归集与分摊

各项费用向成本对象进行归集与分摊的过程如图 4 – 26 所示。

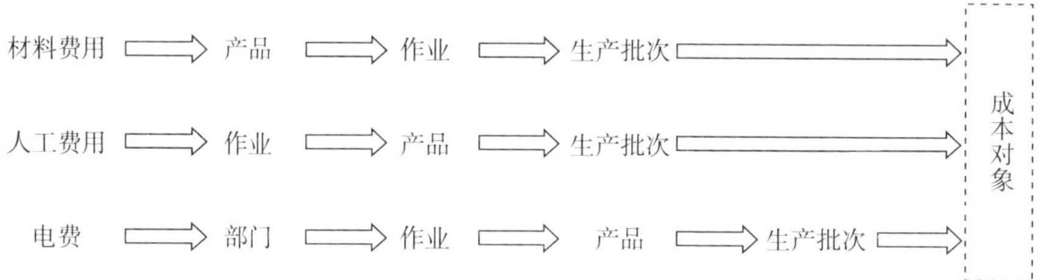

图 4 – 26　医药生产企业的归集与分摊模型

（一）材料费用示例

材料费用的归集和分摊节点如图 4 – 27 所示。

材料费用的归集和分摊过程如表 4 – 18 所示。

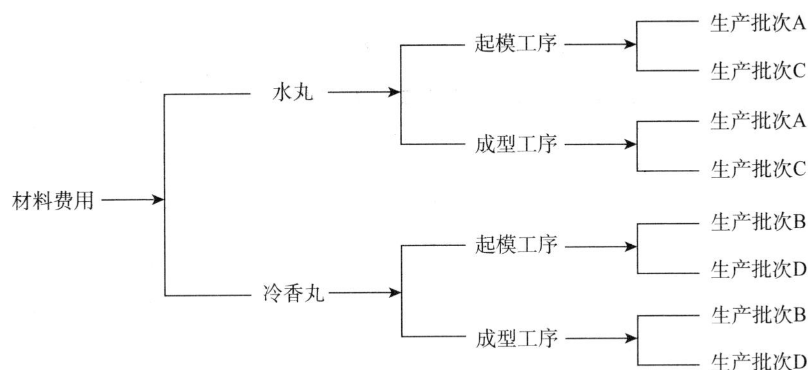

图 4-27　材料费用的归集和分摊节点示例

表 4-18　材料费用的归集和分摊过程示例

节点 1　　　　　　　　　　　　　　　　　　单位：元

产品	材料费用
水丸	400
冷香丸	400

节点 1　　　　　　　　　　节点 2

产品	材料费用	作业	材料费用
水丸	400	起模工序	200
		成型工序	200
冷香丸	400	起模工序	200
		成型工序	200

节点 1　　　　　　节点 2　　　　　　节点 3

产品	材料费用	作业	材料费用	生产批次	材料费用
水丸	400	起模工序	200	A	100
				C	100
		成型工序	200	A	100
				C	100
冷香丸	400	起模工序	200	B	100
				D	100
		成型工序	200	B	100
				D	100

说明：

节点1：材料费用归集到产品口径。可取各产品对应的材料出库单的材料出库金额；没有对应产品的材料出库单的材料出库金额，按各产品的产品和单位材料定额分摊到各产品。

节点2：材料费用进一步向不同作业分摊。分摊标准可根据产品各工序的产量和单位材料定额确定。

节点3：材料费用进一步向不同生产批次分摊。分摊标准可根据各生产批次的生产数量、作业工时、作业次数、产品产量和单位工时定额确定。

例如，起模工序的成本向各生产批次分摊时，分摊标准为各批次的作业工时。现起模工序的成本200元，生产批次A和C的作业量分别为10小时和10小时。则：

单位作业成本（起模工序）=200÷（10+10）=10元/小时

A批次分摊成本=10×10=100元

C批次分摊成本=10×10=100元

（二）人工费用示例

人工费用的归集和分摊节点如图4-28所示。

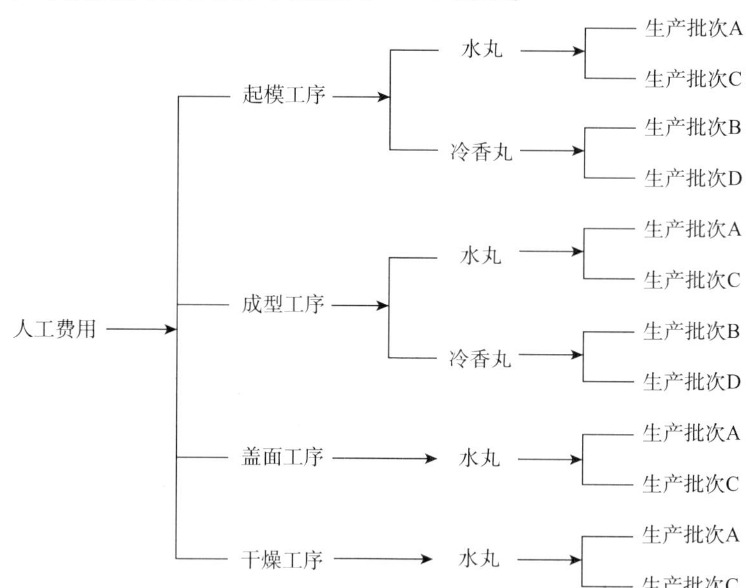

图4-28　人工费用的归集和分摊节点示例

人工费用的归集和分摊过程如表 4 - 19 所示。

表 4 - 19　人工费用的归集和分摊过程示例

节点 1　　单位：元

作业	人工费用
起模工序	400
成型工序	400
盖面工序	200
干燥工序	200

节点 1　　节点 2　　单位：元

<table>
<tr><th>作业</th><th>人工费用</th><th>产品</th><th>人工费用</th></tr>
<tr><td rowspan="2">起模工序</td><td rowspan="2">400</td><td>水丸</td><td>200</td></tr>
<tr><td>冷香丸</td><td>200</td></tr>
<tr><td rowspan="2">成型工序</td><td rowspan="2">400</td><td>水丸</td><td>200</td></tr>
<tr><td>冷香丸</td><td>200</td></tr>
<tr><td>盖面工序</td><td>200</td><td>水丸</td><td>200</td></tr>
<tr><td>干燥工序</td><td>200</td><td>水丸</td><td>200</td></tr>
</table>

节点 1　　节点 2　　节点 3　　单位：元

<table>
<tr><th>作业</th><th>人工费用</th><th>产品</th><th>人工费用</th><th>生产批次</th><th>人工费用</th></tr>
<tr><td rowspan="4">起模工序</td><td rowspan="4">400</td><td rowspan="2">水丸</td><td rowspan="2">200</td><td>A</td><td>100</td></tr>
<tr><td>C</td><td>100</td></tr>
<tr><td rowspan="2">冷香丸</td><td rowspan="2">200</td><td>B</td><td>100</td></tr>
<tr><td>D</td><td>100</td></tr>
<tr><td rowspan="4">成型工序</td><td rowspan="4">400</td><td rowspan="2">水丸</td><td rowspan="2">200</td><td>A</td><td>100</td></tr>
<tr><td>C</td><td>100</td></tr>
<tr><td rowspan="2">冷香丸</td><td rowspan="2">200</td><td>B</td><td>100</td></tr>
<tr><td>D</td><td>100</td></tr>
<tr><td rowspan="2">盖面工序</td><td rowspan="2">200</td><td rowspan="2">水丸</td><td rowspan="2">200</td><td>A</td><td>100</td></tr>
<tr><td>C</td><td>100</td></tr>
<tr><td rowspan="2">干燥工序</td><td rowspan="2">200</td><td rowspan="2">水丸</td><td rowspan="2">200</td><td>A</td><td>100</td></tr>
<tr><td>C</td><td>100</td></tr>
</table>

说明：

节点 1：人工费用归集到作业口径。可取薪资模块工资表生产工人类别的人员工资，并按作业汇总。没有具体人员的福利费，或一人同时进行多项作业，则按作业工时分摊到各作业。

节点 2：人工费用进一步向不同产品分摊。分摊标准可根据各产品的生产数量、作业工时、作业次数、产品产量与单位工时定额确定。

节点 3：人工费用进一步向不同生产批次分摊。分摊标准可根据各生产批次的生产数量确定。

（三）“制造费用－水电费”中的电费示例

电费的归集和分摊节点如图 4－29 所示。

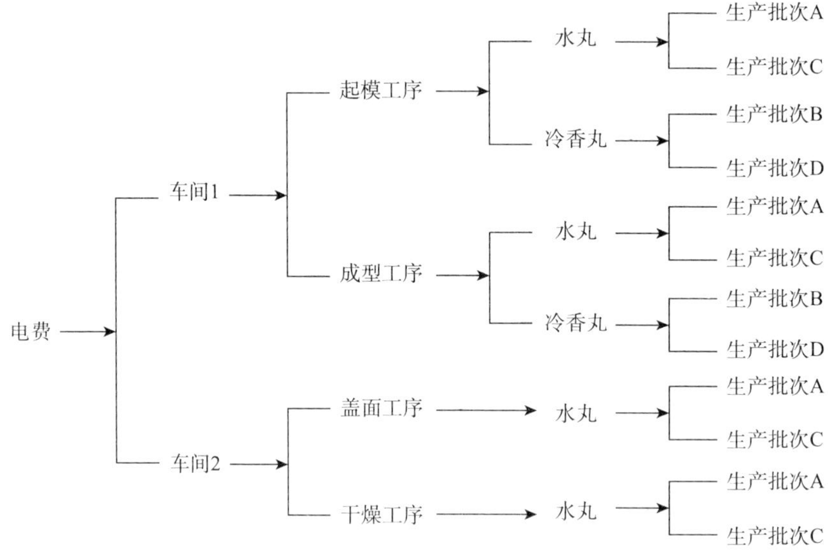

图 4－29　电费的归集和分摊节点示例

电费的归集和分摊过程如表 4－20 所示。

表 4－20　电费的归集和分摊过程示例

节点 1　　　　　　　　　　　　　　　　　　　　　　　　单位：元

部　门	电　费
车间 1	800
车间 2	400

续表

<table>
<tr><th colspan="2">节点 1</th><th colspan="2">节点 2</th></tr>
<tr><th>部门</th><th>电费</th><th>作业</th><th>电费（单位：元）</th></tr>
<tr><td rowspan="2">车间 1</td><td rowspan="2">800</td><td>起模工序</td><td>400</td></tr>
<tr><td>成型工序</td><td>400</td></tr>
<tr><td rowspan="2">车间 2</td><td rowspan="2">400</td><td>盖面工序</td><td>200</td></tr>
<tr><td>干燥工序</td><td>200</td></tr>
</table>

续表

<table>
<tr><th colspan="2">节点 1</th><th colspan="2">节点 2</th><th colspan="2">节点 3</th></tr>
<tr><th>部门</th><th>电费</th><th>作业</th><th>电费</th><th>产品</th><th>电费（单位：元）</th></tr>
<tr><td rowspan="4">车间 1</td><td rowspan="4">800</td><td rowspan="2">起模工序</td><td rowspan="2">400</td><td>水丸</td><td>200</td></tr>
<tr><td>冷香丸</td><td>200</td></tr>
<tr><td rowspan="2">成型工序</td><td rowspan="2">400</td><td>水丸</td><td>200</td></tr>
<tr><td>冷香丸</td><td>200</td></tr>
<tr><td rowspan="2">车间 2</td><td rowspan="2">400</td><td>盖面工序</td><td>200</td><td>水丸</td><td>200</td></tr>
<tr><td>干燥工序</td><td>200</td><td>水丸</td><td>200</td></tr>
</table>

续表

<table>
<tr><th colspan="2">节点 1</th><th colspan="2">节点 2</th><th colspan="2">节点 3</th><th colspan="2">节点 4</th></tr>
<tr><th>部门</th><th>电费</th><th>作业</th><th>电费</th><th>产品</th><th>电费</th><th>生产批次</th><th>电费（单位：元）</th></tr>
<tr><td rowspan="8">车间 1</td><td rowspan="8">800</td><td rowspan="4">起模工序</td><td rowspan="4">400</td><td rowspan="2">水丸</td><td rowspan="2">200</td><td>A</td><td>100</td></tr>
<tr><td>C</td><td>100</td></tr>
<tr><td rowspan="2">冷香丸</td><td rowspan="2">200</td><td>B</td><td>100</td></tr>
<tr><td>D</td><td>100</td></tr>
<tr><td rowspan="4">成型工序</td><td rowspan="4">400</td><td rowspan="2">水丸</td><td rowspan="2">200</td><td>A</td><td>100</td></tr>
<tr><td>C</td><td>100</td></tr>
<tr><td rowspan="2">冷香丸</td><td rowspan="2">200</td><td>B</td><td>100</td></tr>
<tr><td>D</td><td>100</td></tr>
<tr><td rowspan="4">车间 2</td><td rowspan="4">400</td><td rowspan="2">盖面工序</td><td rowspan="2">200</td><td rowspan="2">水丸</td><td rowspan="2">200</td><td>A</td><td>100</td></tr>
<tr><td>C</td><td>100</td></tr>
<tr><td rowspan="2">干燥工序</td><td rowspan="2">200</td><td rowspan="2">水丸</td><td rowspan="2">200</td><td>A</td><td>100</td></tr>
<tr><td>C</td><td>100</td></tr>
</table>

说明：

节点 1：电费归集到部门口径。可取账务处理模块“制造费用－水电费－电费”的部门辅助核算金额，或费用报销模块的部门电费金额。如果电费归集到公司，则按用电量向不同部门分摊。

节点2：电费进一步向不同作业分摊。分摊标准可根据机器工时、作业工时、机器功率等确定。

节点3：电费进一步向不同产品分摊。分摊标准可根据各产品的作业工时、作业次数、产品产量与单位工时定额确定。

节点4：电费进一步向不同生产批次分摊。分摊标准可根据各生产批次的生产数量等确定。

二、多维组合成本的展现

（一）成本对象的成本计算表

完成了不同费用的分摊，就可得到成本对象的成本计算表如表4－21所示。

表4－21　成本对象的成本计算表

单位：元

生产批号	作业	材料费用	人工费用	电费
B	成型工序	100	100	100
D	成型工序	100	100	100
B	起模工序	100	100	100
D	起模工序	100	100	100
A	成型工序	100	100	100
C	成型工序	100	100	100
A	盖面工序	0	100	100
C	盖面工序	0	100	100
A	干燥工序	0	100	100
C	干燥工序	0	100	100
A	起模工序	100	100	100
C	起模工序	100	100	100

成本对象的关联关系如图4－30所示。

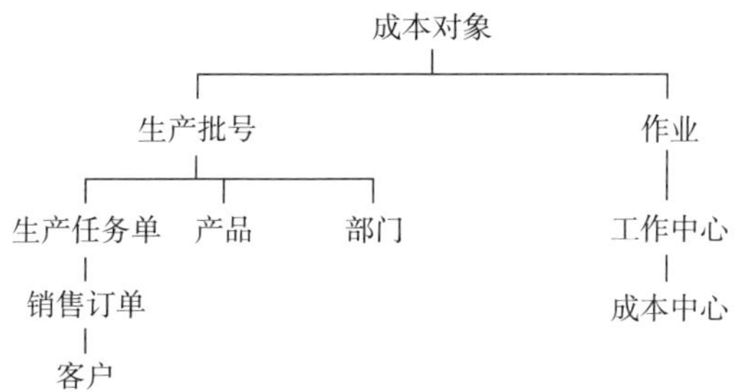

图 4－30 成本对象的关联关系

关联关系的说明：

（1）生产批号，可关联产品、部门和生产任务单。

（2）产品，可关联产品分类。

（3）生产任务单，可关联销售订单，销售订单可关联客户，客户还可关联客户类型。

（4）作业，可关联工作中心，工作中心可关联成本中心。

通过成本对象的成本计算表及其关联关系，可得到各维度的成本计算表如表 4－22 所示。

表 4－22 各维度的成本计算表

单位：元

产品	客户	部门	作业	工作中心	材料费用	人工费用	电费
冷香丸	客户甲	车间 1	成型工序	工作中心 2	100	100	100
冷香丸	客户乙	车间 1	成型工序	工作中心 2	100	100	100
冷香丸	客户甲	车间 1	起模工序	工作中心 1	100	100	100
冷香丸	客户乙	车间 1	起模工序	工作中心 1	100	100	100
水丸	客户甲	车间 1	成型工序	工作中心 2	100	100	100
水丸	客户乙	车间 1	成型工序	工作中心 2	100	100	100
水丸	客户甲	车间 2	盖面工序	工作中心 3	0	100	100
水丸	客户乙	车间 2	盖面工序	工作中心 3	0	100	100
水丸	客户甲	车间 2	干燥工序	工作中心 4	0	100	100
水丸	客户乙	车间 2	干燥工序	工作中心 4	0	100	100
水丸	客户甲	车间 1	起模工序	工作中心 1	100	100	100
水丸	客户乙	车间 1	起模工序	工作中心 1	100	100	100

有了各维度的成本计算表，就可以分别进行多维组合成本的分析查询了。

（二）多维组合成本的分析查询

1. 客户分析主题

以客户为主维的多维组合成本分析如表4－23所示。

表4－23　客户分析主题

单位：元

客户	产品	部门	作业	材料费用	人工费用	电费
客户甲	冷香丸	车间1	成型工序	100	100	100
			起模工序	100	100	100
	水丸	车间1	成型工序	100	100	100
			起模工序	100	100	100
		车间2	盖面工序	0	100	100
			干燥工序	0	100	100
客户乙	冷香丸	车间1	成型工序	100	100	100
			起模工序	100	100	100
	水丸	车间1	成型工序	100	100	100
			起模工序	100	100	100
		车间2	盖面工序	0	100	100
			干燥工序	0	100	100

可查询不同客户、不同客户类型的成本。

可查询客户与产品、部门、作业的任意组合的成本。

2. 产品分析主题

以产品为主维的多维组合成本分析如表4－24所示。

表4－24　产品分析主题

单位：元

产品	客户	部门	作业	材料费用	人工费用	电费
冷香丸	客户甲	车间1	成型工序	100	100	100
			起模工序	100	100	100
	客户乙	车间1	成型工序	100	100	100
			起模工序	100	100	100
水丸	客户甲	车间1	成型工序	100	100	100
			起模工序	100	100	100
		车间2	盖面工序	0	100	100
			干燥工序	0	100	100
	客户乙	车间1	成型工序	100	100	100
			起模工序	100	100	100
		车间2	盖面工序	0	100	100
			干燥工序	0	100	100

可查询不同产品、不同产品类别的成本。

可查询产品与客户、部门、作业的任意组合的成本。

3. 作业分析主题

以作业为主维的多维组合成本分析如表 4－25 所示。

表 4－25　作业分析主题

单位：元

作业	部门	产品	客户	材料费用	人工费用	电费
成型工序	车间1	冷香丸	客户甲	100	100	100
			客户乙	100	100	100
		水丸	客户甲	100	100	100
			客户乙	100	100	100
盖面工序	车间2	水丸	客户甲	0	100	100
			客户乙	0	100	100
干燥工序	车间2	水丸	客户甲	0	100	100
			客户乙	0	100	100
起模工序	车间1	冷香丸	客户甲	100	100	100
			客户乙	100	100	100
		水丸	客户甲	100	100	100
			客户乙	100	100	100

可查询不同作业、不同作业类型的成本。

可查询作业与部门、产品、客户的任意组合的成本。

4. 部门分析主题

以部门为主维的多维组合成本分析如表 4－26 所示。

表 4－26　部门分析主题

单位：元

部门	作业	客户	产品	材料费用	人工费用	电费
车间1	成型工序	客户甲	冷香丸	100	100	100
			水丸	100	100	100
		客户乙	冷香丸	100	100	100
			水丸	100	100	100
	起模工序	客户甲	冷香丸	100	100	100
			水丸	100	100	100
		客户乙	冷香丸	100	100	100
			水丸	100	100	100
车间2	盖面工序	客户甲	水丸	0	100	100
		客户乙	水丸	0	100	100
	干燥工序	客户甲	水丸	0	100	100
		客户乙	水丸	0	100	100

可查询不同部门的成本。

可查询部门与作业、客户、产品的任意组合的成本。

三、关于完工与在制

（一）完工与在制的概念

医药生产企业的成本对象是“生产批次+作业”。生产批次关联的产品包括水丸、冷香丸等，作业包括起模、成型、盖面、干燥等。一张生产任务单如果没有完成所有的工序，则属于在制，例如已经成型但尚未盖面、干燥的生产任务单。

我们可以将其与传统成本计算进行比较，对同样的场景它们有不同的描述。例如：

传统成本计算对场景的描述是：现生产10个水丸，完工6个，在制4个。生产费用为1000元。据此计算水丸完工与在制成本。

多维成本计算对场景的描述是：生产水丸需要起模、成型、盖面、干燥四道工序。现生产10个水丸，完工6个，起模工序在制的有2个，成型工序在制的有1个，盖面工序在制的有1个。生产费用为起模工序300元，成型工序200元，盖面工序100元，干燥工序400元。据此计算水丸的完工与在制成本。

从不同的描述可以看出，传统成本计算，完工与在制仅区分产品，不区分工序，即明确是哪个产品的完工与在制；多维成本计算，完工与在制既区分产品，也区分工序，即明确是哪个产品哪个工序的完工与在制。多维成本计算，比传统成本计算，显然要细致多了。

（二）完工与在制的影响

1. 对不同成本对象之间费用分摊的影响

在不同成本对象之间，如果费用的分摊标准是产品数量，则在制品数据需要折合成完工产品数量。

例如某费用100元，按产品数量分摊。“A批次+A作业”的完工数量10，在制品数量20，完工程度50%；“B批次+A作业”的完工数量80，在制品数量0。则：

“A批次+A作业”的完工数量=10+20×50%=20

“A 批次 + A 作业”的成本 = 20 × 100 ÷（20 + 80）= 20 元

“B 批次 + A 作业”的成本 = 80 × 100 ÷（20 + 80）= 80 元

2. 对同一成本对象单位成本计算的影响

如同对外的抗日战争胜利结束后紧接着就是国内战争，在不同成本对象间的成本分摊工作完成后紧接着就是在同一成本对象完工与在制之间的分摊，以计算产品的单位成本。至于成本对象的单位成本就简单了，是产品的单位成本除以相应作业的作业量。

在完工与在制之间进行成本分摊，需要填写《在制品产量录入表》如表4－27所示，以便为成本核算提供数据来源。

表4－27　在制品产量录入表

生产批号	作业	完工数量	期初累计转出未入库数量	期初未转出数量	本期转入数量	本期转出数量	期末累计转出未入库数量	期末未转出数量

《在制品产量录入表》中各项指标介绍如下：

（1）完工数量：本期生产批号产品完工的数量。这里说的完工是指所有工序均完工。

（2）期初累计转出未入库数量：取自上期的期末累计转出未入库数量。

（3）期初未转出数量：取自上期的期末未转出数量。

（4）本期转入数量：即本期工序投产的数量。如果本工序是外包工序，则是指外包出货的数量。

（5）本期转出数量：即本期工序完工的数量。如果本工序是外包工序，则是指外包收货的数量。

（6）期末累计转出未入库数量：为期初累计转出未入库数量 + 本期转出数量 - 完工数量。这一名称比较拗口，既有“期末”两字体现时点的含义，也有“累计”两字体现时期的含义。

（7）期末未转出数量：为期初未转出数量 + 本期转入数量 - 本期转出

数量，它反映的是工序在制数量。工序在制数量可能存在账存数量与实存数量的差异，反映了在制品的盘盈盘亏。在制品的盘盈盘亏不同于库存盘点的盘盈盘亏，仅关系成本计算，不涉及价值得失，或者说已经通过了成本计算来衡量了价值得失。我们这里为了简化，不考虑账存与实存的差异，如果考虑，则成本分摊时应按实存数量而不是账存数量。

下面通过冷香丸的起模和成型两个工序的生产过程，对《在制品产量录入表》进行示例说明。例如：

8 月份下达某个生产批号的生产任务单，要生产 100 个冷香丸。8 月底，生产进度用文字描述如下：

有 40 个冷香丸还未开始起模；

有 30 个冷香丸正在起模；

有 10 个冷香丸起模完成，但未转到成型工序；

有 8 个冷香丸正在成型；

有 5 个冷香丸成型完成，但未转到仓库；

有 7 个冷香丸已完工入库。

对生产进度我们可以用图形表示，如图 4－31 所示。

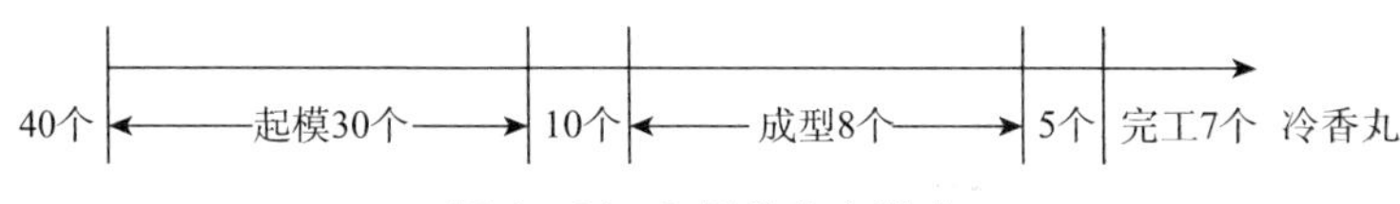

图 4－31　8 月份生产进度

此时，《在制品产量录入表》各生产批次的起模工序对应的各项指标是：

（1）完工数量：7 个

（2）期初累计转出未入库数量：0

（3）期初未转出数量：0

（4）本期转入数量：60 个

（5）本期转出数量：30 个

（6）期末累计转出未入库数量：0＋30－7＝23 个

（7）期末未转出数量：0＋60－30＝30 个

各生产批次的成型工序对应的各项指标是：

（1）完工数量：7 个

（2）期初累计转出未入库数量：0

（3）期初未转出数量：0

（4）本期转入数量：20 个

（5）本期转出数量：12 个

（6）期末累计转出未入库数量：=0+12-7=5 个

（7）期末未转出数量：=0+20-12=8 个

9 月份继续生产。9 月底，生产进度用文字描述如下：

40 个冷香丸全部投入起模工序；

65 个冷香丸起模工序完成转出了起模工序；

60 个冷香丸投入成型工序；

67 个冷香丸成型工序完成转出了成型工序；

30 个冷香丸完工入库。

对生产进度我们可以用图形表示，如图 4-32 所示。

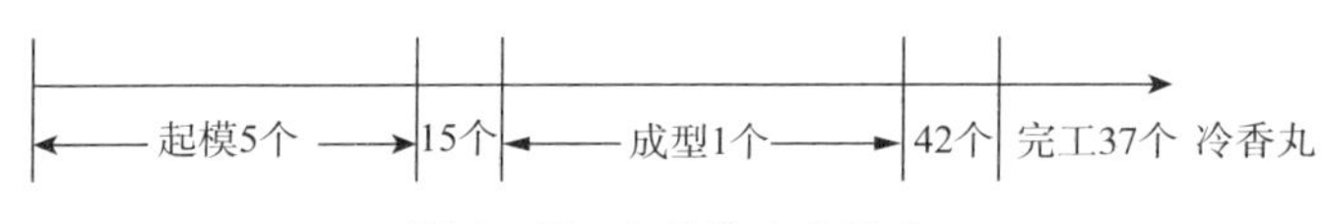

图 4-32　9 月份生产进度

此时，《在制品产量录入表》各生产批次的起模工序对应的各项指标是：

（1）完工数量：30 个

（2）期初累计转出未入库数量：23 个

（3）期初未转出数量：30 个

（4）本期转入数量：40 个

（5）本期转出数量：65 个

（6）期末累计转出未入库数量：23+65-30=58 个

（7）期末未转出数量：30+40-65=5 个

各生产批次的成型工序对应的各项指标是：

（1）完工数量：30 个

(2) 期初累计转出未入库数量：5 个

(3) 期初未转出数量：8 个

(4) 本期转入数量：60 个

(5) 本期转出数量：67 个

(6) 期末累计转出未入库数量：5 +67 -30 =42 个

(7) 期末未转出数量：8 +60 -67 =1 个

以上就是《在制品产量录入表》的填写介绍。

《在制品产量录入表》中，“期末累计转出未入库数量”这一概念很重要。这里介绍一下这个概念的形成过程。

第一步，将归集的生产费用，包括期初“未转出数量”的费用和“本期投入”的费用，在期末“未转出数量”和本期“转出数量”之间分摊，可得到工序在制成本和工序完工成本。

第二步，由于某一工序的完工不是最终的完工，某一工序的在制不是全部的在制，所以，我们将本期“转出数量”这个概念，分解为本期“转出未入库数量”和“完工数量”两个概念，分别反映“工序完工但未最终完工”和“已最终完工”。

第三步，归集的生产费用包括期初“未转出数量”的费用和“本期投入”的费用，在期末“未转出数量”、本期“转出未入库数量”和“完工数量”三者之间分摊，可得到工序在制成本、工序完工但未最终完工成本、最终完工成本。

第四步，此时归集的生产费用仅包括期初“未转出数量”的费用和“本期投入”的费用，现在我们增加上期“转出未入库数量”的费用。相应的，就需要在期末“未转出数量”、本期“转出未入库数量”“完工数量”、上期“转出未入库数量”四者之间分摊。而本期“转出未入库数量”与上期“转出未入库数量”之和，就是期末“累计转出未入库数量”。

第五步，上期“转出未入库数量”的费用，就是本期期初“累计转出未入库数量”的费用。即归集的生产费用包括：期初“未转出数量”的费用，期初“累计转出未入库数量”的费用和“本期投入”的费用。归集的生产费用，需要在期末“未转出数量”、期末“累计转出未入库数量”和

"完工数量"之间进行分摊。

第六步，期末"未转出数量"和期末"累计转出未入库数量"分摊到的费用，就是期末在制品成本；"完工数量"分摊到的费用，就是完工产品的成本。

完工与在制之间的分摊从产品细化到工序，是成本核算精益化的表现，相应的处理也比较复杂，涉及的概念也比较拗口。在有些行业的实务中，处理《在制品产量录入》表类似抽刀断水，且水流很急；在能够查到的权威教材包括注册会计师《财务成本管理》全国统考最新教材中，对工序在制的处理是回避的。这里介绍的是国内领先的一款企业管理软件的处理方式。

《在制品产量录入表》完成后，就可以进行完工产品与在制品的成本分配了。《成本计算表》如表4-28所示。

《成本计算表》中各项指标介绍如下：

A = 上期成本计算表的 N

B = 上期成本计算表的 O

C = 上期成本计算表的 P

D = 上期成本计算表的 Q

E = 上期成本计算表的 R

F：《在制品产量录入表》的本期转入数量

G：本期材料费用消耗数据

H：本期人工费用消耗数据

I：本期制造费用消耗数据

J = C + G

K = D + H

L = E + I

M = J + K + L

N：《在制品产量录入表》的期末累计转出未入库数量

O：《在制品产量录入表》的期末未转出数量

P = （N + O × 直接材料约当系数）÷（N + O × 直接材料约当系数 + T）× J

Q = （N + 0 × 直接人工约当系数）÷（N + O × 直接人工约当系数 + T）× K

表 4－28　成本计算表

生产批号	作业	期初在产品					本期投入				生产费用合计				期末在产品						本期完工					
		累计转出未入库数量	未转出数量	材料费用	人工费用	制造费用	数量	材料费用	人工费用	制造费用	材料费用	人工费用	制造费用	合计	累计转出未入库数量	未转出数量	材料费用	人工费用	制造费用	合计	数量	材料费用	人工费用	制造费用	合计	单位成本
		A	B	C	D	E	F	G	H	I	J	K	L	M	N	O	P	Q	R	S	T	U	V	W	X	Y

R = （N + O × 制造费用约当系数）÷（N + O × 制造费用约当系数 + T）× L

S = P + Q + R

T：《在制品产量录入表》的完工数量

U = T ÷ （N + O × 直接材料约当系数 + T）× J

V = T ÷ （N + O × 直接人工约当系数 + T）× K

W = T ÷ （N + O × 制造费用约当系数 + T）× L

X = U + V + W

Y = X ÷ T

3 医药流通企业示例

通过需求分析，可明确医药流通企业的成本对象是“客户 + 产品 + 作业”，进而核算客户、产品、作业、部门等不同维度及其组合的成本。以下是示例解决方案。

示例客户为客户甲、客户乙；产品为阿司匹林、白加黑；作业为采购入库作业、仓储物流作业、药师咨询作业、市场推广作业、对账收款作业；部门为采购部、物流部、销售部；费用为销售成本、工资、业务招待费。示例的各维度之间应有组合关系，成本对象与费用之间应有对应关系，这是重要的。至于具体示例数字的大小，例如究竟是 100 元还是 88.88 元，则并不重要。

一、费用的归集与分摊

各项费用向成本对象进行归集与分摊的过程如图 4 – 33 所示。

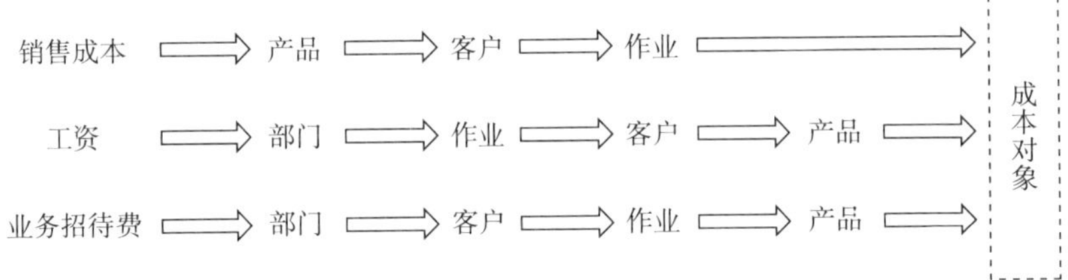

图 4 – 33　医药流通企业的归集与分摊模型

（一）销售成本示例

销售成本的归集和分摊节点如图 4 – 34 所示。

销售成本的归集和分摊过程如表 4 – 29 所示。

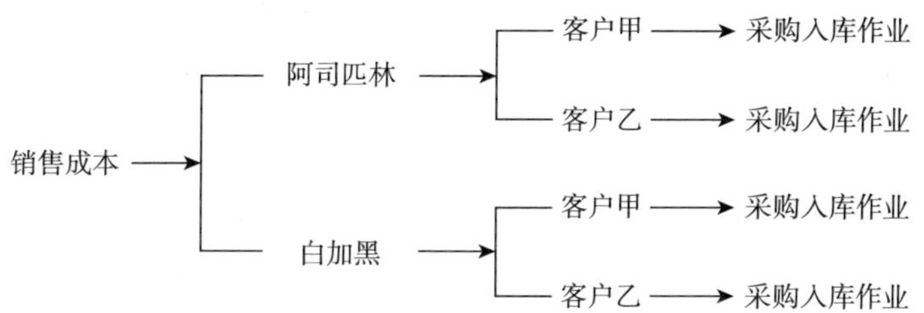

图4-34 销售成本的归集和分摊节点示例

表4-29 销售成本的归集和分摊过程示例

节点1　　单位：元

产品	销售成本
阿司匹林	200
白加黑	200

节点1　　节点2

产品	销售成本	客户	销售成本
阿司匹林	200	客户甲	100
		客户乙	100
白加黑	200	客户甲	100
		客户乙	100

节点1　　节点2　　节点3

产品	销售成本	客户	销售成本	作业	销售成本
阿司匹林	200	客户甲	100	采购入库作业	100
		客户乙	100	采购入库作业	100
白加黑	200	客户甲	100	采购入库作业	100
		客户乙	100	采购入库作业	100

说明：

节点1：销售成本归集到产品口径。可取存货核算模块各产品的销售出库金额。

与传统成本计算不同，多维组合成本的计算，不仅包括传统成本计算的销售成本，还包括分摊而来的管理费用或销售费用。即：传统成本计算的成本对象是产品，对应的资源消耗仅仅是销售成本；多维组合成本的成本对象，对应的资源消耗包括销售成本，但不仅仅是销售成本。

节点2：销售成本进一步向客户分摊。分摊标准可根据该产品各客户的销量。

节点3：销售成本进一步向作业分摊。销售成本是在采购入库环节形成的，因此分摊给采购入库作业。这里的分摊实际是追溯，与采用什么分摊标准无关。

（二）工资示例

工资的归集和分摊节点如图4－35所示。

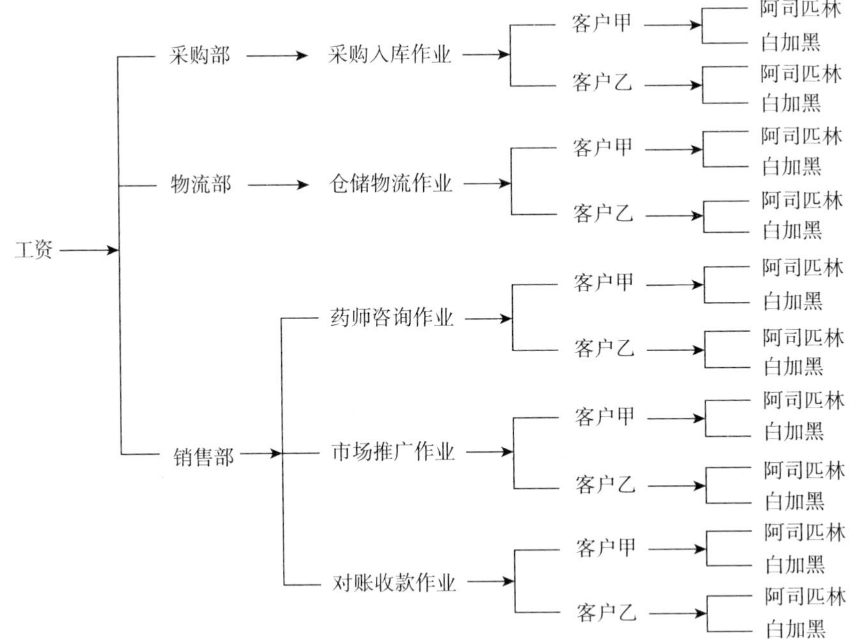

图4－35　工资的归集和分摊节点示例

工资的归集和分摊过程如表4－30所示。

表4－30　工资的归集和分摊过程示例

节点1　　　　单位：元

部　门	工　资
采购部	400
物流部	400
销售部	1200

节点1 节点2

部门	工资（元）	作业	工资（元）
采购部	400	采购入库作业	400
物流部	400	仓储物流作业	400
销售部	1200	药师咨询作业	400
		市场推广作业	400
		对账收款作业	400

节点1 节点2 节点3

部门	工资（元）	作业	工资（元）	客户	工资（元）
采购部	400	采购入库作业	400	客户甲	200
				客户乙	200
物流部	400	仓储物流作业	400	客户甲	200
				客户乙	200
销售部	1200	药师咨询作业	400	客户甲	200
				客户乙	200
		市场推广作业	400	客户甲	200
				客户乙	200
		对账收款作业	400	客户甲	200
				客户乙	200

节点1 节点2 节点3 节点4

部门	工资（元）	作业	工资（元）	客户	工资（元）	产品	工资（元）
采购部	400	采购入库作业	400	客户甲	200	阿司匹林	100
						白加黑	100
				客户乙	200	阿司匹林	100
						白加黑	100
物流部	400	仓储物流作业	400	客户甲	200	阿司匹林	100
						白加黑	100
				客户乙	200	阿司匹林	100
						白加黑	100

续表

部门	工资（元）	作业	工资（元）	客户	工资（元）	产品	工资（元）
销售部	1200	药师咨询作业	400	客户甲	200	阿司匹林	100
						白加黑	100
				客户乙	200	阿司匹林	100
						白加黑	100
		市场推广作业	400	客户甲	200	阿司匹林	100
						白加黑	100
				客户乙	200	阿司匹林	100
						白加黑	100
		对账收款作业	400	客户甲	200	阿司匹林	100
						白加黑	100
				客户乙	200	阿司匹林	100
						白加黑	100

说明：

节点1：工资归集到部门口径。可取薪资模块工资表的人员工资，并按部门汇总。

节点2：工资进一步向作业分摊。当作业分工不明显时，归集到部门的工资可按作业工时分摊到各作业。

节点3：工资进一步向客户分摊。分摊标准可根据各客户的销量、销售额、服务工时、服务次数确定。

例如，作业对账收款的成本向客户分摊时，分摊标准为各客户的对账收款作业次数。现作业对账收款的成本400元，甲和乙客户的作业量分别为2次和2次。则：

单位作业成本（对账收款作业）$=400\div(2+2)=100$ 元/次

客户甲分摊成本 $=2\times100=200$ 元

客户乙分摊成本 $=2\times100=200$ 元

节点4：工资进一步向产品分摊。分摊标准可根据各产品的销售额确定。

(三)业务招待费示例

业务招待费的归集和分摊节点如图4-36所示。

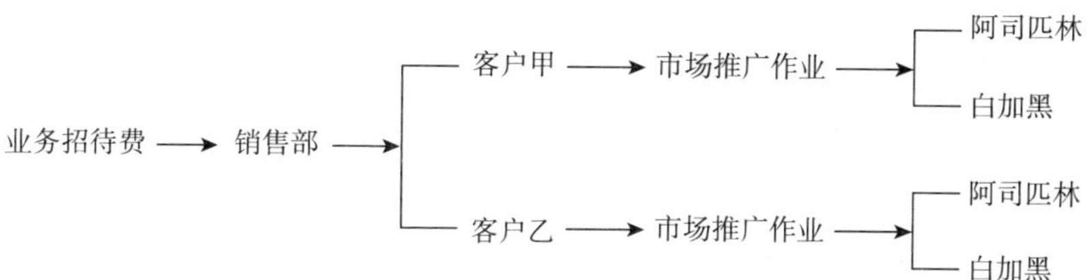

图4-36　业务招待费的归集和分摊节点示例

业务招待费的归集和分摊过程如表4-31所示。

表4-31　业务招待费的归集和分摊过程示例

节点1

部　门	业务招待费（元）
销售部	400

节点1　节点2

部　门	业务招待费（元）	客　户	业务招待费（元）
销售部	400	客户甲	200
		客户乙	200

节点1　节点2　节点3

部门	业务招待费（元）	客户	业务招待费（元）	作业	业务招待费（元）
销售部	400	客户甲	200	市场推广作业	200
		客户乙	200	市场推广作业	200

节点1　节点2　节点3　节点4

部门	业务招待费(元)	客户	业务招待费（元）	作业	业务招待费（元）	产品	业务招待费（元）
销售部	400	客户甲	200	市场推广作业	200	阿司匹林	100
						白加黑	100
		客户乙	200	市场推广作业	200	阿司匹林	100
						白加黑	100

说明：

节点1：业务招待费归集到部门口径。可取账务处理模块“销售费用－业务招待费”会计科目的部门辅助核算金额，或费用报销模块的部门业务招待费用金额。如果业务招待费归集到公司，则按部门员工数向不同部门分摊。

节点2：业务招待费进一步向客户分摊。可按客户拜访次数或销售额分摊到各客户。

节点3：业务招待费进一步向作业分摊。业务招待费是在市场推广环节形成的，因此分摊给市场推广作业。这里的分摊实际是追溯，与采用什么分摊标准无关。

节点4：业务招待费进一步向产品分摊。分摊标准可根据销量或销售收入等确定。

二、多维组合成本的展现

（一）成本对象的成本计算表

完成了不同费用的分摊，就可得到成本对象的成本计算表如表4－32所示。

表4－32　成本对象的成本计算表

单位：元

客户	产品	作业	销售成本	工资	业务招待费
客户甲	阿司匹林	采购入库作业	100	100	
客户甲	阿司匹林	仓储物流作业		100	
客户甲	阿司匹林	对账收款作业		100	
客户甲	阿司匹林	市场推广作业		100	100
客户甲	阿司匹林	药师资询作业		100	
客户甲	白加黑	采购入库作业	100	100	
客户甲	白加黑	仓储物流作业		100	
客户甲	白加黑	对账收款作业		100	
客户甲	白加黑	市场推广作业		100	100
客户甲	白加黑	药师资询作业		100	

续表

客户	产品	作业	销售成本	工资	业务招待费
客户乙	阿司匹林	采购入库作业	100	100	
客户乙	阿司匹林	仓储物流作业		100	
客户乙	阿司匹林	对账收款作业		100	
客户乙	阿司匹林	市场推广作业		100	100
客户乙	阿司匹林	药师咨询作业		100	
客户乙	白加黑	采购入库作业	100	100	
客户乙	白加黑	仓储物流作业		100	
客户乙	白加黑	对账收款作业		100	
客户乙	白加黑	市场推广作业		100	100
客户乙	白加黑	药师咨询作业		100	

成本对象的关联关系如图 4－37 所示。

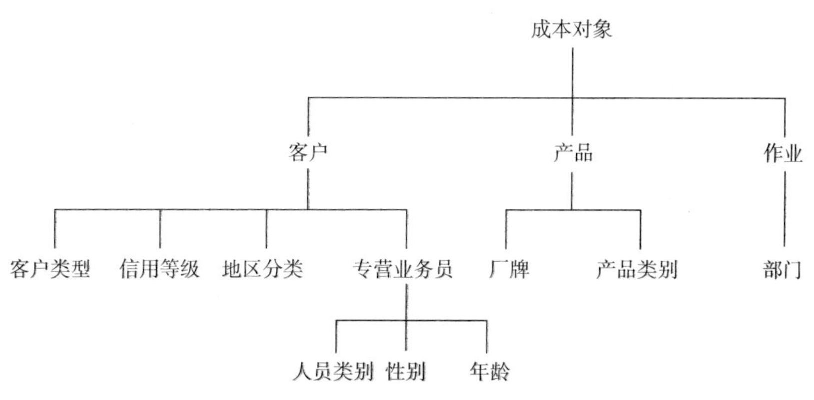

图 4－37　成本对象的关联关系

关联关系的说明：

（1）客户可关联客户类型、信用等级、地区分类、专营业务员等维度。

（2）专营业务员可关联性别、年龄、工作年限、学历、职级、籍贯、人员类别等维度。

（3）产品可关联厂牌、产品类别等维度。

（4）作业可关联部门等维度。

通过成本对象的成本计算表及其关联关系，可得到各维度的成本计算表如表 4－33 所示。

表4-33 各维度的成本计算表

单位：元

客户分类	信用等级	专营业务员	客户	产品分类	产品	作业	部门	销售成本	工资	业务招待费
医院	A	张三	客户甲	西药	阿司匹林	采购入库作业	采购部	100	100	
医院	A	张三	客户甲	西药	阿司匹林	仓储物流作业	物流部		100	
医院	A	张三	客户甲	西药	阿司匹林	对账收款作业	销售部		100	
医院	A	张三	客户甲	西药	阿司匹林	市场推广作业	销售部		100	100
医院	A	张三	客户甲	西药	阿司匹林	药师咨询作业	销售部		100	
医院	A	张三	客户甲	西药	白加黑	采购入库作业	采购部	100	100	
医院	A	张三	客户甲	西药	白加黑	仓储物流作业	物流部		100	
医院	A	张三	客户甲	西药	白加黑	对账收款作业	销售部		100	
医院	A	张三	客户甲	西药	白加黑	市场推广作业	销售部		100	100
医院	A	张三	客户甲	西药	白加黑	药师咨询作业	销售部		100	
医院	A	李四	客户乙	西药	阿司匹林	采购入库作业	采购部	100	100	
医院	A	李四	客户乙	西药	阿司匹林	仓储物流作业	物流部		100	
医院	A	李四	客户乙	西药	阿司匹林	对账收款作业	销售部		100	
医院	A	李四	客户乙	西药	阿司匹林	市场推广作业	销售部		100	100
医院	A	李四	客户乙	西药	阿司匹林	药师咨询作业	销售部		100	
医院	A	李四	客户乙	西药	白加黑	采购入库作业	采购部	100	100	
医院	A	李四	客户乙	西药	白加黑	仓储物流作业	物流部		100	
医院	A	李四	客户乙	西药	白加黑	对账收款作业	销售部		100	

续表

客户分类	信用等级	专营业务员	客户	产品分类	产品	作业	部门	销售成本	工资	业务招待费
医院	A	李四	客户乙	西药	白加黑	市场推广作业	销售部		100	100
医院	A	李四	客户乙	西药	白加黑	药师咨询作业	销售部		100	

有了各维度的成本计算表，就可以分别进行多维组合成本的分析查询了。

（二）多维组合成本的分析查询

1. 客户分析主题

以客户为主维的多维组合成本分析如表4－34所示。

表4－34 客户分析主题

单位：元

客户	产品	部门	作业	销售成本	工资	业务招待费
⊟客户甲	⊟阿司匹林	⊟采购部	采购入库作业	100	100	
		⊟物流部	仓储物流作业		100	
		⊟销售部	对账收款作业		100	
			市场推广作业		100	100
			药师咨询作业		100	
	⊟白加黑	⊟采购部	采购入库作业	100	100	
		⊟物流部	仓储物流作业		100	
		⊟销售部	对账收款作业		100	
			市场推广作业		100	100
			药师咨询作业		100	
⊟客户乙	⊟阿司匹林	⊟采购部	采购入库作业	100	100	
		⊟物流部	仓储物流作业		100	
		⊟销售部	对账收款作业		100	
			市场推广作业		100	100
			药师咨询作业		100	
	⊟白加黑	⊟采购部	采购入库作业	100	100	
		⊟物流部	仓储物流作业		100	
		⊟销售部	对账收款作业		100	
			市场推广作业		100	100
			药师咨询作业		100	

可查询不同客户、不同客户类型、不同信用等级客户、不同专营业务员分管客户的成本。

可查询客户与产品、部门、作业的任意组合的成本。

2. 产品分析主题

以产品为主维的多维组合成本分析如表4－35所示。

表 4－35　产品分析主题

单位：元

产品	作业	部门	客户	销售成本	工资	业务招待费
阿司匹林	采购入库作业	采购部	客户甲	100	100	
			客户乙	100	100	
	仓储物流作业	物流部	客户甲		100	
			客户乙		100	
	对账收款作业	销售部	客户甲		100	
			客户乙		100	
	市场推广作业	销售部	客户甲		100	100
			客户乙		100	100
	药师咨询作业	销售部	客户甲		100	
			客户乙		100	
白加黑	采购入库作业	采购部	客户甲	100	100	
			客户乙	100	100	
	仓储物流作业	物流部	客户甲		100	
			客户乙		100	
	对账收款作业	销售部	客户甲		100	
			客户乙		100	
	市场推广作业	销售部	客户甲		100	100
			客户乙		100	100
	药师咨询作业	销售部	客户甲		100	
			客户乙		100	

可查询不同产品、不同产品类别的成本。

可查询产品与客户、部门、作业的任意组合的成本。

3. 作业分析主题

以作业为主维的多维组合成本分析如表 4－36 所示。

表 4－36　作业分析主题

单位：元

作业	部门	客户	产品	销售成本	工资	业务招待费
采购入库作业	采购部	客户甲	阿司匹林	100	100	
			白加黑	100	100	
		客户乙	阿司匹林	100	100	
			白加黑	100	100	
仓储物流作业	物流部	客户甲	阿司匹林		100	
			白加黑		100	
		客户乙	阿司匹林		100	
			白加黑		100	
对账收款作业	销售部	客户甲	阿司匹林		100	
			白加黑		100	
		客户乙	阿司匹林		100	
			白加黑		100	
市场推广作业	销售部	客户甲	阿司匹林		100	100
			白加黑		100	100
		客户乙	阿司匹林		100	100
			白加黑		100	100
药师咨询作业	销售部	客户甲	阿司匹林		100	
			白加黑		100	
		客户乙	阿司匹林		100	
			白加黑		100	

可查询不同作业、不同作业类型的成本。

可查询作业与部门、产品、客户的任意组合的成本。

4. 部门分析主题

以部门为主维的多维组合成本分析如表 4－37 所示。

表 4－37　部门分析主题

单位：元

部门	作业	客户	产品	销售成本	工资	业务招待费
采购部	采购入库作业	客户甲	阿司匹林	100	100	
			白加黑	100	100	
		客户乙	阿司匹林	100	100	
			白加黑	100	100	
物流部	仓储物流作业	客户甲	阿司匹林		100	
			白加黑		100	
		客户乙	阿司匹林		100	
			白加黑		100	
销售部	对账收款作业	客户甲	阿司匹林		100	
			白加黑		100	
		客户乙	阿司匹林		100	
			白加黑		100	
	市场推广作业	客户甲	阿司匹林		100	100
			白加黑		100	100
		客户乙	阿司匹林		100	100
			白加黑		100	100
	药师咨询作业	客户甲	阿司匹林		100	
			白加黑		100	
		客户乙	阿司匹林		100	
			白加黑		100	

可查询不同部门的成本。

可查询部门与作业、客户、产品的任意组合的成本。

三、关于完工与在制

（一）完工与在制的概念

医药流通企业的成本对象是“客户＋产品＋作业”，其中的客户和产品来自已下达执行且本月月初未完成的销售订单，在本月月末仍未完成的销售订单属于在制。

销售订单区分完工与在制是必要的。例如本月有两个销售订单，001 号销售订单数量不大但已完成，002 号销售订单数量很大但刚下达。分摊标准是数量。如果不考虑完工与在制，002 号销售订单成本比 001 号将大很多，而实际上由于其刚下达，成本应该小很多。

（二）完工与在制的影响

1. 对不同成本对象之间费用分摊的影响

在不同成本对象之间，如果费用的分摊标准是数量，则在制数量需要折合成完工数量。

例如，本月有两个销售订单。001 号销售订单对应“客户甲 + 产品 A”，产品数量 80 个且已完成；002 号销售订单对应“客户乙 + 产品 A”，产品数量 200 个完工 10%。本月发生费用 100 元，则：

002 号销售订单的完工数量 = 200 × 10% = 20 个

001 号销售订单分摊的成本 = 80 × 100 ÷ (20 + 80) = 80 元

002 号销售订单分摊的成本 = 20 × 100 ÷ (20 + 80) = 20 元

2. 对同一成本对象单位成本计算的影响

001 号销售订单成本 80 元，“客户甲 + 产品 A”的数量 80 个；

002 号销售订单成本 20 元，“客户乙 + 产品 A”的数量 200 个折合完工数量 20 个。则：

“客户甲 + 产品 A”的单位分摊成本 = 80 ÷ 80 = 1 元

“客户乙 + 产品 A”的单位分摊成本 = 20 ÷ 20 = 1 元

对于月末在制数量不多，或比例不高，或数量虽多、比例虽高但每月数量、比例变化不大的企业，不用考虑完工与在制。

快递服务公司示例

通过需求分析，可明确快递服务公司的成本对象是“客户类型+货物类型+路由+作业+部门”，进而核算客户类型、货物类型、路由、作业、部门等不同维度及其组合的成本。以下是示例解决方案。

示例客户类型为优质客户、一般客户；货物类型为电器、食品；路由为广州到珠海、广州到郑州、郑州到北京、郑州到广州；作业为接货、分拣、打包、解包、送货作业；部门为华南物流部、中原物流部；费用为工资、运输费、仓储费。示例的各维度之间应有组合关系，成本对象与费用之间应有对应关系，这是重要的。至于具体示例数字的大小，例如究竟是100还是88.88，则并不重要。

类型也可以按复合标准划分，例如客户类型可以按“性别+信用等级”，划分为男性优质客户、男性一般客户、女性优质客户、女性一般客户。此时，向不同客户类型分摊成本时应分类汇总，例如分摊标准是客户数量，则客户数量应按“性别+信用等级”分类汇总。

一、费用的归集与分摊

各项费用向成本对象进行归集与分摊的过程，如图4-38所示。

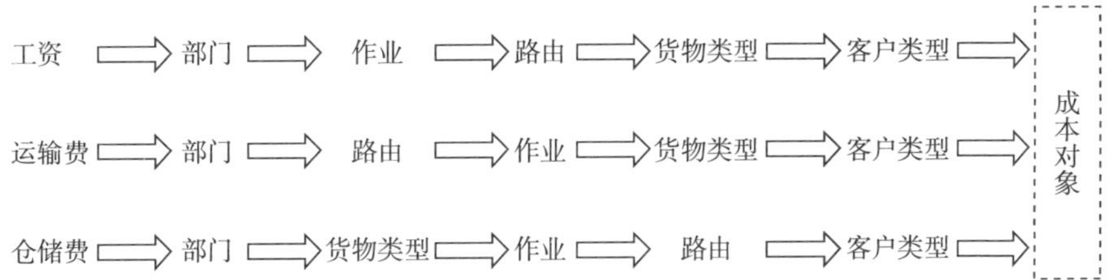

图4-38　快递服务公司的归集与分摊模型

（一）工资示例

工资的归集和分摊节点如图 4－39 所示。

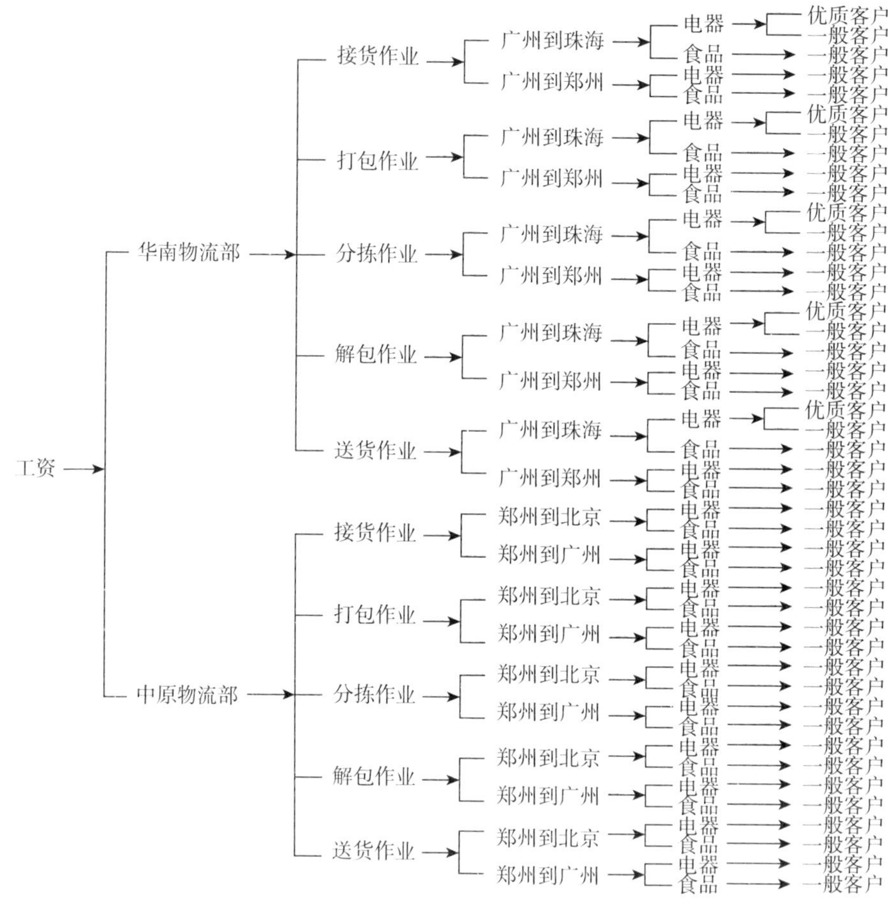

图 4－39 工资的归集和分摊节点示例

工资的归集和分摊过程如表 4－38、表 4－39 和表 4－40 所示。

表 4－38 工资的归集和分摊过程示例（1）

节点 1　　　　单位：元

部门	工资
华南物流部	2500
中原物流部	2000

续表

节点1		节点2	
部门	工资（元）	作业	工资（元）
华南物流部	2500	打包作业	500
		分拣作业	500
		接货作业	500
		解包作业	500
		送货作业	500
中原物流部	2000	打包作业	400
		分拣作业	400
		接货作业	400
		解包作业	400
		送货作业	400

节点1		节点2		节点3	
部门	工资（元）	作业	工资（元）	路由	工资（元）
华南物流部	2500	打包作业	500	广州到珠海	300
				广州到郑州	200
		分拣作业	500	广州到珠海	300
				广州到郑州	200
		接货作业	500	广州到珠海	300
				广州到郑州	200
		解包作业	500	广州到珠海	300
				广州到郑州	200
		送货作业	500	广州到珠海	300
				广州到郑州	200
中原物流部	2000	打包作业	400	郑州到北京	200
				郑州到广州	200
		分拣作业	400	郑州到北京	200
				郑州到广州	200
		接货作业	400	郑州到北京	200
				郑州到广州	200
		解包作业	400	郑州到北京	200
				郑州到广州	200

续表

部门	工资（元）	作业	工资（元）	路由	工资（元）
中原物流部	2000	送货作业	400	郑州到北京	200
				郑州到广州	200

表 4-39 工资的归集和分摊过程示例（2）

节点 1　　节点 2　　节点 3　　节点 4　　单位：元

部门	工资	作业	工资	路由	工资	货物类型	工资
华南物流部	2500	打包作业	500	广州到珠海	300	电器	200
						食品	100
				广州到郑州	200	电器	100
						食品	100
		分拣作业	500	广州到珠海	300	电器	200
						食品	100
				广州到郑州	200	电器	100
						食品	100
		接货作业	500	广州到珠海	300	电器	200
						食品	100
				广州到郑州	200	电器	100
						食品	100
		解包作业	500	广州到珠海	300	电器	200
						食品	100
				广州到郑州	200	电器	100
						食品	100
		送货作业	500	广州到珠海	300	电器	200
						食品	100
				广州到郑州	200	电器	100
						食品	100
中原物流部	2000	打包作业	400	郑州到北京	200	电器	100
						食品	100
				郑州到广州	100	电器	100
						食品	100

续表

部门	工资	作业	工资	路由	工资	货物类型	工资
中原物流部	2000	分拣作业	400	郑州到北京	200	电器	100
						食品	100
				郑州到广州	200	电器	100
						食品	100
		接货作业	400	郑州到北京	200	电器	100
						食品	100
				郑州到广州	200	电器	100
						食品	100
		解包作业	400	郑州到北京	200	电器	100
						食品	100
				郑州到广州	200	电器	100
						食品	100
		送货作业	400	郑州到北京	200	电器	100
						食品	100
				郑州到广州	200	电器	100
						食品	100

表 4－40　工资的归集和分摊过程示例（3）

节点 1　节点 2　节点 3　节点 4　节点 5　单位元

部门	工资	作业	工资	路由	工资	货物类型	工资	客户类型	工资
华南物流部	2500	打包作业	500	广州到珠海	300	电器	200	优质客户	100
								一般客户	100
						食品	100	一般客户	100
				广州到郑州	200	电器	100	一般客户	100
						食品	100	一般客户	100
		分拣作业	500	广州到珠海	300	电器	200	优质客户	100
								一般客户	100
						食品	100	一般客户	100
				广州到郑州	200	电器	100	一般客户	100
						食品	100	一般客户	100

续表

部门	工资	作业	工资	路由	工资	货物类型	工资	客户类型	工资
华南物流部	2500	接货作业	500	广州到珠海	300	电器	200	优质客户	100
								一般客户	100
						食品	100	一般客户	100
				广州到郑州	200	电器	100	一般客户	100
						食品	100	一般客户	100
		解包作业	500	广州到珠海	300	电器	200	优质客户	100
								一般客户	100
						食品	100	一般客户	100
				广州到郑州	200	电器	100	一般客户	100
						食品	100	一般客户	100
		送货作业	500	广州到珠海	300	电器	200	优质客户	100
								一般客户	100
						食品	100	一般客户	100
				广州到郑州	200	电器	100	一般客户	100
						食品	100	一般客户	100
中原物流部	2000	打包作业	400	郑州到北京	200	电器	100	一般客户	100
						食品	100	一般客户	100
				郑州到广州	200	电器	100	一般客户	100
						食品	100	一般客户	100
		分拣作业	400	郑州到北京	200	电器	100	一般客户	100
						食品	100	一般客户	100
				郑州到广州	200	电器	100	一般客户	100
						食品	100	一般客户	100
		接货作业	400	郑州到北京	200	电器	100	一般客户	100
						食品	100	一般客户	100
				郑州到广州	200	电器	100	一般客户	100
						食品	100	一般客户	100

续表

<table>
<tr><th>部门</th><th>工资</th><th>作业</th><th>工资</th><th>路由</th><th>工资</th><th>货物类型</th><th>工资</th><th>客户类型</th><th>工资</th></tr>
<tr><td rowspan="8">中原物流部</td><td rowspan="8">2000</td><td rowspan="4">解包作业</td><td rowspan="4">400</td><td rowspan="2">郑州到北京</td><td rowspan="2">200</td><td>电器</td><td>100</td><td>一般客户</td><td>100</td></tr>
<tr><td>食品</td><td>100</td><td>一般客户</td><td>100</td></tr>
<tr><td rowspan="2">郑州到广州</td><td rowspan="2">200</td><td>电器</td><td>100</td><td>一般客户</td><td>100</td></tr>
<tr><td>食品</td><td>100</td><td>一般客户</td><td>100</td></tr>
<tr><td rowspan="4">送货作业</td><td rowspan="4">400</td><td rowspan="2">郑州到北京</td><td rowspan="2">200</td><td>电器</td><td>100</td><td>一般客户</td><td>100</td></tr>
<tr><td>食品</td><td>100</td><td>一般客户</td><td>100</td></tr>
<tr><td rowspan="2">郑州到广州</td><td rowspan="2">200</td><td>电器</td><td>100</td><td>一般客户</td><td>100</td></tr>
<tr><td>食品</td><td>100</td><td>一般客户</td><td>100</td></tr>
</table>

说明：

节点1：工资归集到部门口径。可取薪资模块工资表的人员工资，并按部门汇总。

节点2：工资进一步向作业分摊。作业分工不明显时，归集到部门的工资按作业实际工时、作业定额工时、作业复杂系数分摊到各作业。

节点3：工资进一步向路由分摊。分摊标准可根据各路由的业务量、运输距离、运费、作业工时、作业次数等确定。不同作业的成本向路由进行分摊，选用的分摊标准可能是不同的。

节点4：工资进一步向货物类型分摊。分摊标准可根据各类型货物的数量、体积、重量等。

节点5：工资进一步向客户类型分摊。分摊标准可根据各类型客户的快递数量或快递服务金额。

（二）运输费示例

运输费的归集和分摊节点如图4－40所示。

运输费的归集和分摊过程如表4－41、表4－42所示。

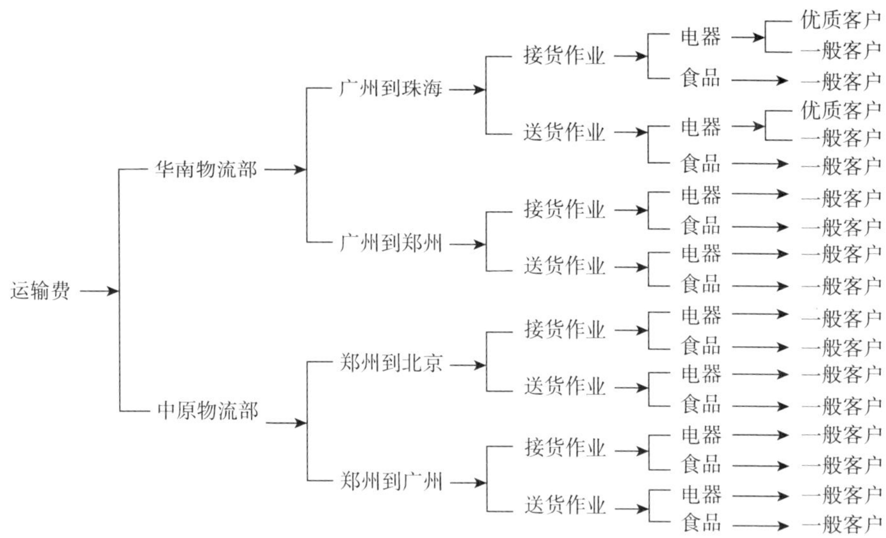

图4－40　运输费的归集和分摊节点示例

表4－41　运输费的归集和分摊过程示例（1）

节点1　　　　单位：元

部　门	运输费
华南采购部	1000
中原物流部	800

节点1　　　　节点2

部门	运输费	路由	运输费
华南物流部	1000	广州到珠海	600
		广州到郑州	400
中原物流部	800	郑州到北京	400
		郑州到广州	400

节点1　　　　节点2　　　　节点3

部门	运输费	路由	运输费	作业	运输费
华南物流部	1000	广州到珠海	600	接货作业	300
				送货作业	300
		广州到郑州	400	接货作业	200
				送货作业	200
中原物流部	800	郑州到北京	400	接货作业	200
				送货作业	200

续表

部门	运输费	路由	运输费	作业	运输费
中原物流部	800	郑州到广州	400	接货作业	200
				送货作业	200

节点 1		节点 2		节点 3		节点 4	
部门	运输费	路由	运输费	作业	运输费	货物类型	运输费
华南物流部	1000	广州到珠海	600	接货作业	300	电器	200
						食品	100
				送货作业	300	电器	200
						食品	100
		广州到郑州	400	接货作业	200	电器	100
						食品	100
				送货作业	200	电器	100
						食品	100
中原物流部	800	郑州到北京	400	接货作业	200	电器	100
						食品	100
				送货作业	200	电器	100
						食品	100
		郑州到广州	400	接货作业	200	电器	100
						食品	100
				送货作业	200	电器	100
						食品	100

表 4－42　运输费的归集和分摊过程示例（2）

节点 1		节点 2		节点 3		节点 4		节点 5	
部门	运输费	路由	运输费	作业	运输费	货物类型	运输费	客户类型	运输费
华南物流部	1000	广州到珠海	600	接货作业	300	电器	200	优质客户	100
								一般客户	100
						食品	100	一般客户	100
				送货作业	300	电器	200	优质客户	100
								一般客户	100
						食品	100	一般客户	100
		广州到郑州	400	接货作业	200	电器	100	一般客户	100
						食品	100	一般客户	100
				送货作业	200	电器	100	一般客户	100
						食品	100	一般客户	100

续表

<table>
<tr><td rowspan="8">中原
物流部</td><td rowspan="8">800</td><td rowspan="4">郑州到
北京</td><td rowspan="4">400</td><td rowspan="2">接货作业</td><td rowspan="2">200</td><td>电器</td><td>100</td><td>一般客户</td><td>100</td></tr>
<tr><td>食品</td><td>100</td><td>一般客户</td><td>100</td></tr>
<tr><td rowspan="2">送货作业</td><td rowspan="2">200</td><td>电器</td><td>100</td><td>一般客户</td><td>100</td></tr>
<tr><td>食品</td><td>100</td><td>一般客户</td><td>100</td></tr>
<tr><td rowspan="4">郑州到
广州</td><td rowspan="4">400</td><td rowspan="2">接货作业</td><td rowspan="2">200</td><td>电器</td><td>100</td><td>一般客户</td><td>100</td></tr>
<tr><td>食品</td><td>100</td><td>一般客户</td><td>100</td></tr>
<tr><td rowspan="2">送货作业</td><td rowspan="2">200</td><td>电器</td><td>100</td><td>一般客户</td><td>100</td></tr>
<tr><td>食品</td><td>100</td><td>一般客户</td><td>100</td></tr>
</table>

说明：

节点1：运输费归集到部门口径。可取自账务处理模块“销售费用－运输费”会计科目的部门辅助核算金额，或费用报销模块的部门运输费用金额。如果运输费归集到公司，则按业务量向不同部门分摊。

节点2：运输费进一步向路由分摊。分摊标准可根据各路由的业务量、各路由的运输工时、运输距离等。

节点3：运输费进一步向作业分摊。分摊标准可根据各作业的实际工时或定额工时等。

节点4：运输费进一步向货物类型分摊。分摊标准可根据各类型货物的数量、体积、重量、运输距离、消耗的作业工时、作业次数等确定。

例如，送货作业的成本向货物类型分摊时，分摊标准为各货物类型的送货作业工时。现送货作业成本200元，电器和食品的作业量分别为10小时和10小时。则：

单位作业成本（送货作业）$=200\div(10+10)=10$元/小时

电器分摊成本$=10\times10=100$元

食品分摊成本$=10\times10=100$元

节点5：运输费进一步向客户类型分摊。分摊标准可根据各类型客户的快递数量、快递服务金额、运输距离等确定。

（三）仓储费示例

仓储费的归集和分摊节点如图4－41所示。

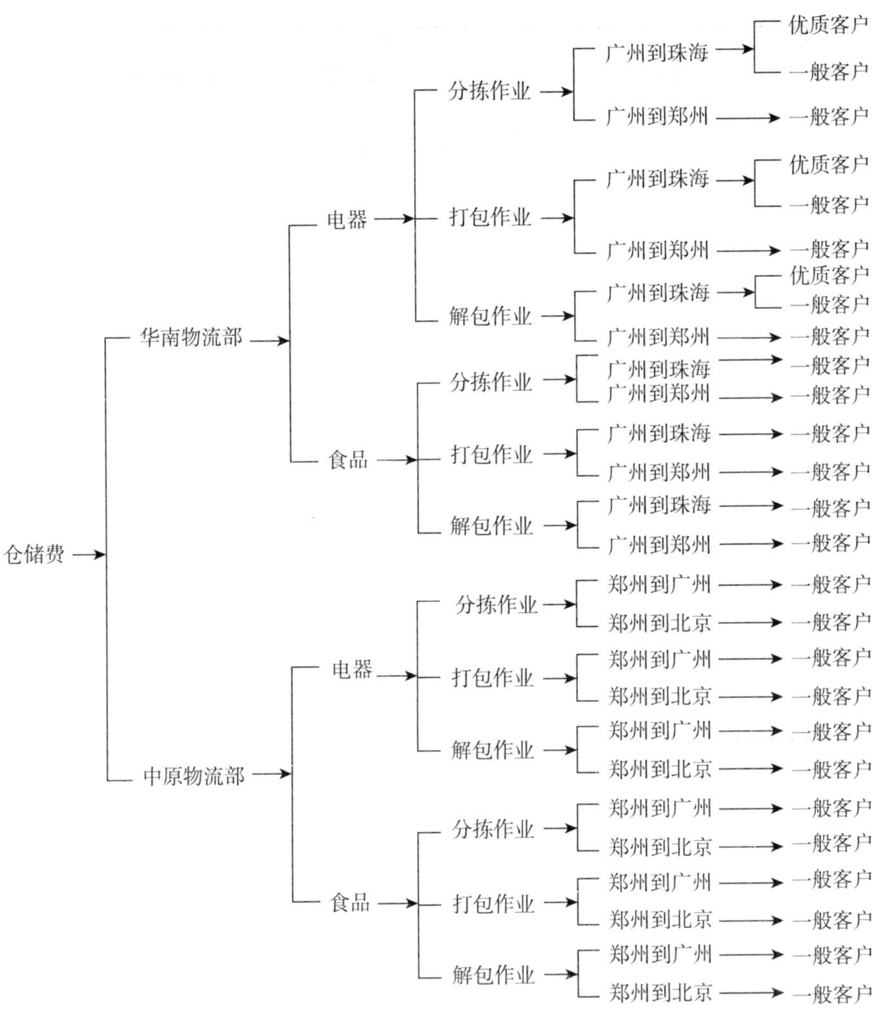

图4-41 仓储费的归集和分摊节点示例

仓储费的归集和分摊过程如表4-43、表4-44所示。

表4-43 仓储费的归集和分摊过程示例（1）

节点1　　　　单位：元

部　门	仓储费
华南物流部	1500
中原物流部	1200

续表

节点1		节点2	
部门	仓储费	货物类型	仓储费
华南物流部	1500	电器	900
		食品	600
中原物流部	1200	电器	600
		食品	600

节点1		节点2		节点3	
部门	仓储费	货物类型	仓储费	作业	仓储费
华南物流部	1500	电器	900	分拣作业	300
				打包作业	300
				解包作业	300
		食品	600	分拣作业	200
				打包作业	200
				解包作业	200
中原物流部	1200	电器	600	分拣作业	200
				打包作业	200
				解包作业	200
		食品	600	分拣作业	200
				打包作业	200
				解包作业	200

节点1		节点2		节点3		节点4	
部门	仓储费	货物类型	仓储费	作业	仓储费	路由	仓储费
华南物流部	1500	电器	900	分拣作业	300	广州到珠海	200
						广州到郑州	100
				打包作业	300	广州到珠海	200
						广州到郑州	100
				解包作业	300	广州到珠海	200
						广州到郑州	100
		食品	600	分拣作业	200	广州到珠海	100
						广州到郑州	100
				打包作业	200	广州到珠海	100
						广州到郑州	100

续表

部门	仓储费	货物类型	仓储费	作业	仓储费	路由	仓储费
华南物流部	1500	食品	600	解包作业	200	广州到珠海	100
						广州到郑州	100
中原物流部	1200	电器	600	分拣作业	200	郑州到北京	100
						郑州到广州	100
				打包作业	200	郑州到北京	100
						郑州到广州	100
				解包作业	200	郑州到北京	100
						郑州到广州	100
		食品	600	分拣作业	200	郑州到北京	100
						郑州到广州	100
				打包作业	200	郑州到北京	100
						郑州到广州	100
				解包作业	200	郑州到北京	100
						郑州到广州	100

表 4-44　仓储费的归集和分摊过程示例（2）

节点 1　　节点 2　　节点 3　　节点 4　　节点 5　单位：元

部门	仓储费	货物类型	仓储费	作业	仓储费	路由	仓储费	客户类型	仓储费
华南物流部	1500	电器	900	分拣作业	300	广州到珠海	200	优质客户	100
								一般客户	100
						广州到郑州	100	一般客户	100
				打包作业	300	广州到珠海	200	优质客户	100
								一般客户	100
						广州到郑州	100	一般客户	100
				解包作业	300	广州到珠海	200	优质客户	100
								一般客户	100
						广州到郑州	100	一般客户	100
		食品	600	分拣作业	200	广州到珠海	100	一般客户	100
						广州到郑州	100	一般客户	100

续表

部门	仓储费	货物类型	仓储费	作业	仓储费	路由	仓储费	客户类型	仓储费
华南物流部	1500	食品	600	打包作业	200	广州到珠海	100	一般客户	100
						广州到郑州	100	一般客户	100
				解包作业	200	广州到珠海	100	一般客户	100
						广州到郑州	100	一般客户	100
中原物流部	1200	电器	600	分拣作业	200	郑州到北京	100	一般客户	100
						郑州到广州	100	一般客户	100
				打包作业	200	郑州到北京	100	一般客户	100
						郑州到广州	100	一般客户	100
				解包作业	200	郑州到北京	100	一般客户	100
						郑州到广州	100	一般客户	100
		食品	600	分拣作业	200	郑州到北京	100	一般客户	100
						郑州到广州	100	一般客户	100
				打包作业	200	郑州到北京	100	一般客户	100
						郑州到广州	100	一般客户	100
				解包作业	200	郑州到北京	100	一般客户	100
						郑州到广州	100	一般客户	100

说明：

节点1：仓储费归集到部门口径，取自账务处理模块“销售费用－仓储费”会计科目的部门辅助核算金额，或费用报销模块的部门仓储费用金额。如果仓储费归集到公司，则按场地面积向不同部门分摊。

节点2：仓储费进一步向不同货物类型分摊。分摊标准可根据各类型货物的数量、体积、重量等。

节点3：仓储费进一步向不同作业分摊。分摊标准可根据各作业人工工时、标准工时等。

节点4：运输费进一步向路由分摊。分摊标准可根据各路由的业务量、各路由的运输工时、运输距离、消耗的作业工时、作业次数等确定。

节点5：仓储费进一步向不同客户类型分摊。分摊标准可根据各类型客户的快递数量或快递服务金额。

二、多维组合成本的展现

（一）成本对象的成本计算表

完成了不同费用的分摊，就可得到成本对象的成本计算表如表4-45所示。

表4-45 成本对象的成本计算表 单位：元

部门	作业	货物类型	路由	客户类型	工资	运输费	仓储费
华南物流部	打包作业	电器	广州到郑州	一般客户	100		100
华南物流部	打包作业	食品	广州到郑州	一般客户	100		100
华南物流部	打包作业	电器	广州到珠海	一般客户	100		100
华南物流部	打包作业	电器	广州到珠海	优质客户	100		100
华南物流部	打包作业	食品	广州到珠海	一般客户	100		100
中原物流部	打包作业	电器	郑州到北京	一般客户	100		100
中原物流部	打包作业	食品	郑州到北京	一般客户	100		100
中原物流部	打包作业	电器	郑州到广州	一般客户	100		100
中原物流部	打包作业	食品	郑州到广州	一般客户	100		100
华南物流部	分拣作业	电器	广州到郑州	一般客户	100		100
华南物流部	分拣作业	食品	广州到郑州	一般客户	100		100
华南物流部	分拣作业	电器	广州到珠海	一般客户	100		100

续表

部门	作业	货物类型	路由	客户类型	工资	运输费	仓储费
华南物流部	分拣作业	电器	广州到珠海	优质客户	100		100
华南物流部	分拣作业	食品	广州到珠海	一般客户	100		100
中原物流部	分拣作业	电器	郑州到北京	一般客户	100		100
中原物流部	分拣作业	食品	郑州到北京	一般客户	100		100
中原物流部	分拣作业	电器	郑州到广州	一般客户	100		100
中原物流部	分拣作业	食品	郑州到广州	一般客户	100		100
华南物流部	接货作业	电器	广州到郑州	一般客户	100	100	
华南物流部	接货作业	食品	广州到郑州	一般客户	100	100	
华南物流部	接货作业	电器	广州到珠海	一般客户	100	100	
华南物流部	接货作业	电器	广州到珠海	优质客户	100	100	
华南物流部	接货作业	食品	广州到珠海	一般客户	100	100	
中原物流部	接货作业	电器	郑州到北京	一般客户	100	100	
中原物流部	接货作业	食品	郑州到北京	一般客户	100	100	
中原物流部	接货作业	电器	郑州到广州	一般客户	100	100	
中原物流部	接货作业	食品	郑州到广州	一般客户	100	100	
华南物流部	解包作业	电器	广州到郑州	一般客户	100		100
华南物流部	解包作业	食品	广州到郑州	一般客户	100		100
华南物流部	解包作业	电器	广州到珠海	一般客户	100		100
华南物流部	解包作业	电器	广州到珠海	优质客户	100		100
华南物流部	解包作业	食品	广州到珠海	一般客户	100		100
中原物流部	解包作业	电器	郑州到北京	一般客户	100		100
中原物流部	解包作业	食品	郑州到北京	一般客户	100		100
中原物流部	解包作业	电器	郑州到广州	一般客户	100		100
中原物流部	解包作业	食品	郑州到广州	一般客户	100		100
华南物流部	送货作业	电器	广州到郑州	一般客户	100	100	
华南物流部	送货作业	食品	广州到郑州	一般客户	100	100	
华南物流部	送货作业	电器	广州到珠海	一般客户	100	100	
华南物流部	送货作业	电器	广州到珠海	优质客户	100	100	
华南物流部	送货作业	食品	广州到珠海	一般客户	100	100	
中原物流部	送货作业	电器	郑州到北京	一般客户	100	100	
中原物流部	送货作业	食品	郑州到北京	一般客户	100	100	
中原物流部	送货作业	电器	郑州到广州	一般客户	100	100	
中原物流部	送货作业	食品	郑州到广州	一般客户	100	100	

成本对象的关联关系如图 4－42 所示。

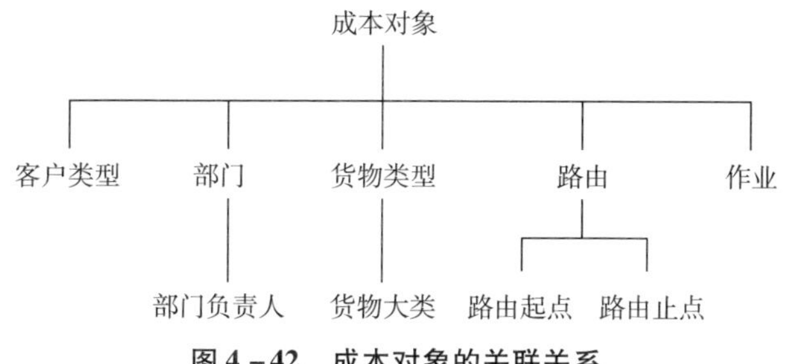

图 4－42　成本对象的关联关系

关联关系的说明：

（1）客户类型可关联性别、信用等级等维度。

（2）货物类型可关联货物大类等维度。

通过成本对象的成本计算表及其关联关系，可得到各维度的成本计算表如表 4－46 所示。

有了各维度的成本计算表，就可以分别进行多维组合成本的分析查询了。

（二）多维组合成本的分析查询

1. 客户分析主题

以客户为主维的多维组合成本分析如表 4－47 所示。

可查询不同客户类型的成本。

可查询客户类型与货物类型、路由、部门、作业的任意组合的成本。

2. 产品分析主题

可将“货物类型＋路由”作为快递公司提供的产品。

以产品为主维的多维组合成本分析如表 4－48 所示。可查询不同产品的成本。

可查询产品与客户类型、部门、作业的任意组合的成本。

3. 作业分析主题

以作业为主维的多维组合成本分析如表 4－49 所示。

表4－46　各维度的成本计算表

单位：元

部门	作业	货物大类	货物类型	路由	路由起点	路由止点	客户类型	工资	运输费	仓储费
华南物流部	打包作业	耐用品	电器	广州到郑州	广州	郑州	一般客户	100		100
华南物流部	打包作业	速消品	食品	广州到郑州	广州	郑州	一般客户	100		100
华南物流部	打包作业	耐用品	电器	广州到珠海	广州	珠海	一般客户	100		100
华南物流部	打包作业	耐用品	电器	广州到珠海	广州	珠海	优质客户	100		100
华南物流部	打包作业	速消品	食品	广州到珠海	广州	珠海	一般客户	100		100
中原物流部	打包作业	耐用品	电器	郑州到北京	郑州	北京	一般客户	100		100
中原物流部	打包作业	速消品	食品	郑州到北京	郑州	北京	一般客户	100		100
中原物流部	打包作业	耐用品	电器	郑州到广州	郑州	广州	一般客户	100		100
中原物流部	打包作业	速消品	食品	郑州到广州	郑州	广州	一般客户	100		100
华南物流部	分拣作业	耐用品	电器	广州到郑州	广州	郑州	一般客户	100		100
华南物流部	分拣作业	速消品	食品	广州到郑州	广州	郑州	一般客户	100		100
华南物流部	分拣作业	耐用品	电器	广州到珠海	广州	珠海	一般客户	100		100
华南物流部	分拣作业	耐用品	电器	广州到珠海	广州	珠海	优质客户	100		100
华南物流部	分拣作业	速消品	食品	广州到珠海	广州	珠海	一般客户	100		100
中原物流部	分拣作业	耐用品	电器	郑州到北京	郑州	北京	一般客户	100		100
中原物流部	分拣作业	速消品	食品	郑州到北京	郑州	北京	一般客户	100		100
中原物流部	分拣作业	耐用品	电器	郑州到广州	郑州	广州	一般客户	100		100
中原物流部	分拣作业	速消品	食品	郑州到广州	郑州	广州	一般客户	100		100

续表

部门	作业	货物大类	货物类型	路由	路由起点	路由止点	客户类型	工资	运输费	仓储费
华南物流部	接货作业	耐用品	电器	广州到郑州	广州	郑州	一般客户	100	100	
华南物流部	接货作业	速消品	食品	广州到郑州	广州	郑州	一般客户	100	100	
华南物流部	接货作业	耐用品	电器	广州到珠海	广州	珠海	一般客户	100	100	
华南物流部	接货作业	耐用品	电器	广州到珠海	广州	珠海	优质客户	100	100	
华南物流部	接货作业	速消品	食品	广州到珠海	广州	珠海	一般客户	100	100	
中原物流部	接货作业	耐用品	电器	郑州到北京	郑州	北京	一般客户	100	100	
中原物流部	接货作业	速消品	食品	郑州到北京	郑州	北京	一般客户	100	100	
中原物流部	接货作业	耐用品	电器	郑州到广州	郑州	广州	一般客户	100	100	
中原物流部	接货作业	速消品	食品	郑州到广州	郑州	广州	一般客户	100	100	
华南物流部	解包作业	耐用品	电器	广州到郑州	广州	郑州	一般客户	100		100
华南物流部	解包作业	速消品	食品	广州到郑州	广州	郑州	一般客户	100		100
华南物流部	解包作业	耐用品	电器	广州到珠海	广州	珠海	一般客户	100		100
华南物流部	解包作业	耐用品	电器	广州到珠海	广州	珠海	优质客户	100		100
华南物流部	解包作业	速消品	食品	广州到珠海	广州	珠海	一般客户	100		100
中原物流部	解包作业	耐用品	电器	郑州到北京	郑州	北京	一般客户	100		100
中原物流部	解包作业	速消品	食品	郑州到北京	郑州	北京	一般客户	100		100
中原物流部	解包作业	耐用品	电器	郑州到广州	郑州	广州	一般客户	100		100
中原物流部	解包作业	速消品	食品	郑州到广州	郑州	广州	一般客户	100		100
华南物流部	送货作业	耐用品	电器	广州到郑州	广州	郑州	一般客户	100	100	

续表

部门	作业	货物大类	货物类型	路由	路由起点	路由止点	客户类型	工资	运输费	仓储费
华南物流部	送货作业	速消品	食品	广州到郑州	广州	郑州	一般客户	100	100	
华南物流部	送货作业	耐用品	电器	广州到珠海	广州	珠海	一般客户	100	100	
华南物流部	送货作业	耐用品	电器	广州到珠海	广州	珠海	优质客户	100	100	
华南物流部	送货作业	速消品	食品	广州到珠海	广州	珠海	一般客户	100	100	
中原物流部	送货作业	耐用品	电器	郑州到北京	郑州	北京	一般客户	100	100	
中原物流部	送货作业	速消品	食品	郑州到北京	郑州	北京	一般客户	100	100	
中原物流部	送货作业	耐用品	电器	郑州到广州	郑州	广州	一般客户	100	100	
中原物流部	送货作业	速消品	食品	郑州到广州	郑州	广州	一般客户	100	100	

表 4－47　客户分析主题　　　　单位：元

客户类型	货物类型	路由	部门	作业	工资	运输费	仓储费
一般客户	**电器**	广州到郑州	**华南物流部**	打包作业	100		100
				分拣作业	100		100
				接货作业	100	100	
				解包作业	100		100
				送货作业	100	100	
		广州到珠海	**华南物流部**	打包作业	100		100
				分拣作业	100		100
				接货作业	100	100	
				解包作业	100		100
				送货作业	100	100	
		郑州到北京	**中原物流部**	打包作业	100		100
				分拣作业	100		100
				接货作业	100	100	
				解包作业	100		100
				送货作业	100	100	
		郑州到广州	**中原物流部**	打包作业	100		100
				分拣作业	100		100
				接货作业	100	100	
				解包作业	100		100
				送货作业	100	100	
	食品	广州到郑州	**华南物流部**	打包作业	100		100
				分拣作业	100		100
				接货作业	100	100	
				解包作业	100		100
				送货作业	100	100	
		广州到珠海	**华南物流部**	打包作业	100		100
				分拣作业	100		100
				接货作业	100	100	
				解包作业	100		100
				送货作业	100	100	
		郑州到北京	**中原物流部**	打包作业	100		100
				分拣作业	100		100
				接货作业	100	100	
				解包作业	100		100
				送货作业	100	100	
		郑州到广州	**中原物流部**	打包作业	100		100
				分拣作业	100		100
				接货作业	100	100	
				解包作业	100		100
				送货作业	100	100	
优质客户	**电器**	广州到珠海	**华南物流部**	打包作业	100		100
				分拣作业	100		100
				接货作业	100	100	
				解包作业	100		100
				送货作业	100	100	

表 4－48　产品分析主题　　　　单位：元

货物类型	路由	客户类型	部门	作业	工资	运输费	仓储费
⊟电器	⊟广州到郑州	⊟一般客户	⊟华南物流部	打包作业	100		100
				分拣作业	100		100
				接货作业	100	100	
				解包作业	100		100
				送货作业	100	100	
	⊟广州到珠海	⊟一般客户	⊟华南物流部	打包作业	100		100
				分拣作业	100		100
				接货作业	100	100	
				解包作业	100		100
				送货作业	100	100	
		⊟优质客户	⊟华南物流部	打包作业	100		100
				分拣作业	100		100
				接货作业	100	100	
				解包作业	100		100
				送货作业	100	100	
	⊟郑州到北京	⊟一般客户	⊟中原物流部	打包作业	100		100
				分拣作业	100		100
				接货作业	100	100	
				解包作业	100		100
				送货作业	100	100	
	⊟郑州到广州	⊟一般客户	⊟中原物流部	打包作业	100		100
				分拣作业	100		100
				接货作业	100	100	
				解包作业	100		100
				送货作业	100	100	
⊟食品	⊟广州到郑州	⊟一般客户	⊟华南物流部	打包作业	100		100
				分拣作业	100		100
				接货作业	100	100	
				解包作业	100		100
				送货作业	100	100	
	⊟广州到珠海	⊟一般客户	⊟华南物流部	打包作业	100		100
				分拣作业	100		100
				接货作业	100	100	
				解包作业	100		100
				送货作业	100	100	
	⊟郑州到北京	⊟一般客户	⊟中原物流部	打包作业	100		100
				分拣作业	100		100
				接货作业	100	100	
				解包作业	100		100
				送货作业	100	100	
	⊟郑州到广州	⊟一般客户	⊟中原物流部	打包作业	100		100
				分拣作业	100		100
				接货作业	100	100	
				解包作业	100		100
				送货作业	100	100	

表 4 – 49　作业分析主题　　　　单位：元

作业	部门	客户类型	货物类型	路由	工资	运输费	仓储费
打包作业	华南物流部	一般客户	电器	广州到郑州	100		100
				广州到珠海	100		100
			食品	广州到郑州	100		100
				广州到珠海	100		100
		优质客户	电器	广州到珠海	100		100
	中原物流部	一般客户	电器	郑州到北京	100		100
				郑州到广州	100		100
			食品	郑州到北京	100		100
				郑州到广州	100		100
分拣作业	华南物流部	一般客户	电器	广州到郑州	100		100
				广州到珠海	100		100
			食品	广州到郑州	100		100
				广州到珠海	100		100
		优质客户	电器	广州到珠海	100		100
	中原物流部	一般客户	电器	郑州到北京	100		100
				郑州到广州	100		100
			食品	郑州到北京	100		100
				郑州到广州	100		100
接货作业	华南物流部	一般客户	电器	广州到郑州	100	100	
				广州到珠海	100	100	
			食品	广州到郑州	100	100	
				广州到珠海	100	100	
		优质客户	电器	广州到珠海	100	100	
	中原物流部	一般客户	电器	郑州到北京	100	100	
				郑州到广州	100	100	
			食品	郑州到北京	100	100	
				郑州到广州	100	100	
解包作业	华南物流部	一般客户	电器	广州到郑州	100		100
				广州到珠海	100		100
			食品	广州到郑州	100		100
				广州到珠海	100		100
		优质客户	电器	广州到珠海	100		100
	中原物流部	一般客户	电器	郑州到北京	100		100
				郑州到广州	100		100
			食品	郑州到北京	100		100
				郑州到广州	100		100
送货作业	华南物流部	一般客户	电器	广州到郑州	100	100	
				广州到珠海	100	100	
			食品	广州到郑州	100	100	
				广州到珠海	100	100	
		优质客户	电器	广州到珠海	100	100	
	中原物流部	一般客户	电器	郑州到北京	100	100	
				郑州到广州	100	100	
			食品	郑州到北京	100	100	
				郑州到广州	100	100	

可查询不同作业的成本。

可查询作业与部门、货物类型、路由、客户类型的任意组合的成本。

4. 部门分析主题

以部门为主维的多维组合成本分析如表 4 –50 所示。

可查询不同部门的成本。

可查询部门与作业、客户类型、货物类型、路由的任意组合的成本。

表 4－50　部门分析主题　　　　单位：元

部门	作业	客户类型	货物类型	路由	工资	运输费	仓储费
华南物流部	打包作业	一般客户	电器	广州到郑州	100		100
				广州到珠海	100		100
			食品	广州到郑州	100		100
				广州到珠海	100		100
		优质客户	电器	广州到珠海	100		100
	分拣作业	一般客户	电器	广州到郑州	100		100
				广州到珠海	100		100
			食品	广州到郑州	100		100
				广州到珠海	100		100
		优质客户	电器	广州到珠海	100		100
	接货作业	一般客户	电器	广州到郑州	100	100	
				广州到珠海	100	100	
			食品	广州到郑州	100	100	
				广州到珠海	100	100	
		优质客户	电器	广州到珠海	100	100	
	解包作业	一般客户	电器	广州到郑州	100		100
				广州到珠海	100		100
			食品	广州到郑州	100		100
				广州到珠海	100		100
		优质客户	电器	广州到珠海	100		100
	送货作业	一般客户	电器	广州到郑州	100	100	
				广州到珠海	100	100	
			食品	广州到郑州	100	100	
				广州到珠海	100	100	
		优质客户	电器	广州到珠海	100	100	
中原物流部	打包作业	一般客户	电器	郑州到北京	100		100
				郑州到广州	100		100
			食品	郑州到北京	100		100
				郑州到广州	100		100
	分拣作业	一般客户	电器	郑州到北京	100		100
				郑州到广州	100		100
			食品	郑州到北京	100		100
				郑州到广州	100		100
	接货作业	一般客户	电器	郑州到北京	100	100	
				郑州到广州	100	100	
			食品	郑州到北京	100	100	
				郑州到广州	100	100	
	解包作业	一般客户	电器	郑州到北京	100		100
				郑州到广州	100		100
			食品	郑州到北京	100		100
				郑州到广州	100		100
	送货作业	一般客户	电器	郑州到北京	100	100	
				郑州到广州	100	100	
			食品	郑州到北京	100	100	
				郑州到广州	100	100	

三、关于完工与在制

（一）完工与在制的概念

快递服务公司的成本对象是“客户类型＋货物类型＋路由＋部门＋作业”，其中的客户类型、货物类型、路由等来自已下达执行且本月月初未完成的快递单，在本月月末仍未完成的快递单属于在制。

快递单区分完工与在制是必要的。例如本月有两个快递单，001 号快递单数量不大但已完成，002 号快递单数量很大但刚下达。分摊标准是数量。如果不考虑完工与在制，002 号快递单成本比 001 号将大很多，而实际上由于其刚下达，成本应该小很多。

（二）完工与在制的影响

1. 对不同成本对象之间费用分摊的影响

在不同成本对象之间，如果费用的分摊标准是货物数量，则在制数量需要折合成完工数量。

例如，本月有两个快递单，001 号快递单对应“客户类型甲 + 货物类型 A + 路由 1”，货物数量 80 个且已完成；002 号快递单对应“客户类型乙 + 货物类型 A + 路由 1”，货物数量 200 个完工 10%。本月发生费用 100 元，则：

002 号快递单的完工数量 = 200 × 10% = 20 个

001 号快递单分摊的成本 = 80 × 100 ÷ （20 + 80） = 80 元

002 号快递单分摊的成本 = 20 × 100 ÷ （20 + 80） = 20 元

2. 对同一成本对象单位成本计算的影响

001 号快递单成本 80 元，“客户类型甲 + 货物类型 A + 路由 1”的数量 80 个；002 号快递单成本 20 元，“客户类型乙 + 货物类型 A + 路由 1”的数量 200 折合完工数量 20 个。则：

“客户类型甲 + 货物类型 A + 路由 1”的单位分摊成本 = 80 ÷ 80 = 1 元

“客户类型乙 + 货物类型 A + 路由 1”的单位分摊成本 = 20 ÷ 20 = 1 元

对于月末在制数量不多，或比例不高，或数量虽多、比例虽高但每月数量、比例变化不大的企业，不用考虑工与在制。

第五章
多维组合成本的落地实现

❶ 对应用软件的认识和选择

一、对应用软件的认识

多维组合成本方案的落地实现，需要依靠软件。在应用软件时，它有不同于其他信息化项目的特点。

（1）其他很多信息化项目，强调整体规划，分步实施，可以先业务后财务，或先财务后业务；多维组合成本的“多维组合”反映的是业务，“成本”反映的是财务，它是财务与业务的结合。如将两者分开，于其中的任何一者都将一无所获。更何况，随着财务业务一体化的深入，成本管理的主导权，在以往由业务向财务转移后，出现了财务向业务回归的新趋势。

（2）其他很多信息化项目，强调先咨询，再落地，有了很好的咨询方案，就可以比较有把握地落地实现；多维组合成本项目，即使有了很好的咨询方案，也未必能够轻易成功。咨询方案甚至比较容易，落地实现则比较困难。它是咨询这一管理问题与信息化这一技术问题的结合。如将两者分开，于其中的任何一者都将一无所获。更何况，随着大数据时代的到来，信息化的主导权，在以往由技术导向到产品导向到咨询导向转移后，出现了向技术导向回归的新趋势。

多维组合成本方案的落地实现，不能依赖软件。在应用软件时，它有相同于其他信息化项目的特点。

（1）有的企业，用这个品牌软件的效果不好，就改用另一品牌软件。品牌软件效果都不好，就改用定制软件。换来换去，连最基本的库存都账实不符，原因也只从软件找。再不好的软件，也不至于连加减乘除都算错吧？就算软件没有达到要求，影响了管理者的经营决策，但管理者的专业的双手，也不至于把虽然不见得很好但也不至于很差的牌，打成这样吧？

这显然不是软件的问题，而是自身管理的问题。当自身管理问题不解决时，别说任何软件没有办法，恐怕上帝来了也没有办法。有的企业使用价格低的软件，比有的企业使用昂贵得多的软件效果还要好，再好不过地说明了软件与管理的关系。

（2）应用软件只会锦上添花，不会雪中送炭。不管用什么方法计算成本，企业都应把计算水平提升到原有方法允许的高度上。例如，用粗放的分类法，就应把每类产品的成本算准，计算水平要提升到分类法允许的高度上；用改进的品种法，就应把每种产品的成本算准，计算水平要提升到品种法允许的高度上；用细致的作业成本法，就应把每种产品每项作业的成本算准，计算水平要提升到作业成本法允许的高度上。当原有方法允许的高度限制了成本管理水平的进一步提升，满足不了成本管理精益化的需要时，为解除原有方法的限制，可采用新的方法，直至采用多维组合成本。也就是说，应用多维组合成本软件，可以改变原有约束条件，使成本管理水平在一个新的空间达到新的高度，但只是可以达到而不是自动达到。它许下的是愿景而不是承诺，提供的是可能而不是必然，它不会改变不同约束条件下人的行为方式，避免不了有的公司的成本管理水平，在一个新的空间仍然停留在原有高度。

二、对应用软件的选择

企业的信息化系统一般有成本管理模块，但多维组合成本不同于传统成本计算，其方案的落地实现，应选择独立的应用软件。

（1）从用途上看，企业信息化系统的成本管理模块计算的成本，是用于对外报告的。费用的归集口径、分摊方法，一定要符合财务制度和会计准则的要求。而多维组合成本的计算，是用于内部管理的。费用的归集口径、分摊方法，只需要从企业的经营管理所需出发。

（2）从机制上看，包括成本管理模块在内的企业信息化系统，机制是“表单+流程”，侧重于信息共享，擅长复杂的流程处理，忽视人性化的报表展现，由此导致二次开发尤其是报表开发工作量比较大。而多维组合成本的软件系统，机制是“模型+算法”，侧重于大数据处理和分析应用，报表开发难度小，自定义功能强。

（3）从性能上看，多维组合导致数据量呈指数级增长，甚至大于目前整个企业信息化系统的数据量。对目前的信息系统的性能将造成冲击。

（4）从稳定性上看，多维组合成本基于独立的软件系统实现，只做增量不动存量，不对现有信息化系统做大的调整，不改变现有流程，不冲击日常业务，不改变主数据。这也是原则上的“虎性”加策略上的“猴性”，即为实现目标而在具体方式上做必要的妥协。有些现状尽管不是很合理，但不合理的程度在可容忍的范围内，则尽可能不去改变，这样可为项目落地扫除或避免一些障碍。鲁迅曾用“即使搬动一张桌子，几乎也要血”来形容改变的艰难，我们不怕血，但热血不应用于搬动桌子。事分缓急，要事优先，首先要保证方案落地，至于落的地方是不是很理想，可以在落地后逐步调整。

系统集成接口

一、集成接口的开发时机

新中国建立初期的外交方针，有“另起炉灶”“打扫干净屋子再请客”等。对应用软件的选择，就是“另起炉灶”，即选择独立的应用软件。集成接口的开发时机，就是“打扫干净屋子再请客”，即先解决多维组合成本软件的本身功能问题，再开发集成接口。原因如下：

（1）**有利于项目控制**。多维组合成本是需求方案与系统落地一体化项目，需求方案工作量大，系统落地工作量大，其顺序应是：落地、正确落地、全自动正确落地。即分摊模型优先于接口开发，准确性优先于自动性。否则“自动”将是把人变成奴隶而不是主人的自动，是让人感觉害怕而不是方便的自动。

（2）**有利于过程透明**。成本计算的数据来源和计算因子众多，业务规则和逻辑算法复杂，系统设置和选项开关丰富，而具体操作仅仅是点击鼠标。如果数据来源由接口程序暗箱操作，导致用户对计算结果知其然不知其所以然，不利于成本管理工作。主要采取“录”和“导”的方式，有利于用户熟悉成本计算过程。

（3）**有利于统筹规划**。目前的信息化系统功能可能有待进一步完善，直接取数造成成本系统与现有系统捆绑太紧，现有系统的调整可能迫使接口程序做相应的调整。另外，有可能现在不能直接取数的，以后可以直接取数。因此还不如等到以后信息化系统功能完善后再统一取数。

（4）**有利于正本清源**。目前信息化系统的数据准确性可能有待进一步提高，直接取数有可能导致一错俱错，造成明知数据源数据错误也无法人工干涉纠正。采取“录”和“导”的方式，有利于成本计算的源头数据准确性建立在人为可控的基础上。

（5）**有利于分清责任**。成本计算的准确性包括三方面：业务数据准确；数据抽取准确；成本计算准确。一开始就通过集成接口直接取数，如果计算结果不合理，容易在不同环节之间互相推诿，不利于查明原因并采取针对性措施。

（6）**工作量增加不大**。成本计算不是实时计算而是月度计算，数据不需要实时抽取，主要采取“导”的方式，不会显著增加工作量和工作难度。

待信息化系统和成本系统均运行稳定后，再开发两者之间的数据接口，以便直接取数，取代“录”或“导”的方式。

二、集成接口的开发内容

屋子打扫干净后，可以请客了。请哪些客，取决于主人而不是客人需要。客人请而不来的可能是有的，例如软件厂商互相掣肘的问题，或者接口开放程序取数的问题等，这些商务或技术问题就不考虑了，我们只考虑业务问题。多维组合成本计算需要的数据，包括来源于软件和硬件的数据。

（一）软件接口

通过软件接口采集的数据如表5－1所示。

表5－1　通过软件接口采集的数据示例

系统	表	字　段
客户管理系统	商机记录单	客户、部门、业务员、线索、动作、费用
	…	…
销售管理系统	销售订单	订单类型、销售部门、客户、产品、产品数量…
	…	…
生产管理系统	生产任务单	产品、生产部门、生产工时、投产数量、完工数量、在制品数量…
	工序计划单	产品、工序、报工工时、派工数量、报工数量、在制品数量…
	工序委外单	委外商、工序、委外金额、委外数量…
	…	…

续表

系统	表	字 段
存货核算系统	材料出库单	仓库、领料部门、材料、投产数量、材料金额…
	其他出库单	仓库、领料部门、材料、投产数量、材料金额…
	产成品入库单	仓库、生产部门、产品、产品数量…
	…	…
薪资管理系统	工资表	部门、人员、应发工资…
	…	…
资产管理系统	折旧清单	资产、部门、折旧…
	…	…
费用报销系统	费用报销单	部门、人员、费用项目、金额…
	…	…
账务处理系统	凭证	会计科目、辅助核算、金额…
	…	…

需要说明以下几点。

(1) 不仅不同类型的企业有不同的信息化系统，同一类型的企业也会有不同的信息化系统。

(2) 即使相同的信息化系统，不同企业可能有不同的表单和流程。如有的企业通过销售订单生成发货通知单，再生成销售出库单和销售发票；有的企业不使用销售订单，通过销售发票生成发货通知单，再生成销售出库单。

(3) 即使相同的系统、表单和流程，不同企业或同一企业不同时间可能有不同的字段。如这个企业或这个时间，销售订单有专营业务员，那个企业或那个时间，销售订单没有专营业务员。

(4) 软件接口应尽可能源头取数。例如费用报销系统的费用报销单、资产管理系统的折旧清单、薪资管理系统的工资表、存货核算系统的出入库单据，都会生成凭证传递到账务处理系统，软件接口应到相应的业务模块取数，而不是到账务处理系统取数。因为账务处理系统无论辅助核算多么详细，也不可能比数据源头更加详细，源头取数才能使费用归集口径尽可能小，从而提高成本计算的准确性。

(5) 软件接口应尽可能直接取数。例如库存管理系统、委外管理系统，与存货核算系统存在数据交互，存货核算系统会将存货单价反写到库存或委外管理系统的业务单据上。软件接口应直接取存货核算系统的数据，而不是库存或委外系统的数据。

(二) 硬件接口

多维组合成本需要采集广泛的数据。信息化程度越高的企业，提供的数据越多，但没有一家企业，无论其信息化程度有多高，在实施多维组合成本前，是能够提供全部所需数据的。

缺乏的数据如果手工采集，工作量势必很大，将阻碍多维组合成本的顺利推行。这就要求应用计量设备自动采集，并通过硬件接口将计量设备采集的数据进一步采集到多维组合成本系统。

常用的计量设备包括传感器、扫描枪、GPS、GIS、RFID（射频识别）、条码等，可采集的数据无所不包，例如距离、面积、作业次数、作业工时、温度、湿度、功率等。

③ 初始数据准备

多维组合成本系统和其他信息化系统一样，上线一般不是在企业刚刚建立时，而是在企业的持续经营过程中。因此，应结合经营现状，将目前的经营数据完整、准确地纳入系统，即做好系统的数据准备工作，包括静态准备和动态数据准备。

一、静态数据准备

静态数据就是一般不随时间变化而变化的数据，例如客户、产品、作业、部门、员工、成本项目等主数据。

静态数据的准备应注意以下几点：

(1) **会计期间一致**。例如，业务处理系统的会计期间是每月 28 日截止，则多维组合成本系统也应是每月 28 日截止。这样可使两个系统的时间一致，方便理解，减少不必要的麻烦。

(2) **主数据内容一致**。内容一致不是说主数据不可增加或减少，而是不可修改。

不同于业务处理系统，多维组合成本系统并不产生新的业务数据，而是将已有的业务数据进行归集和分摊，产生新的成本数据以满足内部管理需要。多维组合成本系统仅涵盖与成本计算有关的静态数据。如果一开始不清楚哪些主数据与多维组合成本的计算有关，当然也可以照搬业务处理系统的全部主数据。

相同的主数据，其内容不可增、删、改，例如，业务处理系统的客户有 888 个，多维组合成本系统也应是相同的 888 个。

(3) **主数据属性一致**。属性一致不是说主数据属性不可增加或减少，而是不可修改。

主数据属性可作为多维成本分析时的维度，例如客户有分类属性，则不仅可查询客户维度的成本，也可查询客户类型维度的成本。如果不需要将主数据属性纳入多维分析的维度，则该属性可减少。例如产品有不同的计划属性，我们不需要按 MPS（主生产计划）或 MRP（物料需求计划）等不同计划属性去查询产品成本，则可以不要该属性。

如果业务系统的主数据属性满足不了多维成本分析需要，则可增加新的属性。例如对资产可增加是否监管属性，对作业可增加是否增值属性，对费用项目可增加是否可控、是否相关等属性。如果一开始不清楚需要新增哪些属性，可以预留几个自定义属性。

相同的属性，其内容不可增、删、改，例如，客户的信用等级属性划分有 6 个，多维组合成本系统也应是相同的 6 个。

（4）主数据关联关系一致。主数据之间是有字段关联关系的，例如作业与工作中心的关系，部门与人员的关系等如图 5－1 所示。

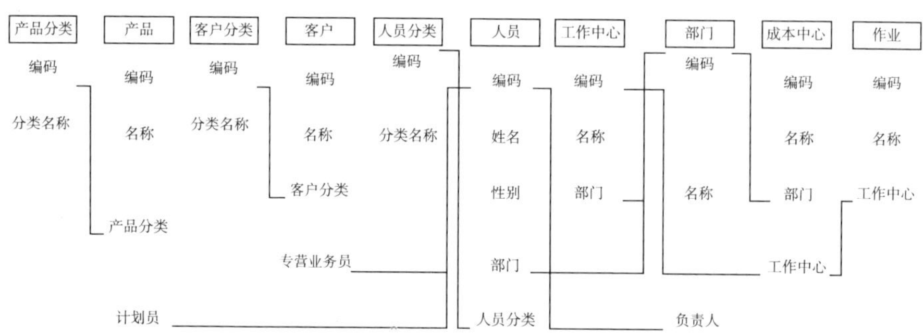

图 5－1　静态数据的关联关系示例

多维组合成本系统的主数据关联关系，应与业务系统保持一致。

二、动态数据准备

动态数据就是随时间变化而变化的数据，例如生产任务单、销售订单、快递单等。它们限定了分摊范围，提供了分摊标准的数值来源。

动态数据的准备应注意以下几点：

（1）仅涵盖与成本计算有关的动态数据。在介绍软件接口时，列举了与成本计算有关的动态数据。与成本计算无关的动态数据，如采购订单、采购入库单等，就不需要准备。

（2）**仅涵盖处于执行状态的动态数据**。在介绍分摊范围时，列举了业务单据有关的执行状态。与成本计算无关的执行状态，如已经执行完毕而关闭的生产任务单、销售订单、快递单等，就不需要准备。

④ 系统上线运行

一、系统测试与模拟演练

模拟演练与系统测试不同:

(1) 模拟演练的主要目的是使所有用户熟悉未来的操作环境、操作流程和操作界面，系统测试的主要目的是验证解决方案。

(2) 模拟演练是所有用户参加，系统测试仅项目组关键用户参加。

(3) 通俗地说，系统测试就是扯皮的过程，将企业实务这张皮与软件系统这张皮扯到一块去。对于扯不到一块去的部分，如果是软件系统的问题就由乙方二次开发，如果是企业实务的问题就由甲方现场整改。系统测试完成就说明扯皮过程完成，可以贯彻落实解决方案了。模拟演练就是对已经达成一致的、不容再争议的解决方案进行演习。

二、关于系统并行

多维组合成本系统的上线运行，不影响原有信息化系统包括成本系统的运行，两者是并行关系。原有成本系统继续依据财务制度和会计准则进行成本计算，满足工商、税务、金融、证券、国资委等对外披露需要；多维组合成本系统进行成本计算，是为了满足内部管理需要。

多维组合成本系统与原有成本系统的并行关系，与会计电算化时的手工与软件的并行关系是不同的。会计电算化时手工与软件的并行是稳妥起见，是临时措施，并行期结束后将由软件替代手工。多维组合成本系统与原有成本系统的并行不是临时措施，不存在并行期结束谁替换谁的问题。

生产型企业需要单独加以说明。目前法律法规允许生产型企业在生产环节应用作业成本法，实际就是“产品 + 作业”的多维组合，所以生产型企业的多维组合成本系统，可以在应用成熟后替换现有成本系统。多维组合成本系统与现有成本系统对产品成本的计算结果肯定不会相同，所以替换的前提不是并行结果一致，这不同于会计电算化时软件替换手工的前提是并行结果必须一致。如果多维组合成本系统替换现有成本系统，在停止现有成本系统使用的同时，应建立多维组合成本系统与账务处理系统的数据关系，即由多维组合成本系统生成成本类凭证传递到账务处理系统。

三、关于月度结账

多维组合成本系统需要月结。因为折旧、工资、摊销、预提等费用是按月计算的，成本自然也应按月计算。月结后用户不能再进行归集、分摊等操作，可对已完成的成本计算结果进行保护，有利于系统数据安全。

多维组合成本系统的月结，与业务单据的完成，是完全不相关的两码事。例如，本月没有完成的业务单据，其关联的成本对象依然是下月的成本对象，即继续接受费用分摊。

四、关于期初数据

期初数据表示成本对象承担了系统上线前发生的费用，但还没有完全结束，还要继续承担上线后发生的费用，因此不能置之不理，还是需要认真准备并纳入系统的。

对于多维组合成本，要想准确地提供期初数据是比较困难的。例如对于医药连锁企业，期初数据的表样如表 5－2 所示。

表 5－2　成本对象期初成本数据

客户	产品	作业	销售成本	工资	业务招待费

要想填写这样的表，困难可想而知。期初成本数据不准确，造成系统运行前期的数据可能不是很准确，这并不说明准备工作没做好，而是无论怎么准备都可能达不到要求。

由于工作量太大且具体操作困难，可以结合实际情况对这项工作进行简化，但不能逃避。也就是说，多维组合成本系统的期初数据可以有瑕疵甚至有明显的客观上不可避免的缺陷，但不能有主观上人为放任的污点。另外，期初数据的瑕疵或缺陷会随着系统使用时间的推移而逐渐消化。

第六章 多维组合成本的数据分析

在业务处理系统，每一项业务对象如销售订单、销售发货单、销售发票等，都有各种操作功能如增加、修改、删除等。在多维成本系统，每一分析主题都有各种分析方法如比重、比较和趋势分析等。当然也可以反过来说，每种操作功能都有各种业务对象，每种分析方法都有各种分析主题。这在技术上没有区别，但在应用上，用户是面向业务对象而不是操作功能，是面向分析主题而不是分析方法。

在介绍解决方案的多维度展现时，列举了客户、产品、作业、部门等分析主题，那是从不同维度进行的分析；这里的数据分析是从不同指标进行的，列举了标准成本、收入、成本、利润等分析主题。

多维组合成本可以进行任意维度任意指标的分析，可逐层照亮立体堆积物的每一横截面，整体洞穿立体堆积物的每一纵断面。对于多维组合成本的报表，需要区分不同主题以分门别类。维度作为分析主题时，对应的是任意指标；指标作为分析主题时，对应的是任意维度及其组合。

1 标准成本分析主题

标准成本的制定，需要通过精确的调查、分析与技术测定。它是一种目标成本，基本上排除了不应有的浪费，可用来对实际成本进行评价，对工作效率进行衡量。

产品标准成本和作业标准成本，从概念的提出、标准的制定，到差异的分析，已经形成了完整的体系。实际成本告诉我们成本是多少，标准成本告诉我们成本应是多少。如果不制定标准成本，我们只能认识到成本现在是什么样子，却认识不到成本应当是什么样子，标准成本的价值就在这里。

一、产品标准成本

（一）产品标准成本的制定

产品标准成本，包括直接材料标准成本、直接人工标准成本、制造费用标准成本，如图 6 - 1 所示。

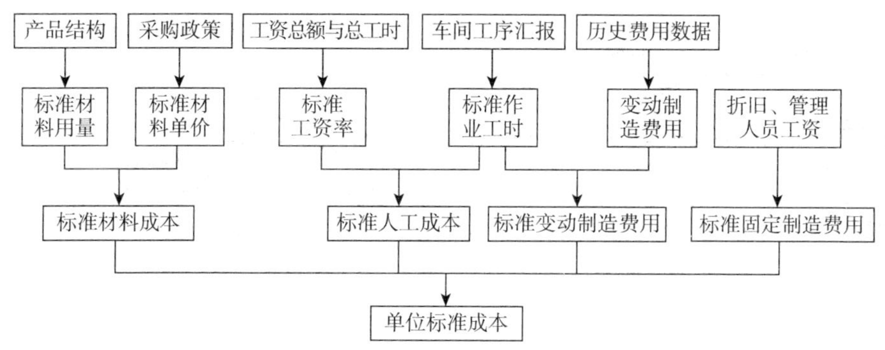

图 6 - 1　单位产品的标准成本

无论是直接材料、直接人工还是制造费用，标准成本的制定都需要确定数量标准和价格标准。数量标准包括单位产品材料消耗量、单位产品直接人工工时等，主要由生产技术部门主持制定，吸收执行标准的部门和职工参加；价格标准包括材料单价、小时工资率、小时制造费用率等，采购部门对材料单价负有责任，人力资源和生产部门对小时工资率负有责任，各生产车间对小时制造费用率负有责任，财务部门在制定价格标准时需与这些相关部门协商。

1. 直接材料标准成本

数量标准：用统计方法、工业工程法或其他技术分析方法确定，是现有技术条件下生产单位产品所需的材料数量，包括必不可少的消耗及各种难以避免的损失。

价格标准：是预计下一年度实际需要支付的进料单位成本，包括发票价格、运费、检验和正常损耗等成本，是取得材料的完全成本，如表6－1所示。

表6－1　直接材料标准成本

标　准	材料甲	材料乙
价格标准		
发票单价（元）	1	4
装卸检验费（元）	0.07	0.28
每千克标准价格（元）	1.07	4.28
用量标准		
图纸用量（千克）	3	2
允许损耗量（千克）	0.3	0
单产标准用量（千克）	3.3	2
成本标准	3.53	8.56
单位产品标准成本（元）	12.09	

图中各项目的计算过程说明：

每千克标准价格＝发票单价＋装卸检验费

单产标准用量＝图纸用量＋允许损耗量

成本标准＝每千克标准价格×单产标准用量

单位产品标准成本＝材料甲成本标准＋材料乙成本标准

2. 直接人工标准成本

数量标准：是单位产品的标准工时。确定单位产品所需的直接生产工人工时，需要按产品的加工工序分别进行，然后加以汇总。标准工时是指在现有生产技术条件下，生产单位产品所需要的时间，包括直接加工操作必不可少的时间，以及必要的间歇和停工，如工间休息、调整设备时间、不可避免的废品耗用工时等。标准工时应以作业研究和工时研究为基础，参考有关统计资料来确定。

价格标准：是指标准工资率。它可能是预定的工资率，也可能是正常的工资率。如果采用计件工资制，标准工资率是预定的每件产品支付的工资除以标准工时，或者是预定的小时工资；如果是月工资制，需要根据月工资总额和可用工时总量来计算标准工资率。如表 6－2 所示。

表 6－2　直接人工标准成本

标　准	第一工序	第二工序
小时工资率		
基本生产工人人数（人）	20	50
每人每月工时（小时）	204	204
出勤率	98%	98%
每人平均可用工时（小时）	200	200
每月总工时（小时）	4000	10000
每月工资总额（元）	3600	12600
每小时工资（元）	0.9	1.26
单位产品工时		
理想作业时间（小时）	1.5	0.8
调整设备时间（小时）	0.3	0
工间休息（小时）	0.1	0.1
其他（小时）	0.1	0.1
单位产品标准工时合计（小时）	2	1
直接人工标准成本（元）	1.8	1.26
单位产品标准成本	3.06	

图中各项目的计算过程说明：

每人平均可用工时 = 每人每月工时 × 出勤率

每月总工时 = 基本生产工人人数 × 每人平均可用工时

每小时工资 = 每月工资总额 ÷ 每月总工时

单位产品标准工时合计 = 理想作业时间 + 调整设备时间 + 工间休息 + 其他

直接人工标准成本 = 每小时工资 × 单位产品标准工时合计

单位产品标准成本 = 第一工序直接人工标准成本 + 第二工序直接人工标准成本

3. 制造费用标准成本

制造费用涉及部门很多，制造费用的标准成本需按部门分别编制，然后将同一产品的各部门制造费用标准成本加以汇总，得出整个产品的制造费用标准成本。制造费用分为变动制造费用和固定制造费用。

(1) 变动制造费用标准成本

数量标准：一般采用单位产品的标准人工工时，也可采用机器工时或其他标准。数量标准应尽可能与变动制造费用有较强的线性关系。

价格标准：是每一工时变动制造费用的标准分配率，它等于变动制造费用预算总数除以直接人工标准总工时。如表 6－3 所示。

表 6－3　变动制造费用标准成本

部　门	第一车间	第二车间
变动制造费用预算：(元)		
运输	800	2100
电力	400	2400
消耗材料	1400	1800
间接人工	2000	3900
燃料	400	1400
其他	200	400
合计	5200	12000

续表

部　门	第一车间	第二车间
生产量标准（人工工时）	4000	10000
变动制造费用标准分配率	1.3	1.2
直接人工用量标准（人工工时）	2	1
变动制造费用标准成本（元）	2.6	1.2
单位产品标准变动制造费用（元）	3.8	

图中各项目的计算过程说明：

变动制造费用标准分配率＝变动制造费用合计÷生产量标准

变动制造费用标准成本＝变动制造费用标准分配率×直接人工用量标准

单位产品标准变动制造费用＝第一车间变动制造费用标准成本＋第二车间变动制造费用标准成本

（2）固定制造费用标准成本

数量标准：应与变动制造费用的数量标准相同，即包括人工工时、机器工时或其他标准，以便进行一致的差异分析。

价格标准：是其每小时的标准分配率，等于固定制造费用预算总数除以直接人工标准总工时。如表6－4所示。

表6－4　固定制造费用标准成本

部　门	第一车间	第二车间
固定制造费用预算：（元）		
折旧费	200	2350
管理人员工资	700	1800
间接人工	500	1200
保险费	300	400
其他	300	250
合计	2000	6000
生产量标准（人工工时）	4000	10000
固定制造费用标准分配率	0.5	0.6

续表

部 门	第一车间	第二车间
直接人工用量标准（人工工时）	2	1
固定制造费用标准成本（元）	1	0.6
单位产品标准固定制造费用（元）	1.6	

图中各项目的计算过程说明：

固定制造费用标准分配率＝固定制造费用合计÷生产量标准

固定制造费用标准成本＝固定制造费用标准分配率×直接人工用量标准

单位产品标准固定制造费用＝第一车间固定制造费用标准成本＋第二车间固定制造费用标准成本

直接材料、直接人工和制造费用的标准成本按产品汇总，即为产品标准成本，如表6－5所示。

表6－5 产品标准成本

成本项目	用量标准	价格标准	标准成本（元）
直接材料			
甲材料	3.3kg	1.07元/kg	3.53
乙材料	2kg	4.28元/kg	8.56
直接材料合计	12.09元		
直接人工			
第一车间	2小时	0.9元/小时	1.8
第二车间	1小时	1.26元/小时	1.26
直接人工合计	3.06元		
制造费用			
变动费用（第一车间）	2小时	1.3元/小时	2.6
变动费用（第二车间）	1小时	1.2元/小时	1.2
变动制造费用合计	3.8元		
固定费用（第一车间）	2小时	0.5元/小时	1
固定费用（第二车间）	1小时	0.6元/小时	0.6
固定制造费用合计	1.6元		
单位产品标准成本总计	20.55元		

图中项目的计算过程说明：

单位产品标准成本总计 = 直接材料合计 + 直接人工合计 + 变动制造费用合计 + 固定制造费用合计

（二）产品标准成本的差异

实际成本与标准成本之间的差额，称为标准成本差异如图 6－2 所示。

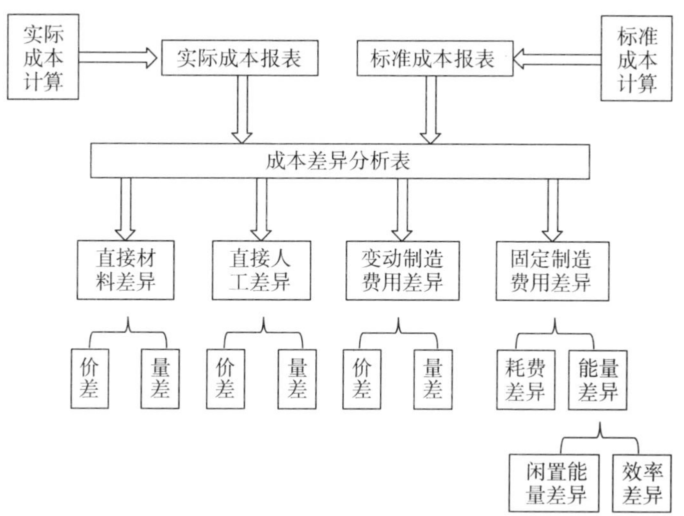

图 6－2 成本差异分析

1. 直接材料成本差异

计算方法示例如下：

本月生产产品 400 件，使用材料 2500 千克，材料单价 0.55 元/千克；材料耗用标准是每件产品耗用 6 千克，每千克标准价格为 0.5 元。则：

成本差异 = 材料用量 × 材料单价 － 产品产量 × 材料标准用量 × 材料标准单价

$= 2500 \times 0.55 - 400 \times 6 \times 0.5$

$= 175$ 元

价格差异 = 材料用量 ×（材料单价 － 材料标准单价）

$= 2500 \times (0.55 - 0.5)$

$= 125$ 元

数量差异 = 材料标准单价 ×（材料用量 - 产品产量 × 材料标准用量）

=0.5 ×（2500 - 400 × 6）

=50 元

2. 直接人工成本差异

计算方法示例如下：

本月生产产品 400 件，实际使用工时 890 小时，支付工资 4539 元；人工耗用标准是每件产品耗用 2 小时，标准工资率是 5 元/小时。则：

成本差异 = 工资费用 - 产品产量 × 单位产品标准工时 × 标准工资率

=4539 - 400 × 2 × 5

=539 元

价格差异 = 实际工时 ×（工资费用 ÷ 实际工时 - 标准工资率）

=890 ×（4539 ÷ 890 - 5）

=89 元

数量差异 = 标准工资率 ×（实际工时 - 产品产量 × 单位产品标准工时）

=5 ×（890 - 400 × 2）

=450 元

3. 制造费用成本差异

（1）变动制造费用成本差异

计算方法示例如下：

本月生产产品 400 件，实际使用工时 890 小时，实际发生变动制造费用 1958 元；变动制造费用耗用标准是每件产品耗用 2 小时，标准变动制造费用分配率是 2 元/小时。则：

成本差异 = 变动制造费用 - 产品产量 × 单位产品标准工时 × 标准变动制造费用分配率

=1958 - 400 × 2 × 2

=358 元

价格差异 = 实际工时 × （变动制造费用 ÷ 实际工时 − 标准变动制造费用分配率）

= 890 × （1958 ÷ 890 − 2）

= 178 元

数量差异 = 标准变动制造费用分配率 × （实际工时 − 产品产量 × 单位产品标准工时）

= 2 × （890 − 400 × 2）

= 180 元

（2）固定制造费用成本差异

计算方法示例如下：

本月生产产品 400 件，实际使用工时 890 小时，实际发生固定制造费用 1424 元；企业产能为 500 件，固定制造费用耗用标准是每件产品耗用 2 小时，标准固定制造费用分配率是 1.5 元/小时。则：

成本差异 = 固定制造费用 − 产品产量 × 单位产品标准工时 × 标准固定制造费用分配率

= 1424 − 400 × 2 × 1.5

= 224 元

耗费差异 = 固定制造费用 − 企业产能 × 单位产品标准工时 × 标准固定制造费用分配率

= 1424 − 500 × 2 × 1.5

= −76 元

能量差异 = （企业产能 − 产品产量） × 单位产品标准工时 × 标准固定制造费用分配率

= （500 − 400） × 2 × 1.5

= 300 元

能量差异进一步细分：

闲置能量差异 = （企业产能 × 单位产品标准工时 − 实际工时） × 标准固定制造费用分配率

= （500 × 2 − 890） × 1.5

= 165 元

效率差异 =（实际工时 - 产品产量 × 单位产品标准工时）× 标准固定制造费用分配率

=（890 - 400 × 2）× 1.5

= 135 元

二、作业标准成本

作业标准成本，适用于作业产出不太稳定的企业，可避免成本忽高忽低，可随时提供成本信息。计算过程示例如下：

（一）作业标准成本的制定

第一步，制定标准作业量和标准作业成本（如表 6 - 6 所示）。

表 6 - 6　标准作业量和标准作业成本

作业名称	作业动因	标准作业量	标准作业成本（元）
机器焊接	焊接工时	1000	30000
设备调整	调整次数	300	1500000
发放材料	生产批次	25	62500
质量抽检	抽检次数	400	170000

第二步，计算标准作业分配率如表 6 - 7 所示。

表 6 - 7　标准作业分配率的计算

作业名称	作业动因	标准作业量	标准作业成本（元）	标准作业成本分配率
机器焊接	焊接工时	1000	30000	30
设备调整	调整次数	300	1500000	5000
发放材料	生产批次	25	62500	2500
质量抽检	抽检次数	400	170000	425

计算说明：

标准作业成本分配率 = 标准作业成本 ÷ 标准作业量

（二）作业标准成本的差异

第三步，确定各产品的作业量如表6－8所示。

表6－8 各产品的作业量

作业名称	作业动因	产品A作业量	产品B作业量
机器加工	加工工时	250	500
设备调整	调整次数	100	200
材料发放	生产批次	10	20
质量抽检	抽检次数	100	200

第四步，计算各产品标准作业成本如表6－9所示。

表6－9 各产品的标准作业成本的计算

作业名称	作业动因	产品A		产品B	
		作业量	标准作业成本(元)	作业量	标准作业成本(元)
机器加工	加工工时	250	7500	500	15000
设备调整	调整次数	100	500000	200	1000000
材料发放	生产批次	10	25000	20	50000
质量抽检	抽检次数	100	42500	200	85000

计算说明：

标准作业成本＝标准作业成本分配率×作业量

第五步，确定实际作业量和实际作业成本如表6－10所示。

表6－10 实际作业量和实际作业成本

作业名称	作业动因	实际作业量	实际作业成本(元)
机器焊接	焊接工时	750	23850
设备调整	调整次数	300	1440000
发放材料	生产批次	30	76500
质量抽检	抽检次数	300	128775

第六步，计算作业成本差异如表6－11所示。

表 6－11　作业成本差异的计算

作业名称	作业动因	标准作业量	标准作业成本（元）	实际作业量	实际作业成本（元）	作业成本差异（元）
机器焊接	焊接工时	1000	30000	750	23850	1350
设备调整	调整次数	300	1500000	300	1440000	－60000
发放材料	生产批次	25	62500	30	76500	1500
质量抽检	抽检次数	400	170000	300	128775	1275

计算说明：

作业成本差异＝实际作业成本－实际作业量×标准作业成本分配率

从公式可以看到，作业成本差异的计算不是标准作业成本与实际作业成本的差额。

第七步，进行期末差异处理。

首先计算差异调整率如表 6－12 所示。

表 6－12　差异调整率的计算

作业名称	作业动因	标准作业量	标准作业成本（元）	实际作业量	实际作业成本（元）	作业成本差异（元）	差异调整率（%）
机器焊接	焊接工时	1000	30000	750	23850	1350	6.00
设备调整	调整次数	300	1500000	300	1440000	－60000	－4.00
发放材料	生产批次	25	62500	30	76500	1500	2.00
质量抽检	抽检次数	400	170000	300	128775	1275	1.00

计算说明：

差异调整率＝（实际作业成本－实际作业量×标准作业成本分配率）÷（实际作业量×标准作业成本分配率）

然后计算作业成本差异调整额如表 6－13 所示。

表 6－13　差异调整额的计算

单位：元

作业名称	产品 A		产品 B	
	标准作业成本	差异调整额	标准作业成本	差异调整额
机器加工	7500	450	15000	900
设备调整	500000	－20000	1000000	－40000

续表

作业名称	产品 A		产品 B	
	标准作业成本	差异调整额	标准作业成本	差异调整额
材料发放	25000	500	50000	1000
质量抽检	42500	425	85000	850

计算说明：

差异调整额 = 标准作业成本 × 差异调整率

最后将标准作业成本调整为实际作业成本如表 6 - 14 所示。

表 6 - 14　实际作业成本的计算

单位：元

作业名称	产品 A			产品 B		
	标准作业成本	差异调整额	实际作业成本	标准作业成本	差异调整额	实际作业成本
机器加工	7500	450	7950	15000	900	15900
设备调整	500000	-20000	480000	1000000	-40000	960000
材料发放	25000	500	25500	50000	1000	51000
质量抽检	42500	425	42925	85000	850	85850

计算说明：

实际作业成本 = 标准作业成本 + 差异调整额

需要说明的，对于差异的处理有多种方式，例如可以不对差异进行分摊，直接计入当期营业成本。

三、多维标准成本

多维是相对于单维而言的，标准成本是相对于实际成本而言的，所以多维标准成本，既是相对于多维实际成本而言的，也是相对于单维标准成本而言的如图 6 - 3 所示。

对多维标准成本的相关概念，做以下说明：

（1）多维标准成本比单维标准成本更有意义，正如多维实际成本比单维实际成本更有意义。

示例：

快递服务公司，产品即“货物＋路由”，为电冰箱，从北京到郑州；作业为送货作业。

多维标准成本的描述是：将电冰箱从北京快递至郑州，送货作业的标准成本是10元。

产品标准成本的描述是：将电冰箱从北京快递至郑州，标准成本是18元。

作业标准成本的描述是：送货作业标准成本是12元。

由于不同货物类型、不同路由、不同作业的成本往往相差很大，所以仅产品维度或作业维度的标准成本在很多情况下是没有意义的。

可以看到，多维意识对实际成本非常重要，对标准成本同样非常重要。

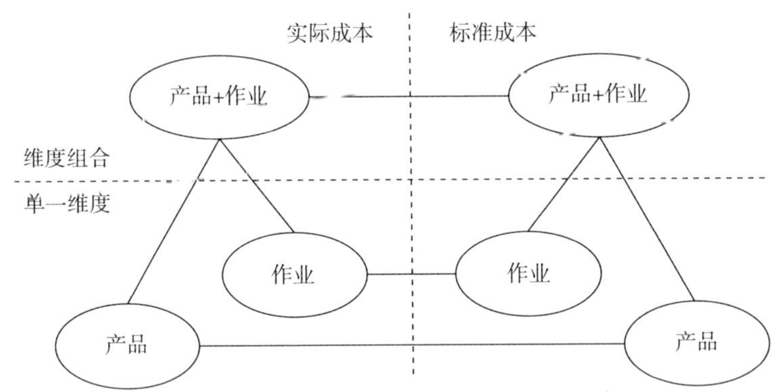

图6－3　多维标准成本的相关概念

（2）多维标准成本与单维实际成本没有可比性，正如单维标准成本与多维实际成本没有可比性。

示例：

快递服务公司，电器的分拣作业标准成本是100元，即区分货物类型，也区分作业；张三的分拣作业实际成本是80元，即区分作业，不区分货物类型。据此，能够认为张三作业出色吗？显然不行。

快递服务公司，分拣作业标准成本是100元，即区分作业，不区分货物类型；张三对电器的分拣作业实际成本是80元，即区分作业，也区分货物类型。据此，能够认为张三作业出色吗？显然不行。

(3) 多维标准成本，只能参照多维实际成本。

例如，快递服务公司不同货物类型、不同路由、不同作业的多维标准成本，可参照过去6个月的相应的货物类型、路由、作业的多维实际成本数据制定。

多维标准成本不宜采取技术测定的方法，原因是多维组合的场景非常多，数据量太大，难以面面俱到。技术测定可更多地应用于现场管理，通过现场优化改进实际成本，通过参照实际成本形成标准成本。

(4) 单维标准成本，也应参照单维实际成本不断调整。

例如，产品、作业等单维标准成本，不应仅仅依靠实验室数据制定。否则，这样的标准成本只能反映先验性的合理而不能反映经验性的存在，只能反映理论上的应当而不能反映实践中的能够，很容易与现实脱节。发生标准成本差异时，人们不是去追查差异的原因，而是来质疑标准本身的权威。

总之，我们在制定标准时，应该追问：制定标准的终极标准是什么？答案只有一个，那就是：实际。

收入分析主题

一、各维度收入的计算

以医药流通企业为例，有一张销售订单如表 6－15 所示。

表 6－15　医药流通企业销售订单示例

订单号	客户	部门	订单行号	产品	销售收入（元）
DD001	客户 1	销售部	01	阿司匹林	100
			02	白加黑	120

在这个示例中，客户和产品维度的收入容易确定。例如，客户收入是 220 元，阿司匹林和白加黑收入分别是 100 元和 120 元。

（一）关于部门维度收入的说明

部门维度的收入是个容易引发歧义的概念，这里做以下说明：

（1）销售部门获得的收入并不全归属于销售部门。

例如，销售订单上的部门是销售部，并不能认为获得的收入全归属于销售部，因为采购、物流等其他部门也为取得收入做出了贡献。

这个道理其实很简单，正如一个人吃了五个馒头，并不能将吃饱的功劳全部归属于第五个馒头，而认为其他四个馒头都是没有价值的。尽管马克思将商品向货币的转化形容为惊险的跳跃，但销售部门在实现这一跳跃时，也不能忘记跳跃前其他部门提供的积累。

（2）部门收入不能采用直接分摊的方式。

例如，甲部门和乙部门一起，完成了 A、B、C、D 四项任务，四项任务分别提供了 100 元、150 元、200 元、300 元的收入。由于不同任务耗用部门资源不同，无论采用什么标准，将收入直接分摊给甲部门和乙部门，结果都难以让人信服如图 6 – 4 所示。

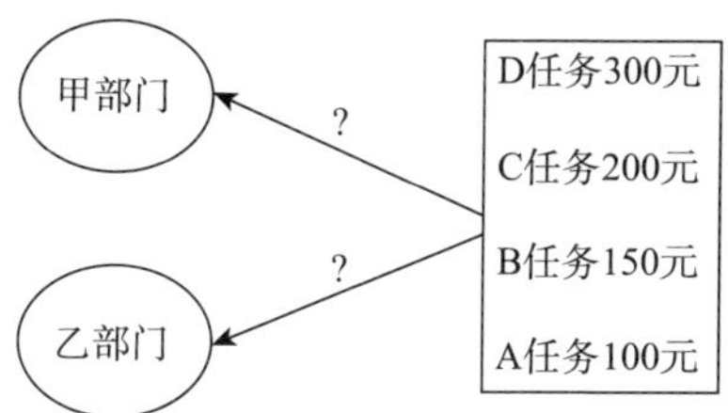

图 6 – 4　部门收入的直接分摊

(二) 作业和部门维度收入的计算

这里所说的收入，是指内部的市场化价格。作业和部门维度的收入计算过程，示例如下。

甲部门提供 A1、B1、C1、D1 四项作业，分别与乙部门提供的 A2、B2、C2、D2 等四项作业一起，完成了 A、B、C、D 四项任务，四项任务分别提供了 100 元、150 元、200 元、300 元的收入。

将各任务的收入基于作业标准成本向作业进行分摊，再将作业收入汇总到部门如图 6 – 5 所示。

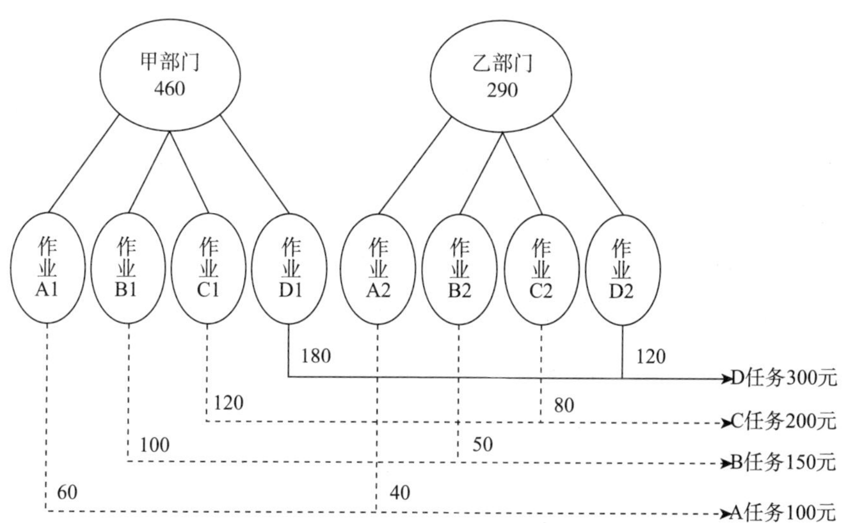

图 6 – 5　通过作业收入形成部门收入

计算说明：

将 A 任务的收入 100 元进行分摊，作业 A1、A2 收入分别为 60 元和 40

元；

将 B 任务的收入 150 元进行分摊，作业 B1、B2 收入分别为 100 元和 50 元；

将 C 任务的收入 200 元进行分摊，作业 C1、C2 收入分别为 120 元和 80 元；

将 D 任务的收入 300 元进行分摊，作业 D1、D2 收入分别为 180 元和 120 元。

甲部门收入是 A1、B1、C1、D1 四项作业收入之和，即 60 + 100 + 120 + 180 = 460 元；

乙部门收入是 A2、B2、C2、D2 四项作业收入之和，即 40 + 50 + 80 + 120 = 290 元。

可以看到：

（1）这种方法将市场机制引入了企业内部，不是将吃饱的功劳全部归属于第五个馒头，而开始承认并计量其他四个馒头的价值。

（2）这种方法量化了内部服务部门和内部服务作业的收入，以往只能作为成本中心的部门和作业，现在也可以作为收入和利润中心，为内部市场化创造了条件。

这种方法对内部维度的收入量化，采取了计算而不是评定的方式，即将外部收入基于标准成本进行分摊，而不是开会讨论人为定义。它的主观成分最少，市场因素最多，权威最大。

（3）这种方法，结合了条条与块块，体现了部门与作业的结合。应用这种方法，可实现职能化部门向流程化组织的转型。

（三）多维组合收入的计算

这里所说的收入，也是指内部的市场化价格。

多维是相对于单维而言的，收入是基于标准成本分摊的，所以多维组合的收入，既是相对于多维标准成本而言的，也是相对于单维收入而言的如图 6 – 6 所示。

多维组合收入是将市场机制引入到企业内部，并进一步实现多元化。对相关概念，做以下说明：

(1) 多维组合收入比单维收入更有意义，正如多维标准成本比单维标准成本更有意义。

示例：

快递服务公司，产品即“货物＋路由”，为电冰箱，从北京到郑州；作业为送货作业。

多维组合收入的描述是：将电冰箱从北京快递至郑州，送货作业的收入是10元。

作业收入的描述是：送货作业的收入是12元。

即使同是送货作业，不同货物类型、不同路由的收入往往相差很大，所以仅作业维度的收入在很多情况下是没有意义的。

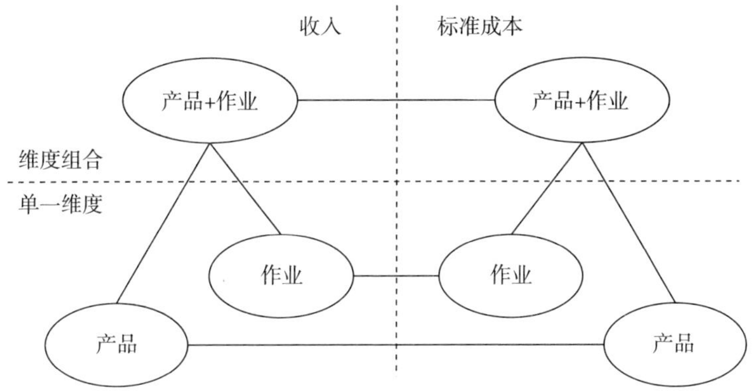

图6－6　多维组合收入的相关概念

(2) 多维组合收入与单维标准成本没有可比性，正如单维收入与多维标准成本没有可比性。

示例：

快递服务公司，电器的分拣作业收入是100元，即区分货物类型，也区分作业；张三的分拣作业标准成本是80元，即区分作业，不区分货物类型。据此，能够认为张三提供了20元的内部利润吗？显然不行。

快递服务公司，分拣作业收入是100元，即区分作业，不区分货物类型；张三对电器的分拣作业实际成本是80元，即区分作业，也区分货物类型。据此，能够认为张三提供了20元的内部利润吗？显然不行。

（3）多维组合收入，按照多维标准成本分摊。

例如，快递服务公司不同货物类型、不同路由、不同作业的收入，可按照相应货物类型、路由、作业的多维标准成本分摊，具体示例如下：

前提是：①货物类型是电器；②路由是广州至郑州。

在此前提下，本月全部快递单收入是 100 元；

在此前提下，各作业标准成本分别是 1 元、2 元、3 元、4 元；

则：在此前提下，各作业收入分别是 10 元、20 元、30 元、40 元。

连续用四个“前提”这个词，目的就是强调多维。有此前提的各作业收入，就是多维组合收入；没有此前提的各作业收入，就是单维收入。

（4）单维收入，按照单维标准成本分摊。

例如，快递服务公司不同作业的收入，可按照作业的单维标准成本分摊。

需要强调，收入只能按照标准成本分摊，不能按照实际成本分摊。实际业务时时刻刻都在发生，如果按照实际成本分摊，那按照哪一次的实际？难道是每一次的实际？那实际成本越高，收入岂不分得越多？这岂不是打击先进，鼓励落后？可能有人会说，标准成本不是参照实际成本制定的吗？是的，确实是参照，但也仅仅是参照。仅仅参照实际成本，不是参照仅仅一次实际成本，至少要参照比较普遍的、比较先进的实际成本。

实际成本、标准成本与收入的关系如图 6－7 所示。

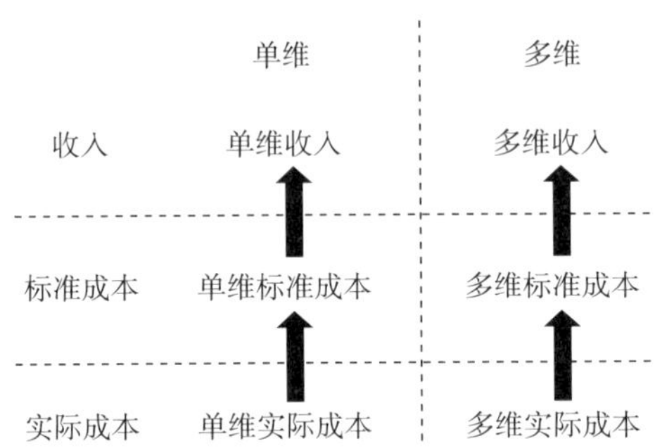

图 6－7　实际成本、标准成本、收入的关系

多维组合收入，在实务中应用的意义是巨大的。

1. 从“要我做”到“我要做”的转变

以往，公司管理人员在派发工单时很纠结，不清楚究竟安排哪个班组哪位员工才比较合适。因为大家都很忙，而且几乎一直忙，至少表面如此。强行摊派工单是一件得罪人的事，而且得罪了还未必能安排下去，安排下去也未必能做好。作为员工，多一事不如少一事，能推则推，不能推则慢慢磨。

收入体现多劳多得之后，公司管理人员在派发工单时仍会纠结，但那已是另外一种情况了。因为派发工单与派发收入、派发红包几乎没有区别，大家都干劲十足，工作量比以往大了很多，但仍有无穷无尽的潜力。各班组各员工以前所未有的积极性争抢工单，以不可思议的效率完成工单，因为接受工单与接受收入、完成工单与接受红包就是一回事。

2. 从“压”到“拉”的转变

以往，公司管理人员在监督任务执行时，主要是通过成本定额进行控制，对成本超支采取的是处罚的方式，对各项支出采取的是压的方式。

改革以后，公司管理人员在监督任务执行时，主要是通过收入透明进行引导，对成本控制采取的是激励的方式，对各项支出采取的是拉的方式。

从法无允许不可为的正面清单，到法无禁止即可为的负面清单，管理方式的转变，打开了追求利润的枷锁。班组或员工会自觉地减少一切不合理支出，因为控制成本不仅与公司的利润也与自己的绩效挂钩；班组或员工会自由地增加一切合理支出，因为合理的支出越多，完成的工作任务越多，这不仅与公司的收入也与自己的收入挂钩。即成本不是不可以做大，只要资源投入的是正确的地方。

多维组合收入的计算，使每张工单都具备了相应的市场价值，使绩效变得有章可循且公开透明。它使工单在员工眼里如同银行存单，员工到公司上班如同到银行存钱，劳动力价值的实现分布在每时每刻而不是集中于发工资的瞬间，幸福感是可想而知的。

我们在讲幸福感时也不能忘掉危机感。例如同样的作业，张三的实际成本是 10 元，李四的实际成本是 20 元，标准成本是 15 元。按照标准成本分摊的作业收入如果是 21 元，李四还可以继续在公司干活；如果张三的实际成本继续降低，李四原地踏步，相应的标准成本进一步降低，按照标准成本分摊的作业收入降低到 19.9 元，请问，李四还能在原地继续踏步吗？

我们再想一想，张三和李四，他们关心内部市场化的多维组合收入这一条数据，还是关心几十上百页的绩效考核、职级评审、奖惩制度、文化建设？市场化的考核是最权威的考核，市场化的评审是最公正的评审，市场化的奖惩是最有力的奖惩，市场化的文化是最健康的文化。如果现在企业有多个 IT 投资项目，是应该优先多维组合成本项目还是绩效考核等其他项目？我们并不否认制度和文化的力量，但制度和文化必须借助数据才能产生、凝聚和证明其力量。

二、收入比重分析

对各维度或维度组合的收入进行比重分析。

例如，快递服务公司的各“货物类型+路由”分摊得到的收入如表 6-16所示。

表 6-16　各“货物类型+路由”的收入

货物类型	路由	收入（元）
电器	广州到郑州	120
电器	广州到珠海	100
电器	郑州到北京	130
电器	郑州到广州	90
食品	广州到郑州	110
食品	广州到珠海	90
食品	郑州到北京	150
食品	郑州到广州	100

相应的比重如图 6-8 所示。

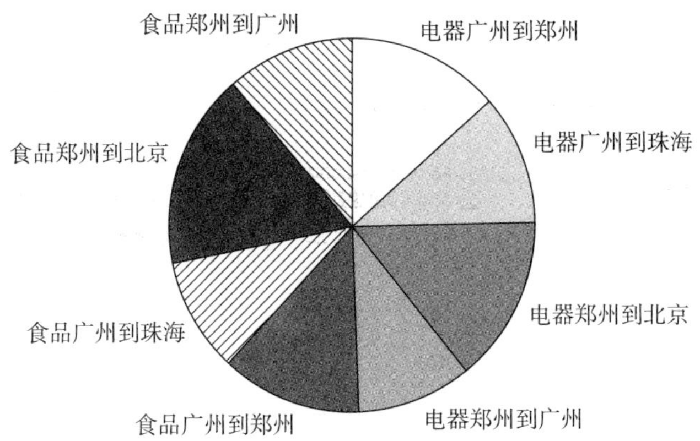

图6-8 各“货物类型+路由”的收入饼图

三、收入比较分析

对各维度或维度组合的收入进行比较分析。

例如，快递服务公司的各“货物类型+路由”分摊得到的收入如表6-17所示。

表6-17 各“货物类型+路由”的收入

货物类型	路　由	收　入（元）
电器	广州到郑州	120
电器	广州到珠海	100
电器	郑州到北京	130
电器	郑州到广州	90
食品	广州到郑州	110
食品	广州到珠海	90
食品	郑州到北京	150
食品	郑州到广州	100

相应的比较如图6-9所示。

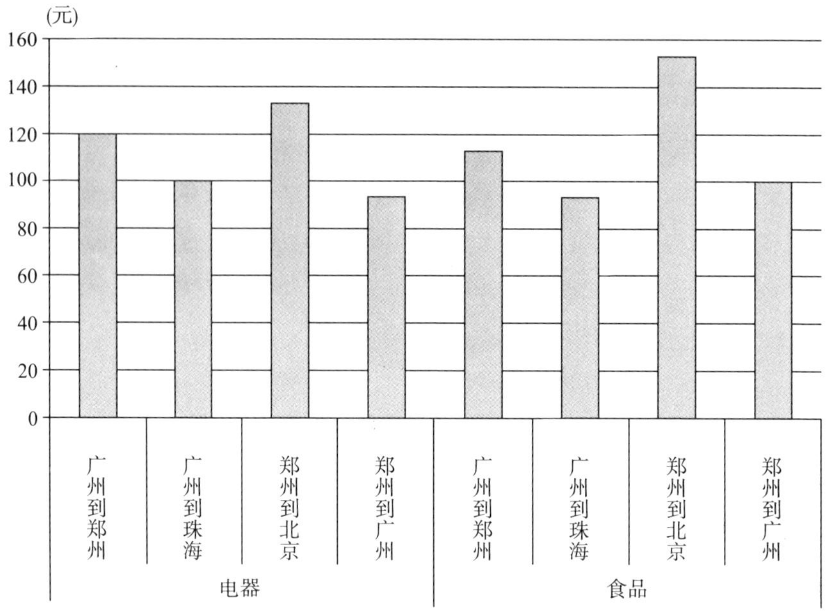

图 6－9　各“货物类型＋路由”的收入比较柱图

四、收入趋势分析

对各维度或维度组合的收入进行趋势分析。

例如，快递服务公司的各“货物类型＋路由”分摊得到的收入，上半年各月数据如表 6－18 所示。

表 6－18　各“货物类型＋路由”上半年的每月收入

单位：元

货物类型	路由	1 月	2 月	3 月	4 月	5 月	6 月
电器	广州到郑州	120	115	110	130	150	140
电器	广州到珠海	100	90	90	80	120	90
电器	郑州到北京	130	135	140	150	130	120
电器	郑州到广州	90	100	110	95	110	100

相应的趋势如图 6－10 所示。

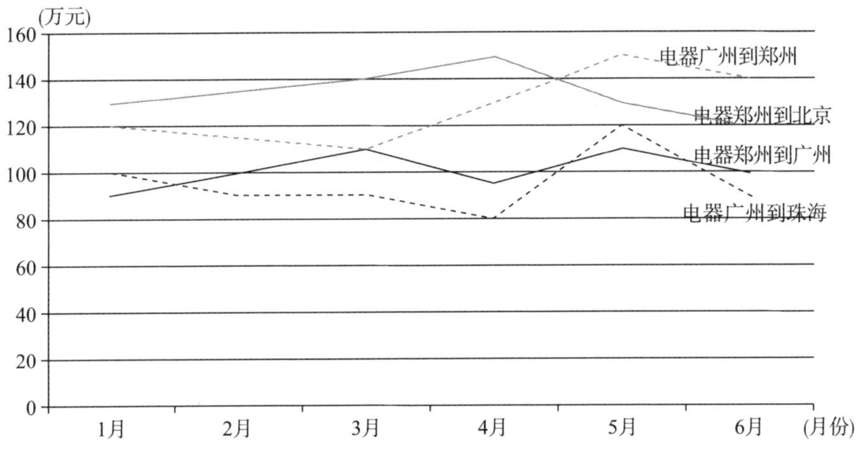

图6－10　各“货物类型＋路由”上半年每月收入趋势折线图

❸ 成本分析主题

一、成本比重分析

对各维度或维度组合的成本进行比重分析。

例如，快递服务公司的各“货物类型＋路由”的成本如表6－19所示。

表6－19　各“货物类型＋路由”的成本

货物类型	路　由	成　本（元）
电器	广州到郑州	100
电器	广州到珠海	70
电器	郑州到北京	110
电器	郑州到广州	70
食品	广州到郑州	100
食品	广州到珠海	60
食品	郑州到北京	120
食品	郑州到广州	90

相应的比重如图6－11所示。

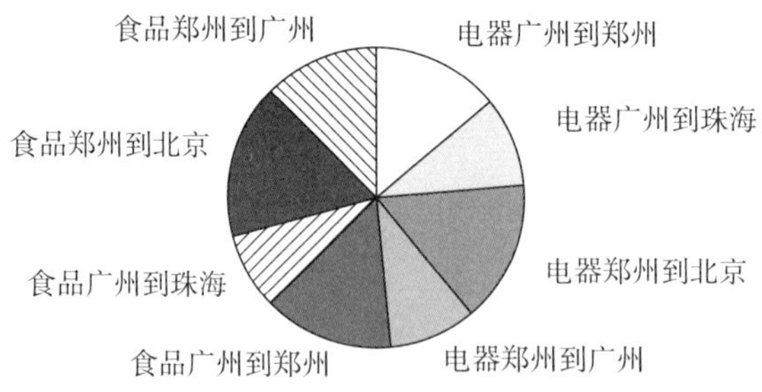

图6－11　各“货物类型＋路由”的成本饼图

二、成本比较分析

对各维度或维度组合的成本进行比较分析。

例如，快递服务公司的各“货物类型 + 路由”的成本如表 6 – 20 所示。

表 6 – 20　各“货物类型 + 路由”的成本

货物类型	路　由	成　本（元）
电器	广州到郑州	100
电器	广州到珠海	70
电器	郑州到北京	110
电器	郑州到广州	70
食品	广州到郑州	100
食品	广州到珠海	60
食品	郑州到北京	120
食品	郑州到广州	90

相应的比较如图 6 – 12 所示。

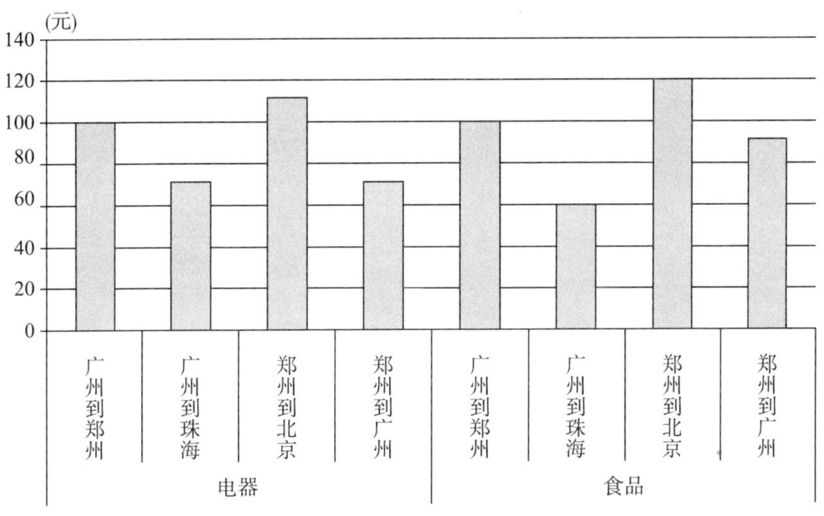

图 6 – 12　各“货物类型 + 路由”的成本比较柱图

三、成本趋势分析

对各维度或维度组合的成本进行趋势分析。

例如，快递服务公司的各“货物类型+路由”的成本，上半年各月数据如表6－21所示。

表6－21　各“货物类型+路由”上半年的每月成本

单位：元

货物类型	路由	1月	2月	3月	4月	5月	6月
电器	广州到郑州	100	100	75	100	120	120
电器	广州到珠海	70	80	70	90	90	60
电器	郑州到北京	110	115	90	120	110	100
电器	郑州到广州	70	90	80	85	100	90

相应的趋势如图6－13所示。

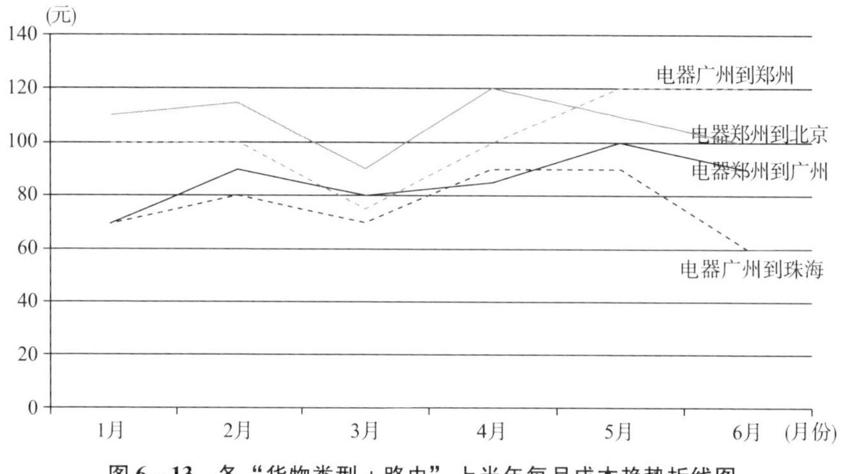

图6－13　各“货物类型+路由”上半年每月成本趋势折线图

④ 利润分析主题

收入和成本确定后，利润就水到渠成了。

一、利润比重分析

对各维度或维度组合的利润进行比重分析。

例如，快递服务公司的各“货物类型 + 路由”的利润如表 6 – 22 所示。

表 6 – 22 各“货物类型 + 路由”的利润

单位：元

货物类型	路由	收入	成本	利润
电器	广州到郑州	120	100	20
电器	广州到珠海	100	70	30
电器	郑州到北京	130	110	20
电器	郑州到广州	90	70	20
食品	广州到郑州	110	100	10
食品	广州到珠海	90	60	30
食品	郑州到北京	150	120	30
食品	郑州到广州	100	90	10

相应的比重如图 6 – 14 所示。

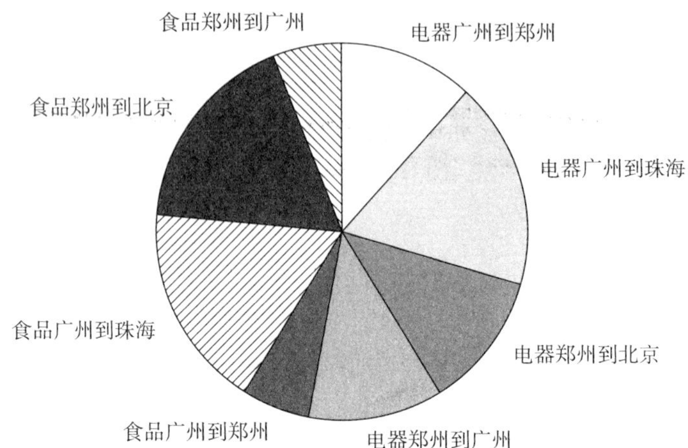

图 6－14　各“货物类型＋路由”的利润饼图

二、利润比较分析

对各维度或维度组合的利润进行比较分析。

例如，快递服务公司的各“货物类型＋路由”的利润如表 6－23 所示。

表 6－23　各“货物类型＋路由”的利润

单位：元

货物类型	路由	收入	成本	利润
电器	广州到郑州	120	100	20
电器	广州到珠海	100	70	30
电器	郑州到北京	130	110	20
电器	郑州到广州	90	70	20
食品	广州到郑州	110	100	10
食品	广州到珠海	90	60	30
食品	郑州到北京	150	120	30
食品	郑州到广州	100	90	10

相应的比较如图 6－15 所示。

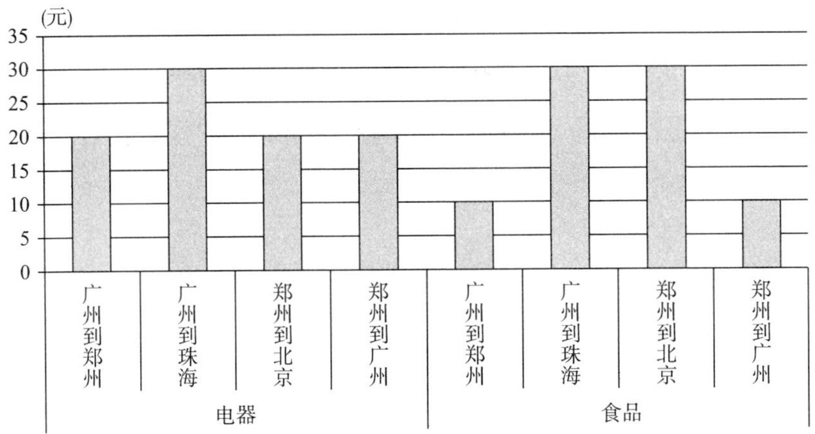

图 6-15 各“货物类型+路由”的利润比较柱图

三、利润趋势分析

对各维度或维度组合的利润进行趋势分析。

例如，快递服务公司的各“货物类型+路由”的利润，上半年各月数据如表 6-24 所示。

表 6-24 各“货物类型+路由”上半年的每月利润

单位：元

货物类型	路由	1 月	2 月	3 月	4 月	5 月	6 月
电器	广州到郑州	20	15	35	30	30	20
电器	广州到珠海	30	30	20	-10	30	30
电器	郑州到北京	20	20	50	30	20	40
电器	郑州到广州	20	10	30	10	20	10

相应的趋势如图 6-16 所示。

多维组合成本的数据分析是多维的，从而促进管理的精益化。例如传统 ABC 分析，可以明确重点客户或重点产品，而多维分析则可以明确重点“客户+产品”。重点客户并不是每种产品的交易都赚钱，它也有缺憾；重点产品并不是每位客户的交易都赚钱，它也有瑕疵。多维组合成本可以发现这些瑕疵，弥补这些缺憾，明确“客户＋产品”而不是客户或产品的ABC分类，实现多维组合的ABC分析。

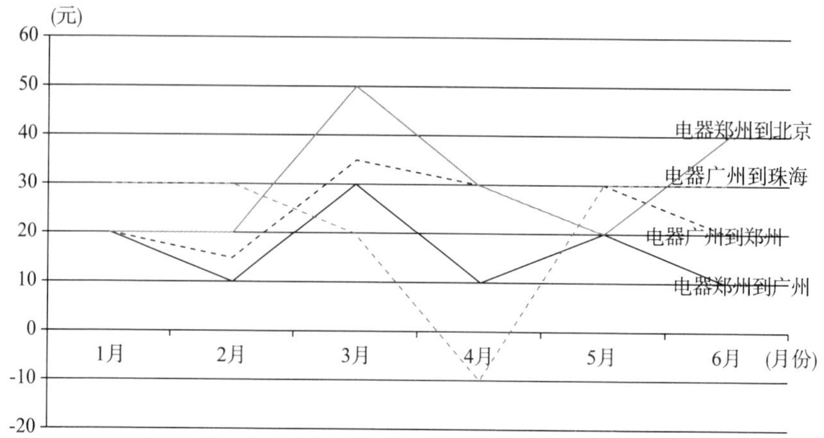

图6－16　各“货物类型＋路由”上半年每月利润趋势折线图

第七章
多维组合成本的数据挖掘

对于海量数据，仅仅依靠比重、比较、趋势分析是不够的，有时还要借助数据挖掘技术。这里是根据算法不同将数据分析和数据挖掘分开介绍的，数据分析在业务上的算法是加减乘除等，数据挖掘在业务上的算法是方差、相关、回归、概率、模拟等。

❶ 统计学分析

一、分布分析

（一）集中程度分析

1. 平均数

平均数即指标的平均水平。例如，客户、产品、作业、部门等多维组合的成本对象有100万个，总成本1000万元，则：

平均数＝1000÷100＝10（元）

2. 中位数

众多的成本对象，小于中位数的占一半，大于中位数的占一半。例如，客户、产品、作业、部门等多维组合的成本对象有100万个，成本的中位数为10元。即100万个成本对象中，成本大于10元的有50万个，成本小于10元的也有50万个。

3. 众数

众数是成本指标最普遍出现的值。例如，客户、产品、作业、部门等多维组合的成本对象有100万个，成本为10元的有8万个，数量最多，则成本的众数为10元。

（二）离散程度分析

1. 极差

即成本指标的最大值与最小值之差。例如，客户、产品、作业、部门等多维组合的成本对象有100万个，成本最大的为88元，最小的为33元，则：

极差＝88－33＝55元。

2. 四分位差

它是剔除1/4最大指标和1/4最小指标的成本对象后，剩余对象的极差除以2。例如，客户、产品、作业、部门等多维组合的成本对象有100万个，剔除25万个成本最大和25万个成本最小的成本对象，剩余50万个成本对象成本最大的为66元，最小的为44元，则：

四分位差 = 66 − 44 = 22元。

3. 平均差

即各成本对象的成本指标与平均数的差额的绝对值的平均数。例如，从客户、产品等维度组合中选择5个分析对象，成本分别为8元、9元、10元、11元、12元，则：

平均数 = (8 + 9 + 10 + 11 + 12) ÷ 5 = 10

平均差 = (|8 − 10| + |9 − 10| + |10 − 10| + |11 − 10| + |12 − 10|) ÷ 5 = 1.2

4. 方差

即各成本对象的成本指标与平均数的差额的平方的平均数。例如，从客户、产品等维度组合中选择5个分析对象，成本分别为8、9、10、11、12，则：

平均数 = (8 + 9 + 10 + 11 + 12) ÷ 5 = 10

方差 = $((8-10)^2+(9-10)^2+(10-10)^2+(11-10)^2+(12-10)^2)\div 5=2$

5. 标准差

即方差的平方根。例如，从客户、产品等维度组合中选择5个分析对象，方差为2，则：

标准差 = $2^{0.5}=1.414$。

6. 变异系数

即标准差除以平均数。例如，从客户、产品等维度组合中选择5个分析对象，标准差为1.414，平均数为10，则：

变异系数 = 1.414 ÷ 10 × 100% = 14.14%。

（三）斜尖程度分析

1. 偏度

即对象指标的不对称水平，用于衡量分布的偏斜程度，等于三阶中心动差除以标准差三次方。三阶中心动差，等于各对象指标与平均数的差额的三次方的平均数。

例如，从客户、产品等维度组合中选择5个分析对象，如果成本分别为8、9、10、21、12，则：

平均数 = $(8+9+10+21+12) \div 5 = 12$

三阶中心动差 = $((8-12)^3 + (9-12)^3 + (10-12)^3 + (21-12)^3 + (12-12)^3) \div 5 = 126$

方差 = $((8-12)^2 + (9-12)^2 + (10-12)^2 + (21-12)^2 + (12-12)^2) \div 5 = 22$

标准差 = $22^{0.5} = 4.69$

偏度 = $126 \div 4.69^3 = 1.221$

偏度大于0代表正偏斜如图7－1所示。

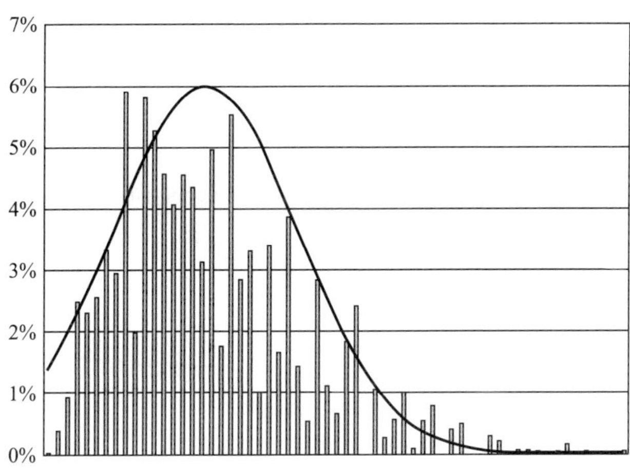

图7－1　偏度大于零

再如从客户、产品等维度组合中选择5个分析对象，如果成本分别为8、9、10、11、12，则：

平均数 = $(8+9+10+11+12) \div 5 = 10$

三阶中心动差 = $((8-10)^3 + (9-10)^3 + (10-10)^3 + (11-10)^3 + (12-10)^3) \div 5 = 0$

偏度 $=0$

偏度等于 0 代表正态分布如图 7－2 所示。

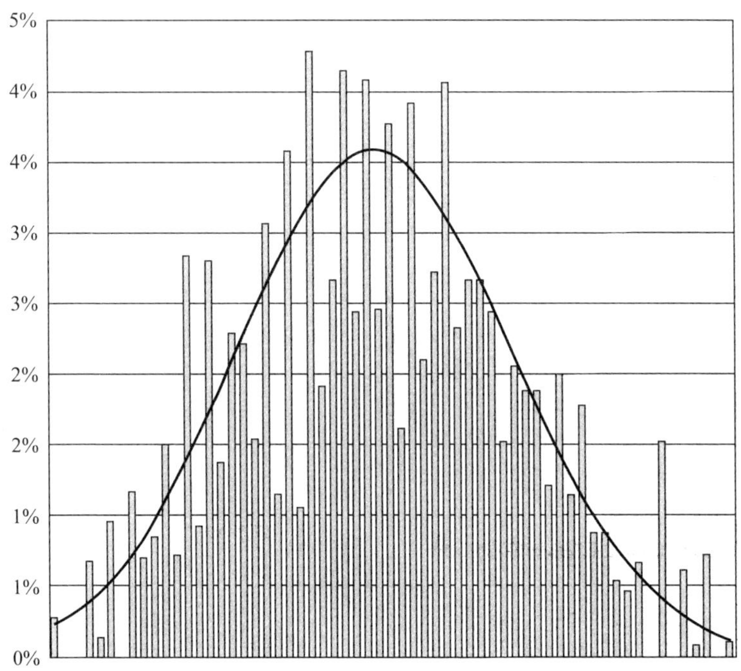

图 7－2　偏度等于零

再如从客户、产品等维度组合中选择 5 个分析对象，如果成本分别为 1、6、10、11、12，则：

平均数 $= (1+6+10+11+12) \div 5 = 8$

三阶中心动差 = $((1-8)^3 + (6-8)^3 + (10-8)^3 + (11-8)^3 + (12-8)^3) \div 5 = -50.4$

方差 = $((1-8)^2 + (6-8)^2 + (10-8)^2 + (11-8)^2 + (12-8)^2) \div 5 = 16.4$

标准差 $= 16.4^{0.5} = 4.05$

偏度 $= -50.4 \div 4.05^3 = -0.759$

偏度小于 0 代表负偏斜如图 7－3 所示。

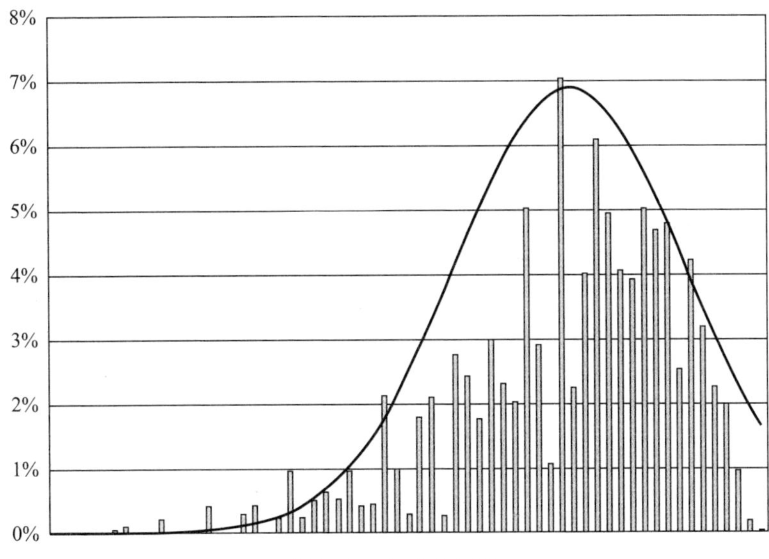

图 7－3　偏度小于零

2. 峰度

即对象指标的集中水平，用于衡量分布的尖峭程度，等于四阶中心动差除以标准差四次方再减 3。四阶中心动差，等于各对象指标与平均数的差额的四次方的平均数。

例如，从客户、产品等维度组合中选择 5 个分析对象，如果成本分别为 8、9、100、11、12，则：

平均数 = $(8+9+100+11+12) \div 5 = 28$

四阶中心动差 = $[(8-28)^4 + (9-28)^4 + (100-28)^4 + (11-28)^4 + (12-28)^4] \div 5 = 5462647$

方差 = $[(8-28)^2 + (9-28)^2 + (100-28)^2 + (11-28)^2 + (12-28)^2] \div 5 = 1298$

标准差 = $1298^{0.5} = 36.03$

峰度 = $5462647 \div 36.03^4 - 3 = 0.242$

峰度大于 0 表示分布比正态分布更集中，呈尖峰状如图 7－4 所示。

再如，从客户、产品等维度组合中选择 5 个分析对象，如果成本分别为 8、9、10、11、12，则：

平均数 = $(8+9+10+11+12) \div 5 = 10$

四阶中心动差 = （$(8-10)^4 + (9-10)^4 + (10-10)^4 + (11-10)^4 + (12-10)^4$）$\div 5 = 6.8$

方差 = （$(8-10)^2 + (9-10)^2 + (10-10)^2 + (11-10)^2 + (12-10)^2$）$\div 5 = 2$

标准差 $= 2^{0.5} = 1.414$

峰度 $= 6.8 \div 1.414^4 - 3 = -1.3$

峰度小于 0 表示分布比正态分布更分散，呈平坦状如图 7 –5 所示。

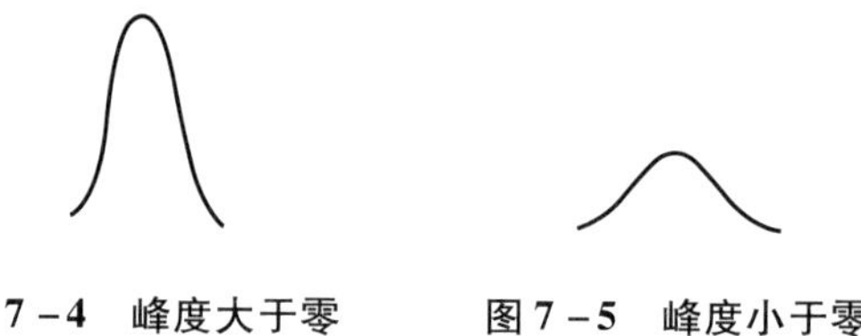

图 7 –4　峰度大于零　　　图 7 –5　峰度小于零

分布分析可以结合比较、趋势等分析，例如对于选择的众多成本对象，可以计算各类成本项目的各类分布指标如表 7 –1 所示。

表 7 –1　各类成本项目的各分布指标

分布指标类别	分布指标	修理费	折旧费	人工费
集中程度	平均数	20	25	17
	中位数	23	26	18
	众数	25	28	20
离散程度	极差	11	15	20
	四分位差	6	8	4
	平均差	2.6	2.2	2.5
	标准差	2.4	2	2.5
	变异系数（%）	12	8	14.5

基于成本项目的分布指标，可进行比较、趋势等分析如图 7 –6 所示。

在进行分布分析时，我们可以针对关注的重点，选择或大或小的成本对象范围，选择或多或少的成本项目。可供选择的成本对象数量很多，成本项目很多，总的来说计算工作量很大，不仅对算法要求高，而且对性能要求高。对于这把深度挖掘数据特征的瑞士军刀，我们可以不去掌握它的加工过程，但至少要知道它的应用场景和业务意义。

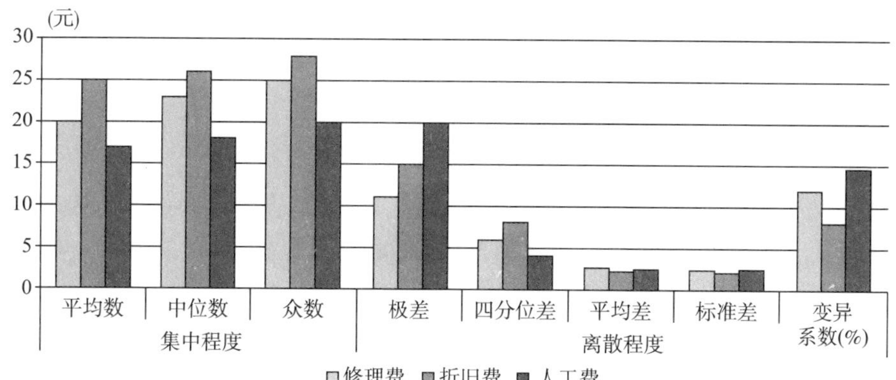

图7-6 成本项目的分布指标比较分析

二、平均成本与单位成本

在客户、产品、作业、部门的多维组合模型中，产品维、作业维涉及数量，客户维、部门维不涉及数量。例如某产品有其销量，某作业有其作业量，某客户或某部门不存在数量多少的说法。

（1）对客户维、部门维，平均成本与单位成本是相同的。

示例如下：

A 客户成本是 100 元，B 客户成本是 200 元，则：

客户平均成本 = 单位客户成本 = （100 + 200） ÷ 2 = 150 元

（2）对产品维，平均成本与单位成本是不同的。

示例如下：

A 产品数量是 20，成本是 100 元；B 产品数量是 50，成本是 200 元。则：

产品平均成本 = （100 + 200） ÷ 2 = 150 元

A 产品单位成本 = 100 ÷ 20 = 5 元

B 产品单位成本 = 200 ÷ 50 = 4 元

（3）对作业维，平均成本与单位成本是不同的。

示例如下：

A 作业量是 20，成本是 100 元；B 作业量是 50，成本是 200 元，则：

作业平均成本 = （100 + 200）÷ 2 = 150 元

A 作业单位成本 = 100 ÷ 20 = 5 元

B 作业单位成本 = 200 ÷ 50 = 4 元

（4）产品维和作业维，数量的表现形式不同。

产品维的数量表现形式是单一的，如产品产量；作业维的数量表现形式是多样的，如运输距离、服务次数等。因此，单位作业成本的表现形式也是多样的。

示例如下：

运输作业的成本是 100 元，运输距离是 5 里，则单位运输作业成本 = 100 ÷ 5 = 20 元/里

客服作业的成本是 100 元，服务次数是 5 次，则单位客服作业成本 = 100 ÷ 5 = 20 元/次

（5）数量不仅是单位成本计算依据，而且是费用分摊依据。

示例如下：

运输作业的成本是 100 元，分摊标准是运输距离。A 客户是 3 里，B 客户是 2 里，则：

A 客户运输作业成本 = 3 × 100 ÷ （3 + 2） = 60 元

B 客户运输作业成本 = 2 × 100 ÷ （3 + 2） = 40 元

需要说明的是，成本平均数不同于平均成本和单位成本。成本在某一维度的平均数，是这一维度的成本，除以这一维度包含的明细维度的数量。它反映成本在这一维度的集中程度。

示例如下：

“客户 + 产品”的成本数据如表 7 – 2 所示。

表 7 – 2 “客户 + 产品”的成本数据

客　户	产　品	成　本（元）
省二院	阿司匹林	100
省二院	白加黑	100
省二院	冷香丸	100

续表

客　户	产　品	成　本（元）
省二院	水丸	100
妇幼医院	阿司匹林	120
妇幼医院	白加黑	120
妇幼医院	冷香丸	120

应用 Excel 数据透视表功能，计算平均数如图 7－7 所示。

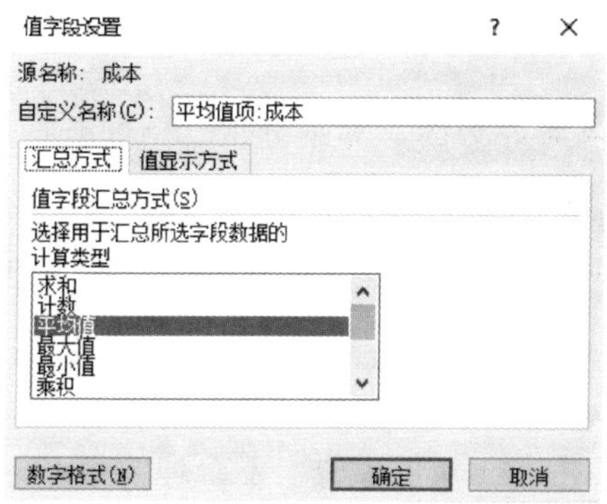

图 7－7　Excel 数据透视表的值字段设置

成本在客户维度的平均数计算结果如图 7－8 所示。

客户	平均值项:成本
妇幼医院	120
省二院	100
总计	108.5714286

图 7－8　成本在客户维度的平均数

计算结果说明：

妇幼医院的成本平均数 120 元，等于妇幼医院的成本 360 元除以妇幼医院包含的明细维度数 3。

省二院的成本平均数 100 元，等于省二院的成本 400 元除以省二院包含的明细维度数 4。

总计的成本平均数 108.57 元，等于总计的成本 760 元除以总计包含的明细维度数 7。

三、统计分组分析

我们可以按维度来查询分析指标，也可以按指标来查询分析维度。按指标来查询分析维度时，由于具体指标值太多，需要先对指标值进行分组。分组的方法包括：

（1）**单项式分组与组距式分组**。单项式分组，例如查询成本为 100 元的产品有多少；组距式分组，例如查询成本在 100 元至 1000 元之间的产品有多少。

（2）**等距分组与异距分组**。等距分组，例如查询成本在 1 元至 1000 元、1000 元至 2000 元、200 元 0 至 3000 元之间的产品分别有多少；异距分组，例如查询成本在 1 元至 100 元、100 元至 1000 元、1000 元至 10000 元之间的产品分别有多少。

如果制定了分组标准，查询分析是比较简单的，但制定分组标准本身却并不容易，特别是在数据量巨大时。不合理的分组标准不但无法反映分布特征，而且会把不同性质的数据混在一起导致扭曲实际情况。为了制定合理的分组标准以正确反映分布特征，需应用聚类技术。一些专业的统计学软件提供了聚类算法。

②
成本性态分析

一、成本性态的概念

企业管理人员一般想知道数量对利润的影响，即分别对收入和成本的影响。根据数量和单价可以估计收入，但不能根据数量和单位成本估计总成本，因为数量变化后，单价一般不变，单位成本却会变。例如产品的单位成本可能随着产量的变动而变动，多维组合的单位成本可能随着作业量的变动而变动。这就要研究成本和数量的关系，将成本区分为固定成本与变动成本，建立成本、数量和利润之间的关系，进行本量利分析。

本量利分析的前提是成本性态分析。成本性态分为固定成本、变动成本和混合成本。

(1) **固定成本**，即在一定时期和一定数量范围内，总额不受数量变动影响的成本。可见，单位固定成本随着数量变动而发生反向变动。

(2) **变动成本**，即在一定时期和一定数量范围内，总额随着数量变动而发生正向变动的成本。可见，单位变动成本不受数量变动影响。

(3) **混合成本**，即总额随着数量的变动而变动，但不与其成正比例变动。它介于固定成本和变动成本之间，可以将其分解成固定成本和变动成本两部分。

成本性态分析的方法是成本分解。

二、基于产品的成本分解

现有 X（销量）和 Y（成本）两组数据，对 X 与 Y 计算相关系数拟合回归方程，可得到 $Y = a + b \times X$。

如果把 X 作为销量，把 Y 作为成本，即可得到成本 $= a + b \times$ 销量。此时统计学计算就具备了业务意义，a 即是固定成本，b 即是单位变动成本。

单元回归的成本分解可基于 Excel 电子表格实现。例如，在工作表中录入数据如表 7－3 所示。

表 7－3　在工作表中录入数据

	A	B	C
1	月份	销量（X）	成本（Y）
2	1月	46.32	15436
3	2月	55.34	16430
4	3月	52.38	26512
5	4月	57.15	17465
6	5月	55.47	16983
7	6月	54.64	17427
8	7月	63.72	19632
9	8月	70.07	23074
10	9月	99.62	33653
11	10月	103.33	34616
12	11月	115.35	35141
13	12月	120.45	38427
14			
15	**计算：**		
16	单位变动成本		
17	固定成本		

在工作表单元格中录入公式：

B16：＝LINEST（B2：B13，A2：A13）

B17：＝INTERCEPT（B2：B13，A2：A13）

此时即可完成成本分解，工作表如表 7－4 所示。函数说明：

（1）关于 Linest 函数

功能：使用最小二乘法对已知数据进行最佳直线拟合，并返回描述此直线的数组。

语法：Linest（known_y′s，known_x′s，const，stats）

参数：

known_y′s：是关系表达式 y＝mx＋b 中已知的 y 值集合。

known_x′s：是关系表达式 y＝mx＋b 中已知的可选 x 值集合。

const：为一逻辑值，用于指定是否将常量 b 强制设为 0。

stats：为一逻辑值，指定是否返回附加回归统计值。

表 7-4 成本分解结果

	A	B	C
1	月份	销量（X）	成本（Y）
2	1月	46.32	15436
3	2月	55.34	16430
4	3月	52.38	26512
5	4月	57.15	17465
6	5月	55.47	16983
7	6月	54.64	17427
8	7月	63.72	19632
9	8月	70.07	23074
10	9月	99.62	33653
11	10月	103.33	34616
12	11月	115.35	35141
13	12月	120.45	38427
14			
15	计算：		
16	单位变动成本	300.03	
17	固定成本	2,218.06	

（2）关于 Intercept 函数

功能：利用现有的 x 值与 y 值计算直线与 y 轴的截距。

语法：Intercept（known_y′s，known_x′s）

参数：

known_y′s：为因变的观察值或数据集合。

known_x′s：为自变的观察值或数据集合。

三、基于作业的成本分解

现有 X1、X2、X3、X4、X5 和 Y 六组数据，对 X1、X2、X3、X4、X5 与 Y 计算复相关系数拟合多元回归方程，可得到 $Y = a + b1 \times X1 + b2 \times X2 + b3 \times X3 + b4 \times X4 + b5 \times X5$。

如果把 X1、X2、X3、X4、X5 分别作为工序 1、工序 2、工序 3、工序 4、工序 5 的作业量，把 Y 作为成本，即可得到成本 = a + b1 × 作业量 1 + b2 × 作业量 2 + b3 × 作业量 3 + b4 × 作业量 4 + b5 × 作业量 5。此时统计学计算就具备了业务意义，a 即是固定成本，b1、b2、b3、b4、b5 即分别是五道工序的单位变动成本。

多元回归的成本分解可基于 Excel 电子表格实现。例如，在工作表中录入数据如表7－5所示。

表7－5　在工作表中录入数据

	A	B	C	D	E	F	G
1	月份	作业量(X1)	作业量(X2)	作业量(X3)	作业量(X4)	作业量(X5)	成本(Y)
2	1	46.32	4	1.50	5.1	1	2423.00
3	2	55.34	5	1.55	4.5	1	2580.00
4	3	52.38	10	2.00	2.2	2	2600.00
5	4	57.15	8	1.68	4.1	1	2650.00
6	5	55.47	8	1.70	3.6	1	2610.00
7	6	54.64	8	1.68	3	2	2650.00
8	7	63.72	9	1.78	2.8	2	2800.00
9	8	70.07	12	1.90	2.7	2	3000.00
10	9	99.62	16	2.50	2.65	3	4000.00
11	10	103.33	17	2.55	2.6	3	4100.00
12	11	115.35	20	2.60	1.5	3	4050.00
13	12	120.45	22	2.90	1.2	4	4500.00

点击“数据分析”，选择“回归”，点“确定”。如图7－9所示。

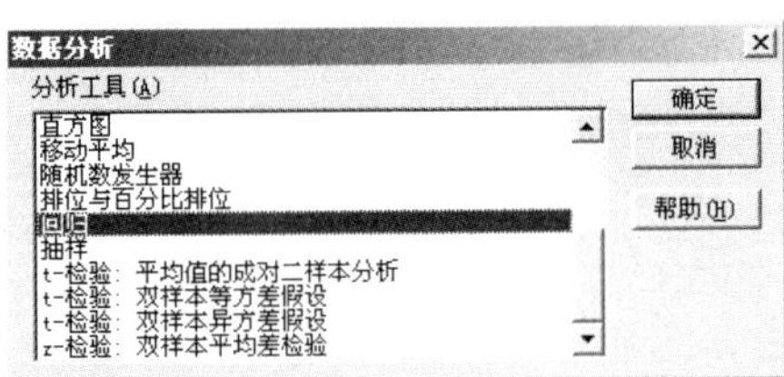

图7－9　Excel数据分析功能界面

“回归”界面如图7－10所示。

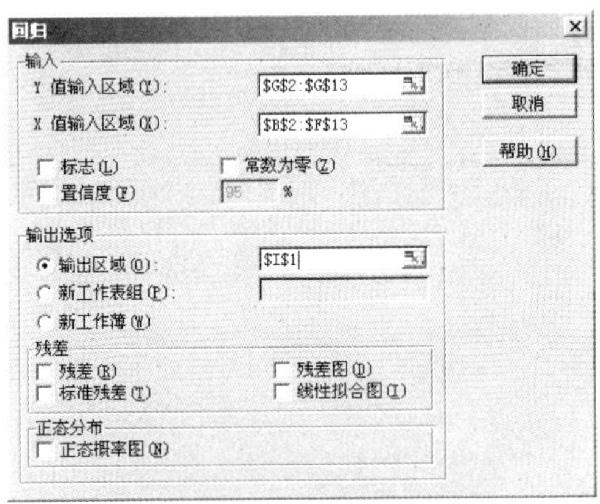

图7－10　Excel回归功能界面

Y 值输入区域：$G $2：$G $13

X 值输入区域：$B $2：$F $13

输出区域：$I $1

点“确定”，此时即可完成成本分解，工作表如图 7－11 所示。

	I	J	K	L	M	N	O	P	Q
1	SUMMARY OUTPUT								
2									
3	回归统计								
4	Multiple R	0.998273683							
5	R Square	0.996550346							
6	Adjusted R Square	0.993675635							
7	标准误差	60.41214475							
8	观测值	12							
9									
10	方差分析								
11		df	SS	MS	F	Significance F			
12	回归分析	5	6325917.153	1265183.431	346.6610012	2.68354E-07			
13	残差	6	21897.7634	3649.627233					
14	总计	11	6347814.917						
15									
16		Coefficients	标准误差	t Stat	P-value	Lower 95%	Upper 95%	下限 95.0%	上限 95.0%
17	Intercept	5.169523745	273.5358471	0.018898889	0.985534556	-664.1485809	674.4876284	-664.1485809	674.4876284
18	X Variable 1	14.80118775	4.672358434	3.167819413	0.019372171	3.368338547	26.23403695	3.368338547	26.23403695
19	X Variable 2	21.83364878	35.1092653	0.62187712	0.556898812	-64.07562841	107.742926	-64.07562841	107.742926
20	X Variable 3	419.0759022	259.4105656	1.615492805	0.157331265	-215.6788838	1053.830688	-215.6788838	1053.830688
21	X Variable 4	174.4893535	64.31948834	2.712853569	0.034973198	17.10523551	331.8734715	17.10523551	331.8734715
22	X Variable 5	206.5198064	76.23066581	2.709143416	0.035146067	19.99008717	393.0495256	19.99008717	393.0495256

图 7－11　成本分解结果

成本分解结果代表的业务意义说明如下：

Multiple R：复相关系数

Coefficients 列与 X Variable 1 行的交叉点：工序 1 的单位变动成本

Coefficients 列与 X Variable 2 行的交叉点：工序 2 的单位变动成本

Coefficients 列与 X Variable 3 行的交叉点：工序 3 的单位变动成本

Coefficients 列与 X Variable 4 行的交叉点：工序 4 的单位变动成本

Coefficients 列与 X Variable 5 行的交叉点：工序 5 的单位变动成本

Coefficients 列与 Intercept 行的交叉点：固定成本

需要说明以下几点：

（1）多元回归前要进行相关分析，多元回归后要进行检验分析。

（2）历史数据应尽可能全面准确。

（3）多业务成本分解不是单业务成本分解的简单相加。例如：

工序 1 进行成本分解，计算出了工序 1 的单位变动成本和固定成本，如工序 1 成本 =30 +5 × 工序 1 作业量；

工序 2 进行成本分解，计算出了工序 2 的单位变动成本和固定成本，如工序 2 成本 =70 +6 × 工序 2 作业量。

现对工序 1 和工序 2 同时进行成本分解，则工序 1、工序 2 的单位变动成本、固定成本与各自单独进行成本分解的结果会不同，即结果不会是：总成本 =5 × 工序 1 作业量 +6 × 工序 2 作业量 +100，原因是工序 1 和工序 2 会发生相互影响。

回归是与相关联系在一起的。同样的数据不同的场景，相关性变了，回归结果就自然变了。

在单业务成本分解时，如工序 1 与总成本的密切程度，是单相关系数；

在多业务成本分解时，工序 1、工序 2、工序 3、工序 4、工序 5 与总成本的密切程度，是复相关系数；假设其他工序的作业量不变，某一工序与总成本的密切程度，是偏相关系数。偏相关系数小于单相关系数，因为单相关系数包含有其他因素的影响，偏相关系数排除了其他因素的影响。

（4）回归方程不需要非常精确。

成本性态分析属于管理会计范畴，数据不要求像财务会计那么精确。忽略有限的缺陷不影响信息的使用，却可以大大简化数据加工过程，例如：

超过一定范围成本性态发生变化的情况是可能有的，如工资费用是固定成本，而加班工资却是变动成本。

超过一定范围单位变动成本发生变化的情况是可能有的，如运输费用是变动成本，但单位变动成本随运输里程的增加而递减，类似于化工医药等行业的损耗率呈阶梯形递减，例如运输 100 公里单位变动成本是 3 元/公里，运输 1000 公里单位变动成本可能是 2. 5 元/公里等。

对以上情况，可以简化处理。

③ 本量利分析

通过成本性态分析，可得到单位变动成本和固定成本，从而将数量、单价、单位变动成本、固定成本、利润统一于一个数学模型，就可以做本量利分析了，包括利润预测、盈亏平衡和敏感性分析。

利润预测分析：根据数量、单价、单位变动成本、固定成本等，预测相应的利润。

盈亏平衡分析：根据既定的利润目标，反过来计算数量、单价、单位变动成本、固定成本等应该达到或控制在什么水平。以零为利润目标时的水平，就是盈亏临界点。

敏感性分析：数量、单价、单位变动成本、固定成本等因素都会影响目标利润，但影响程度不同。有的因素发生微小变化就会使利润发生很大变化，这类因素即为敏感因素。有的因素发生很大变化只是使利润发生很小变化，这类因素即为不敏感因素。我们用敏感系数反映敏感程度，它是各因素变动百分比与利润变动百分比之间的比率。

一、基于产品的本量利分析

（一）基于产品的利润预测分析

利润 = 销量 ×（单价 − 单位变动成本）− 固定成本

（二）基于产品的盈亏平衡分析

（1）销量盈亏平衡分析

销量 =（利润 + 固定成本）÷（单价 − 单位变动成本）

（2）单价盈亏平衡分析

单价 =（利润 + 固定成本）÷ 销量 + 单位变动成本

（3）单位变动成本盈亏平衡分析

单位变动成本 = 单价 －（利润 + 固定成本）÷ 销量

（4）固定成本盈亏平衡分析

固定成本 = 销量 ×（单价 － 单位变动成本）－ 利润

（三）基于产品的敏感性分析

（1）销量敏感分析

销量敏感系数 = 利润变动百分比 ÷ 销量变动百分比

利润变动百分比 =（销量变动后利润 － 变动前利润）÷ 变动前利润

销量变动后利润 = 销量 ×（1 + 销量变动百分比）×（单价 － 单位变动成本）－ 固定成本

（2）单价敏感分析

单价敏感系数 = 利润变动百分比 ÷ 单价变动百分比

利润变动百分比 =（单价变动后利润 － 变动前利润）÷ 变动前利润

单价变动后利润 = 销量 ×［单价 ×（1 + 单价变动百分比）－ 单位变动成本］－ 固定成本

（3）单位变动成本敏感分析

单位变动成本敏感系数 = 利润变动百分比 ÷ 单位变动成本变动百分比

利润变动百分比 =（单位变动成本变动后利润 － 变动前利润）÷ 变动前利润

单位变动成本变动后利润 = 销量 ×［单价 － 单位变动成本 ×（1 + 单位变动成本变动百分比）］－ 固定成本

（4）固定成本敏感分析

固定成本敏感系数 = 利润变动百分比 ÷ 固定成本变动百分比

利润变动百分比 =（固定成本变动后利润 － 变动前利润）÷ 变动前利润

固定成本变动后利润 = 销量 ×（单价 － 单位变动成本）－ 固定成本 ×（1 + 固定成本变动百分比）

二、基于作业的本量利分析

（一）基于作业的利润预测分析

利润 = 各作业的作业量 × （各作业单价 - 各作业单位变动成本）- 固定成本

（二）基于作业的盈亏平衡分析

（1）作业量盈亏平衡分析

某作业的作业量 = ［利润 + 固定成本 - 其他作业的作业量 × （其他作业的单价 - 其他作业的单位变动成本）］÷（该作业单价 - 该作业单位变动成本）

（2）单价盈亏平衡分析

某作业的作业单价 = ［利润 + 固定成本 - 其他作业的作业量 × （其他作业的单价 - 其他作业的单位变动成本）］ ÷该作业的作业量 + 该作业单位变动成本

（3）单位变动成本盈亏平衡分析

某作业的单位变动成本 = 某作业单价 - ［利润 + 固定成本 - 其他作业的作业量 × （其他作业的单价 - 其他作业的单位变动成本）］ ÷该作业的作业量

（4）固定成本盈亏平衡分析

固定成本 = 各作业作业量 × （各作业单价 - 各作业单位变动成本）- 利润

（三）基于作业的敏感性分析

（1）作业量敏感分析

某作业的作业量敏感系数 = 利润变动百分比 ÷ 某作业的作业量变动百分比

利润变动百分比 = （某作业的作业量变动后利润 - 变动前利润）÷ 变动前利润

某作业的作业量变动后利润 = 该作业的作业量 × （1 + 该作业的作业

量变动百分比）×（该作业单价 - 该作业单位变动成本）+其他作业的作业量×（其他作业单价 - 其他作业单位变动成本）- 固定成本

（2）单价敏感分析

某作业的作业单价敏感系数 = 利润变动百分比 ÷ 某作业的作业单价变动百分比

利润变动百分比 =（某作业的作业单价变动后利润 - 变动前利润）÷ 变动前利润

某作业的作业单价变动后利润 = 该作业的作业量×［该作业的作业单价×（1 + 该作业的作业单价变动百分比）- 该作业的单位变动成本］+ 其他作业的作业量×（其他作业单价 - 其他作业单位变动成本）- 固定成本

（3）单位变动成本敏感分析

某作业的单位变动成本敏感系数 = 利润变动百分比 ÷ 某作业的单位变动成本变动百分比

利润变动百分比 =（某作业的单位变动成本变动后利润 - 变动前利润）÷ 变动前利润

某作业的单位变动成本变动后利润 = 该作业的作业量×［该作业的作业单价 - 该作业的单位变动成本×（1 + 该作业的单位变动成本变动百分比）］+ 其他作业的作业量×（其他作业单价 - 其他作业单位变动成本）- 固定成本

（4）固定成本敏感分析

固定成本敏感系数 = 利润变动百分比 ÷ 固定成本变动百分比

利润变动百分比 =（固定成本变动后利润 - 变动前利润）÷ 变动前利润

固定成本变动后利润 = 各作业的作业量×（各作业的作业单价 - 各作业的单位变动成本）- 固定成本×（1 + 固定成本变动百分比）

基于作业的利润概率预测

在现实生活中，未来充满了不确定性，譬如股市的震荡、人生的起伏。如果一切都是确定的，都是因果关系写死的宿命，逻辑程序锁定的必然，那未来就不叫未来了，就没有历史、现实和未来的区别了。

这种不确定性也体现在了利润预测上。基于本量利分析模型进行利润预测时，各作业的作业量是唯一的一个值，相应的预测结果也是确定的。但现实情况下，各作业的作业量并不能假定唯一值，而是有多种可能。例如现有四项作业 A、B、C、D，作业量的可能值及其概率如表7－6所示。

表7－6　作业量的可能值及其概率

作业 A	
概率%	作业量
5	150
20	155
20	160
30	165
20	170
3	175
2	180

作业 B	
概率%	作业量
3	20
20	22
20	24
30	25
20	26
4	28
3	30

作业 C	
概率%	作业量
2	800
20	850
20	900
30	950
20	1000
6	1050
2	1100

作业 D	
概率%	作业量
5	100
20	105
50	110
20	115
5	120

假设作业 A、B、C、D 的单价分别为 90 元、100 元、82 元、95 元，单位变动成本分别为 86 元、97 元、80 元、90 元，固定成本为 1000 元。此时利润预测模型为：

利润＝各作业的作业量×（各作业单价－各作业单位变动成本）－固定成本

＝A作业量×（90－86）＋B作业量×（100－97）＋C作业量×（82－80）＋D作业量×（95－90）－1000

＝4×A作业量＋3×B作业量＋2×C作业量＋5×D作业量－1000

面对这种情况的利润预测有多种方法。

一、期望值法

期望值法是传统上经常采用的方法，它将各种各样的可能值按概率加权得出唯一一个期望值，再进行利润预测。具体计算过程如下：

A作业量＝150×5%＋155×20%＋160×20%＋165×30%＋170×20%＋175×3%＋180×2%＝162.90

B作业量＝20×3%＋22×20%＋24×20%＋25×30%＋26×20%＋28×4%＋30×3%＝24.52

C作业量＝800×2%＋850×20%＋900×20%＋950×30%＋1000×20%＋1050×6%＋1100×2%＝936

D作业量＝100×5%＋105×20%＋110×50%＋115×20%＋120×5%＝110

利润＝4×A作业量＋3×B作业量＋2×C作业量＋5×D作业量－1000

＝4×162.90＋3×24.52＋2×936＋5×110－1000

＝2147元

期望值法有着很大的缺陷，就是它对各种各样的可能只给出了唯一一个预测结果，这个预测结果经常与实际并不相符但又无法解释不相符的原因。

二、蒙特卡罗模拟

蒙特卡罗是摩纳哥的一个赌城，蒙特卡罗模拟最初起源于一个游戏。在一个边长为1的正方形内有个不规则图形如图7－12所示。如何算出这个不规则图形的面积呢？

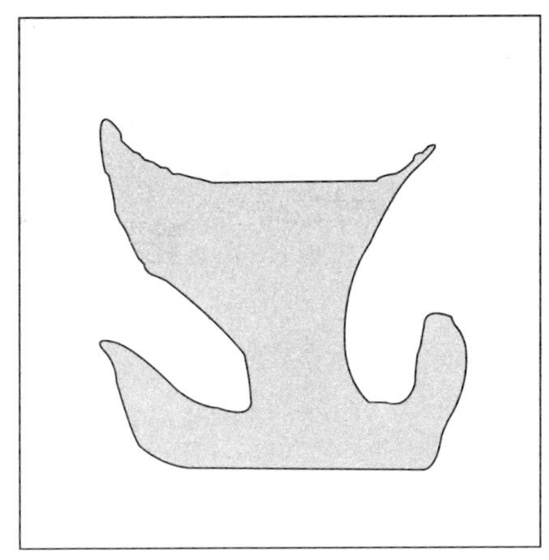

图 7－12　正方形内的不规则图形

现在让一群小孩拿针往这个正方形里投，投的次数越多越好。我们记录投在正方形内的有多少针，其中有多少针投在了这个不规则图形内。然后用落在不规则图形内的数量除以落在正方形内的数量，就得到了这个不规则图形的面积。这就是数学史上的著名游戏——投针试验。

蒙特卡罗模拟是 20 世纪 40 年代随着科学技术的发展而发明的非常重要的计算方法。它以统计理论为指导，使用随机数或伪随机数来解决预测问题，特点是万次情景仿真模拟，随机变量全值估计，概率结果完全涵盖，预测风险精确度量，在工程、计量、经济学等众多领域有着广泛应用。

对于 A、B、C、D 四项作业的作业量的可能值及其概率，下面基于 Excel 电子表格介绍蒙特卡罗模拟的步骤和结果。

第一步

在工作表中录入各作业的作业量及相应概率，计算累计概率，填写对应随机数如表 7－7 所示。

表 7－7　各作业的作业量和相应概率

A作业				B作业				C作业				D作业			
概率	累计概率	对应随机数	作业量	概率	累计概率	对应随机数	作业量	概率	累计概率	对应随机数	作业量	概率	累计概率	对应随机数	作业量
5%	5%	0	150	3%	3%	0	20	2%	2%	0	800	5%	5%	0	100
20%	25%	5	155	20%	23%	3	22	20%	22%	2	850	20%	25%	5	105
20%	45%	25	160	20%	43%	23	24	20%	42%	22	900	50%	75%	25	110
30%	75%	45	165	30%	73%	43	25	30%	72%	42	950	20%	95%	75	115
20%	95%	75	170	20%	93%	73	26	20%	92%	72	1000	5%	100%	95	120
3%	98%	95	175	4%	97%	93	28	6%	98%	92	1050				
2%	100%	98	180	3%	100%	97	30	2%	100%	98	1100				

操作说明：

累计概率，即概率的顺序累计。

对应随机数，即上一行累计概率乘以 100。

第二步

在工作表中设置表格，定义表格单元格公式如表 7 -8 所示。

表 7 -8　设置表格并定义公式

A作业

概率	累计概率	对应随机数	作业量
5%	5%	0	150
20%	25%	5	155
20%	45%	25	160
30%	75%	45	165
20%	95%	75	170
3%	98%	95	175
2%	100%	98	180

B作业

概率	累计概率	对应随机数	作业量
3%	3%	0	20
20%	23%	3	22
20%	43%	23	24
30%	73%	43	25
20%	93%	73	26
4%	97%	93	28
3%	100%	97	30

C作业

概率	累计概率	对应随机数	作业量
2%	2%	0	800
20%	22%	2	850
20%	42%	22	900
30%	72%	42	950
20%	92%	72	1000
6%	98%	92	1050
2%	100%	98	1100

D作业

概率	累计概率	对应随机数	作业量
5%	5%	0	100
20%	25%	5	105
50%	75%	25	110
20%	95%	75	115
5%	100%	95	120

模拟过程

A作业		B作业		C作业		D作业		利润
随机数	作业量	随机数	作业量	随机数	作业量	随机数	作业量	
5	150	51	25	28	900	78	115	2050
91	170	5	22	12	850	14	105	1971
22	155	58	25	84	1000	64	110	2245
86	170	27	24	32	900	89	115	2127
94	170	76	26	73	1000	40	110	2308
34	160	85	26	98	1050	14	105	2343
78	170	73	25	15	850	79	115	2030
32	160	18	22	33	900	18	105	2031
6	155	1	20	53	950	80	115	2155
99	180	82	25	25	900	42	110	2145
42	160	42	24	14	850	65	110	1962
84	170	41	24	84	1000	40	110	2302

单元格公式如下：

A14：=RAND（）×99

B14：=VLOOKUP（A14，$C $3：$D $9，2）

C14：=RAND（）×99

D14：=VLOOKUP（C14，$H $3：$I $9，2）

E14：=RAND（）×99

F14：=VLOOKUP（E14，$M $3：$N $9，2）

G14：=RAND（）×99

H14：=VLOOKUP（G14，$R $3：$S $7，2）

I14：=4×B14+3×D14+2×F14+5×H14-1000

选择 A14：I14 区域，向下填充至 A5014：I5014。

1. 操作说明

A14、C14、E14、G14 单元格公式，表示在 1 和 100 之间随机取数。

B14、D14、F14、H14 单元格公式，表示按随机数取各作业的作业量，并使各作业的作业量按相应的概率出现。

I14 单元格公式，表示按各作业的作业量计算利润。

向下填充 5000 行，表示模拟 5000 次。

2. 函数说明

（1）关于 Rand 函数

功能：返回大于等于 0 及小于 1 的均匀分布随机数，每次计算工作表时都将返回一个新的数值。

语法：Rand（）

参数：

若要生成 a 与 b 之间的随机实数，使用：Rand（）×（b－a）＋a

（2）关于 Vlookup 函数

功能：在表格或数值数组的首列查找指定的数值，并由此返回表格或数组当前行中指定列处的数值。

语法：Vlookup（lookup_value，table_array，col_index_num，range_lookup）

参数：

lookup_value：为需要在数组第一列中查找的数值。

table_array：为需要在其中查找数据的数据表。

col_index_num：为 table_array 中待返回的匹配值的列序号。

range_lookup：为一逻辑值，指明函数 vlookup 返回时是精确匹配还是近似匹配。

第三步

计算利润的各项统计指标如表 7－9 所示。

表 7－9　利润的统计指标

	A	B
5015		
5016	平均值	2141
5017	最小值	1775
5018	最大值	2542
5019	间距	38
5020	标准差	132

单元格公式如下：

B5016：=AVERAGE（I14：I5014）

B5017：=MIN（I14：I5014）

B5018：=MAX（I14：I5014）

B5019：=（B5018－B5017）÷20

B5020：=STDEV（I14：I5014）

1. 操作说明

蒙特卡罗模拟在本次模拟中计算的利润平均值为2141，与期望值法计算的预期利润2147相差不大，但期望值法只提供了一个利润结果，蒙特卡罗模拟可提供所有的利润结果及相应的概率。

2. 函数说明

（1）关于 Average 函数

功能：返回参数的平均值（算术平均值）。

语法：Average（number1，number2，…）

参数：

number1，number2，…：为需要计算平均值的1到30个参数。

（2）关于 Min 函数

功能：返回一组值中的最小值。

语法：Min（number1，number2，…）

参数：

number1，number2，…：是要从中找出最小值的数字参数。

关于 Max 函数

功能：返回一组值中的最大值。

语法：Max（number1，number2，…）

参数：

number1，number2，…：是要从中找出最大值的数字参数。

关于 Stdev 函数

功能：估算样本的标准偏差。

语法：Stdev（number1，number2，…）

参数：

number1，number2，…：为对应于总体样本的参数。

第四步

按间距列举利润数据点，计算各利润数据点区间概率并进行正态模拟如图 7－13 所示。

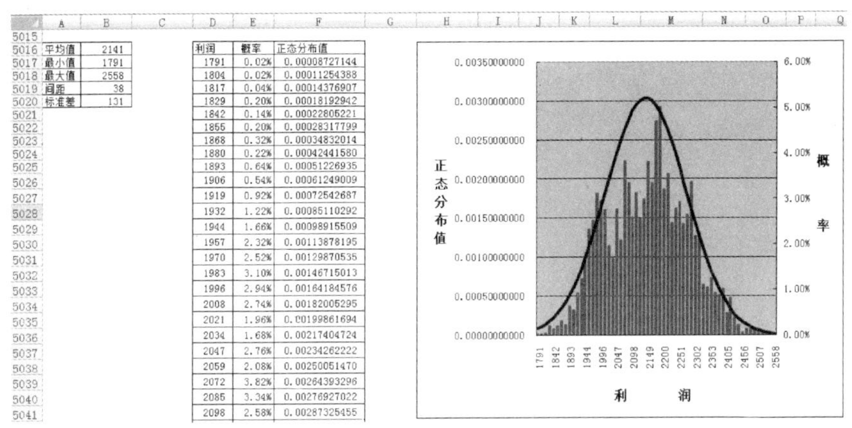

	A	B
5016	平均值	2141
5017	最小值	1791
5018	最大值	2558
5019	间距	38
5020	标准差	131

	D	E	F
5016	利润	概率	正态分布值
5017	1791	0.02%	0.00008727144
5018	1804	0.02%	0.00011254388
5019	1817	0.04%	0.00014376907
5020	1829	0.20%	0.00018192942
5021	1842	0.14%	0.00022805221
5022	1855	0.20%	0.00028317799
5023	1868	0.32%	0.00034832014
5024	1880	0.22%	0.00042441580
5025	1893	0.64%	0.00051226935
5026	1906	0.54%	0.00061249009
5027	1919	0.92%	0.00072542687
5028	1932	1.22%	0.00085110292
5029	1944	1.66%	0.00098915509
5030	1957	2.32%	0.00113878195
5031	1970	2.52%	0.00129870535
5032	1983	3.10%	0.00146715013
5033	1996	2.94%	0.00164184576
5034	2008	2.74%	0.00182005295
5035	2021	1.96%	0.00199861694
5036	2034	1.68%	0.00217404724
5037	2047	2.76%	0.00234262222
5038	2059	2.08%	0.00250051470
5039	2072	3.82%	0.00264393296
5040	2085	3.34%	0.00276927022
5041	2098	2.58%	0.00287325455

图 7－13　利润点区间概率及正态模拟

单元格公式如下：

D5017：＝B5017

D5018：＝B5017＋B5019÷3

D5019：＝B5017＋2×B5019÷3

D5020：＝B5017＋3×B5019÷3

……

D5076：＝B5017＋59×B5019÷3

D5077：＝B5017＋60×B5019÷3

E5017：E5077 区域，录入数组公式：＝FREQUENCY（I14：I5014，D5017：D5077）÷5000，按 Ctrl＋Shift＋Enter。

F5017：＝NORMDIST（D5017，B5016，B5020，0）

选择 F5017，向下填充至 F5077

选择 D5016：F5077 区域，可生成利润点区间概率和正态模拟图形。

1. 操作说明

概率不是某利润数据点的概率，而是利润区间的概率如表 7－10 所示。

表 7－10　各利润区间及相应概率

	A	B	C
5078			
5079	利润预测		概率
5080	下限	上限	
5081		1803	0.02%
5082	1803	1840	0.20%
5083	1840	1877	0.72%
5084	1877	1914	1.44%
5085	1914	1951	4.74%
5086	1951	1988	8.22%
5087	1988	2025	7.14%
5088	2025	2062	6.62%
5089	2062	2099	8.62%
5090	2099	2136	8.44%
5091	2136	2173	11.14%
5092	2173	2209	11.74%
5093	2209	2246	7.90%
5094	2246	2283	8.34%
5095	2283	2320	6.12%
5096	2320	2357	3.20%
5097	2357	2394	2.88%
5098	2394	2431	1.36%
5099	2431	2468	0.66%
5100	2468	2505	0.38%
5101	2505	2542	0.14%
5102	2542		0.00%

2. 函数说明

（1）关于 Frequency 函数

功能：以一列垂直数组返回某个区域中数据的频率分布。

语法：Frequency（data_array，bins_array）

参数：

data_array：为一数组或对一组数值的引用，用来计算频率。

bins_array：为间隔的数组或对间隔的引用，该间隔用于对 data_array 中的数值进行分组。

（2）关于 Normdist 函数

功能：返回指定平均值和标准偏差的正态分布函数。

语法：Normdist（x，mean，standard_dev，cumulative）

参数：

x：为需要计算其分布的数值。

mean：分布的算术平均值。

standard_dev：分布的标准偏差。

cumulative：为一逻辑值，指明函数的形式。

第五步

可对任意指定的利润区间计算概率如表7－11所示。

表7－11　对任意指定的利润区间计算概率

	A	B	C	D	E	F
5103						
5104	下限	2000	0.1776			
5105	上限	2500	0.8212			
5106			0.0014			
5107						
5108	预期利润在2000和2500之间的概率为82.12%					
5109						

单元格公式如下：

C5104：C5106区域，录入数组公式：＝FREQUENCY（I14：I5014，B5104：B5106）÷5000，按Ctrl＋Shift＋Enter。

A5108：＝"预期利润在"&（ROUND（B5104，2））&"和"&（ROUND（B5105，2））&"之间的概率为"&（ROUND（C5105×100，2））&"%"

1. 操作说明

B5104：为用户任意指定的利润下限

B5105：为用户任意指定的利润上限

在Excel电子表格中，每按一次F9，数据则全部重新模拟，计算过程中的数据及相应的计算结果将发生变化，表格和图形将发生变化。但无论如何变化，数据范围基本不变，图形形态基本不变。

实现该功能，Excel电子表格要安装分析工具库。03版在“工具－加载宏”界面，07及以上版本在“Office按钮－Excel选项－加载项”界面。

2. 函数说明

关于Round函数

功能：返回某个数字按指定位数取整后的数字。

语法：Round（number，num_digits）

参数：

number：需要进行四舍五入的数字。

num_digits：指定的位数，按此位数进行四舍五入。

三、联合概率分析

应用蒙特卡罗模拟是有前提条件的，那就是各变量之间的关系必须是独立的，某项作业的作业量变化与其他作业的作业量无关。如果彼此之间不是独立的，某项作业的作业量变化将带来其他作业的作业量的相应变化，就不能采用蒙特卡罗模拟，而应采用联合概率分析。

例如，A、B、C、D 四项作业的作业量关系如图 7－14 所示。

对于分枝 1：

利润 $=4\times160+3\times20+2\times800+5\times80-1000=1700$ 元

概率 $=50\%\times40\%\times30\%=6\%$

对于分枝 2：

利润 $=4\times160+3\times20+2\times800+5\times90-1000=1750$ 元

概率 $=50\%\times40\%\times70\%=14\%$

对于分枝 3：

利润 $=4\times160+3\times20+2\times850+5\times90-1000=1850$ 元

概率 $=50\%\times60\%\times30\%=9\%$

对于分枝 4：

利润 $=4\times160+3\times20+2\times850+5\times100-1000=1900$ 元

概率 $=50\%\times60\%\times70\%=21\%$

对于分枝 5：

利润 $=4\times160+3\times30+2\times900+5\times100-1000=2030$ 元

概率 $=50\%\times40\%\times30\%=6\%$

对于分枝 6：

利润 $=4\times160+3\times30+2\times900+5\times110-1000=2080$ 元

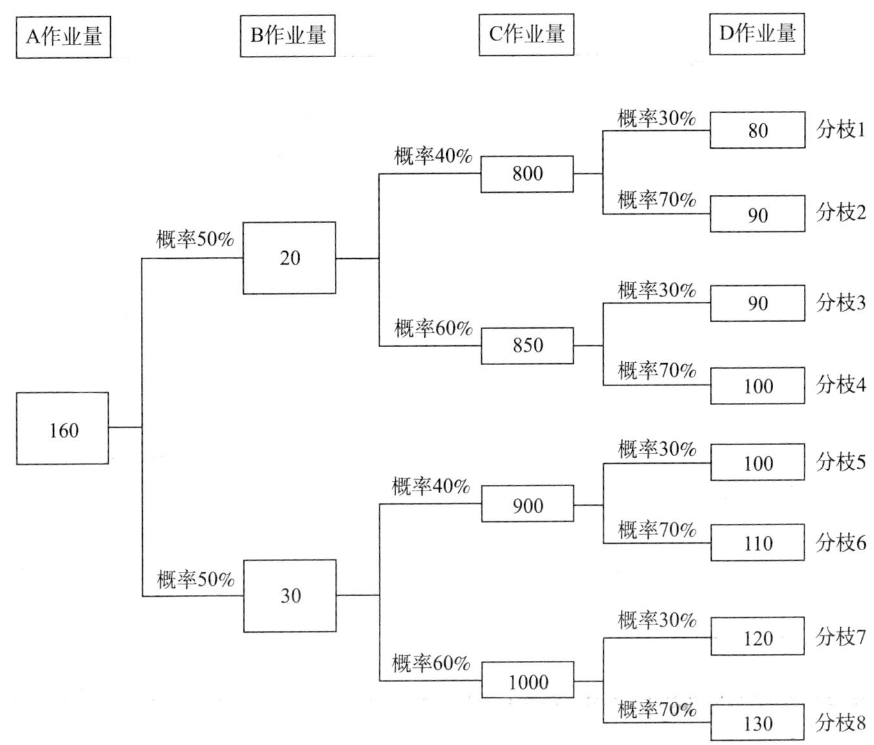

图7－14 各作业的作业量关系

概率＝50%×40%×70%＝14%

对于分枝7：

利润＝4×160＋3×30＋2×1000＋5×120－1000＝2330元

概率＝50%×60%×30%＝9%

对于分枝8：

利润＝4×160＋3×30＋2×1000＋5×130－1000＝2380元

概率＝50%×60%×70%＝21%

如果也计算一下期望值，则：

期望值＝各分枝的利润值×概率

＝1700×6%＋1750×14%＋1850×9%＋1900×21%＋2030×6%＋2080×14%＋2330×9%＋2380×21%

＝2035

可以看到，联合概率分析介乎期望值法和蒙特卡罗模拟之间，期望值法给出唯一个预测结果，蒙特卡罗模拟理论上给出无数个预测结果及相应概率，联合概率分析给出多个预测结果及相应概率。

第八章 多维组合成本的应用价值

1 对政策制定的支持作用

在实践中多维组合成本对政策的支持不是彼此独立的，而是多维组合的，例如某类客户的某种产品政策，某一部门的某项作业政策等，我们分别介绍。

一、对制定客户政策的支持

（一）案例分析

1. 业务场景

有家医药生产企业，生产模式为以销定产。现有甲、乙两家客户，下达产品为水丸的订单，数量分别为100和90，单价分别为11元和9元。甲客户的交期紧，企业为满足交付，对原有计划进行了调整，安排加班插单生产，发生额外制造费用380元。水丸的正常生产成本为8元。

2. 传统成本计算

发生的额外制造费用向产品分摊。

水丸的生产成本 =8 +380 ÷ （100 +90） =10 元

计算结果如表8 -1 所示。

表8 -1　传统成本计算　　单位：元

客户	收入	成本	利润
甲	1100	1000	100
乙	810	900	-90

3. 多维成本计算

发生的额外制造费用向生产批号分摊，并由生产批号关联生产任务单，由生产任务单关联销售订单，并进一步关联客户。

甲客户的生产批号成本 =8 +380 ÷100 =11.8 元

乙客户的生产批号成本 =8 元

计算结果如表 8 –2 所示。

表 8 –2　多维成本计算　　单位：元

客户	收入	成本	利润
甲	1100	1180	–80
乙	810	720	90

4. 计算结果比较

不同的计算结果如表 8 –3 所示。

表 8 –3　客户维度的不同计算结果　　单位：元

客户	利　润	
	基于传统成本计算	基于多维成本计算
甲	100	–80
乙	–90	90

计算结果说明：

传统成本计算下，认为甲是盈利客户，乙是亏损客户。

多维成本计算下，发现乙是盈利客户，甲是亏损客户。

5. 制定客户政策

对于甲客户，要求放宽订单交期，或者提高紧急订单的商品价格。

对于乙客户，应保留并进一步扩大业务。

（二）有关政策的说明

1. 关于客户相关成本

成本项目可设置不同的属性，包括客户相关或非相关成本等。例如生产管理人员发生的办公费，在很大程度上反映的是企业自身管理问题，不应由客户承担，可定义为客户非相关成本，进行客户成本分析时予以排除。

通过费用属性的设置，可对客户成本及相应的利润进行更细致的分析。例如某月订单不足，只有一个客户下了一张订单，导致生产部门产能过剩，只生产了少量产品。这少量产品就需要承担全部租金、折旧、人工等生产费用，成本就非常高了。本来这个客户是雪中送炭，结果账面上反映其利润是负数。

由于订单不足只生产了少量产品，我们就要将费用全部分摊给这个产品，反映出这个事实，这是核算层面的问题。核算完成后，可通过分析发现成本异动，找出原因是销售部门的订单减少造成产能过剩，这是分析层面的问题。

雪中送炭的客户，利润计算结果为负数，这是分析方法的问题。在进行客户成本和利润分析时，可根据费用的不同属性，将客户非相关成本予以排除。

也就是说，成本计算要遵循投入产出原则，所有费用全部要进行分摊，不能纠缠哪些费用要分摊，哪些费用不要分摊。成本分析要遵循相关性原则，区别不同的费用属性，选择合适的分析方法。

2. 关于二八定律或长尾理论

二八定律是由意大利经济学者帕累托于 1897 年提出的，即社会上 20% 的人占有 80% 的财富。后来它被引入到管理学领域，认为一家企业 20% 的客户提供了 80% 的利润。

长尾理论是由美国《连线》杂志主编 Chris Anderson 于 2004 年 10 月提出的，用来描述亚马逊等网站的商业模式。它注意到二八定律中被忽略不计的 80% 的那条长尾，认为这条长尾代表的非主流市场的共同市场份额，和 20% 代表的主流市场的市场份额相当，甚至前者更大。

有些企业有成千上万的客户，在制定客户政策时应慎用二八定律或长尾理论。基于多维成本计算结果，我们可能会发现客户利润的分布既不符合二八定律，也不符合长尾理论。在很多情况下，甚至是 20% 的客户提供了 500% 的利润，例如一家企业利润是 100 万元，20% 的客户提供的利润是 500 万元，50% 的客户提供的利润是 200 万元，30% 的客户提供的利润

是 -600 万元。

二八定律或长尾理论默认所有客户都是贡献利润的，但很多客户实际带来的是亏损。

3. 关于成本以外的因素

多维组合成本可为制定客户政策提供支持，但制定客户政策不能仅考虑多维组合成本的计算结果，还要结合考虑其他因素。例如：

（1）有些客户正在进行公司评估和考察，对公司的供应商资格和能力提出了相对较高的要求，这类客户的利润就很有可能是负数。对于这些客户，可将亏损视为必要的投资，应该着眼长远，努力通过考察并将客户培养成长期客户，考虑客户未来的增量购买带来的利润，不应否定暂时亏损的必要性和长期盈利的可能性。

（2）有些客户名气很大，声望很高，具有较大的行业影响力，为这些客户提供服务的直接利润可能是负数，但拥有这些客户却是企业的无形收益，服务这些客户能够为公司建立好的样板，传播好的口碑。对于这些客户，可将亏损视为企业广告和宣传工作的一部分，应该着眼全局，考虑争取更广泛的潜在客户并赢得更大收益。

（3）有些客户对合作伙伴的要求非常苛刻，要达到这些要求发生的成本往往高于收入，但是通过合作却可以获得新设备或新技术的学习机会，这些学习机会是难以量化的潜在收益。抓住这样的学习机会，掌握新设备或新技术，可以打开更广泛的市场，应用于将来的或其他的客户。

（4）由于一些特殊原因，如国家的法律法规、目前的行业现状、企业的发展阶段等限制，公司可能并没有客户选择权，将客户成本和利润核算清楚，也不能据此排除亏损客户而仅保留盈利客户。但没有客户选择权，并不是说就没有盈亏的知情权，通过多维组合成本计算清楚不同客户的盈亏仍然是有指导作用的，如政策调整时的意见建议、行业发展中的规范完善、业务开展时的资源配置等。

（5）对互联网公司来说，客户政策的制定就更不能完全依靠多维组合成本的计算结果了，显然不能因为千千万万的免费客户带来的是账面亏损就不对他们提供服务。如果一定要计算盈亏也可以，那就必须把千千万万的免费客户带来的数据作为资产，对数据资产进行价值评估，而不能仅仅以其带来多少直接收入进行评估。

二、对制定产品政策的支持

（一）案例分析

1. 业务场景

有家医药生产企业，生产产品包括水丸和冷香丸，产量均为 100 个，售价均为 12 元，直接材料均为 2 元，直接人工均为 3 元。本月发生制造费用 1000 元。

2. 传统成本计算

制造费用按分摊标准向不同产品分摊如图 8 –1 所示。

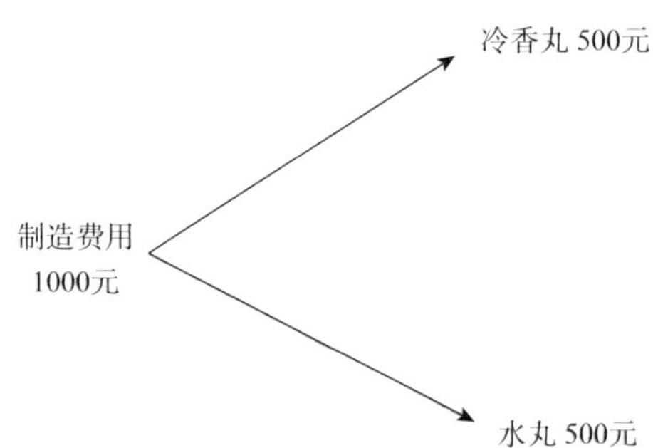

图 8 –1　制造费用向产品直接分摊

计算结果如表 8 –4 所示。

表 8 –4　传统成本计算　　单位：元

产品	收入	成本			利润
		直接材料	直接人工	制造费用	
水丸	1200	200	300	500	200
冷香丸	1200	200	300	500	200

3. 多维成本计算

制造费用按资源动因向作业分摊，作业成本按作业动因向产品分摊

（如图 8 －2 所示）。

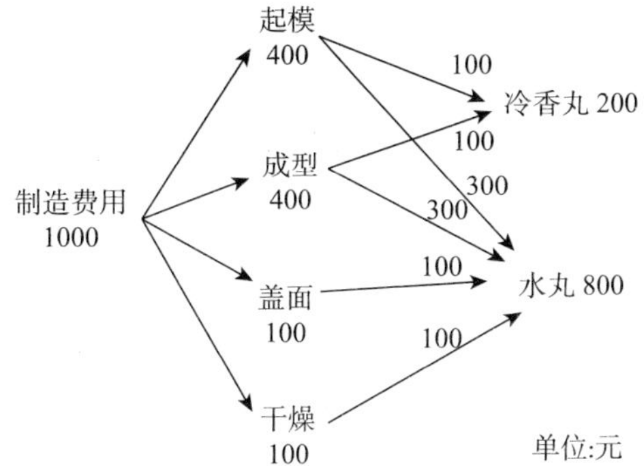

图 8 －2　制造费用向作业分摊，作业成本向产品分摊

计算结果如表 8 －5 所示。

表 8 －5　多维成本计算　　单位：元

产品	收入	成　本			利润
		直接材料	直接人工	制造费用	
水丸	1200	200	300	800	－100
冷香丸	1200	200	300	200	500

4. 计算结果比较

不同的计算结果如（表 8 －6 所示）。

表 8 －6　产品维度的不同计算结果　　单位：元

产品	利　润	
	基于传统成本计算	基于多维成本计算
水丸	200	－100
冷香丸	200	500

计算结果说明：

传统成本计算下，认为水丸和冷香丸的盈利能力大小相同。

多维成本计算下，发现水丸是亏损的，冷香丸是盈利的。

5. 制定产品政策

对于水丸，应提高销售价格以弥补亏损。

对于冷香丸，应进一步扩大业务。

（二）有关政策的说明

1. 关于产品相关成本

成本项目可设置不同的属性，包括产品相关或非相关成本等。例如生产管理人员发生的办公费，在很大程度上反映的是管理层面问题，不应由产品承担，可定义为产品非相关成本，进行产品成本分析时予以排除。

通过费用属性的设置，可对产品成本及相应的利润进行更细致的分析。例如某月订单不足，只下了一张订单，导致生产部门产能过剩，只生产了少量产品。这少量产品就需要承担全部租金、折旧、人工等生产费用，成本就非常高了。

由于订单不足只生产了少量产品，我们就要将费用全部分摊给这个产品，反映出这个事实，这是核算层面的问题。核算完成后，可通过分析发现成本异动，找出原因是销售部门的订单减少造成产能过剩，这是分析层面的问题。

产品的利润计算结果为负数，这是分析方法的问题。在进行产品成本和利润分析时，可根据费用的不同属性，将产品非相关成本予以排除。

也就是说，成本计算要遵循投入产出原则，所有费用全部要进行分摊，不能纠缠哪些费用要分摊，哪些费用不要分摊。成本分析要遵循相关性原则，区别不同的费用属性，选择合适的分析方法。

2. 关于产品定价

成本性态分析区分了固定与变动成本，产品定价可基于变动成本而不是完全成本。

例如，产量10个，总成本100元，单位成本为10元/个。总成本100元中，固定成本40元，变动成本60元，单位变动成本6元/个。产品可基于6元/个定价，而不是基于10元/个定价。

3. 关于二八定律或长尾理论

有些企业有成千上万的产品，在制定产品政策时应慎用二八定律或长尾理论。基于多维成本计算结果，我们可能会发现产品利润的分布既不符合二八定律，也不符合长尾理论。在很多情况下，甚至是20%的产品提供了500%的利润，例如一家企业利润是100万元，20%的产品提供的利润是500万元，50%的产品提供的利润是200万元，30%的产品提供的利润是-600万元。

二八定律或长尾理论默认所有产品都是贡献利润的，但很多产品实际带来的是亏损。

4. 关于成本以外的因素

多维组合成本可为制定产品政策提供支持，但制定产品政策不能仅考虑多维组合成本的计算结果，还要结合考虑其他因素。例如：

（1）有些客户在购买一种产品的同时会购买另一种产品，其中一种产品可能带来的是利润，另一种产品可能带来的是亏损。产品之间存在组合效应导致客户交叉购买时，我们就不能因为某种产品带来的是亏损就停产。当然，对于这种情况我们应尽量理顺价格体系，使产品定价更符合自身价值以及市场规律。

（2）市场营销手段有很多，产品定价方法也很多。例如冰箱的销售价格是1000元，彩电的销售价格是800元，在具体的销售场景中，有可能会把冰箱和彩电组合销售，将冰箱定价1800元，彩电免费。对于这些具体情况，我们在进行产品利润分析时应心中有数。

三、对制定作业政策的支持

（一）案例分析

1. 业务场景

有家快递服务公司，在全国各地设置有分支机构，包括北京、贵州等，各部门运营包括接货、打包、分拣、解包、送货等作业。

2. 传统成本计算

传统成本计算只将费用归集或分摊到部门，计算结果如表8-7所示。

表 8-7　传统成本计算　　单位：元

部门	收入	成本	利润
北京	100	80	20
贵州	80	100	-20

3. 多维成本计算

多维组合成本将资源消耗按成本动因向作业分摊，计算结果如表 8-8 所示。

表 8-8　多维成本计算　　单位：元

部门	作业	收入	成本	利润
北京	接货	22	8	14
	分拣	15	20	-5
	打包	18	20	-2
	解包	17	20	-3
	送货	28	12	16
贵州	接货	8	22	-14
	分拣	20	15	5
	打包	20	18	2
	解包	20	17	3
	送货	12	28	-16

4. 计算结果比较

传统成本与多维成本计算结果在部门维度一致，但传统成本欠缺作业维度，多维成本包括作业维度。

5. 制定作业政策

对于北京的分支机构，可考虑将亏损的分拣、打包、解包作业外包，接货、送货作业应予保留。

对于贵州的分支机构，可考虑将亏损的接货、送货作业外包，分拣、打包、解包作业应予保留。

（二）有关政策的说明

1. 关于增值作业

作业分增值作业和非增值作业，理论上对增值作业是这么定义的：

（1）该作业能够带来加工对象状态的改变；

（2）该加工对象状态的改变，只能由该作业实现，而不能由作业链中的前一项作业实现；

（3）该作业使作业链中其他作业得以执行。

按照这个定义，搬运作业、质检作业都是非增值作业了。搬运作业是非增值作业，是因为可以通过改变生产布局减少或避免；质检作业是非增值作业，是因为好产品是做出来的而不是检验出来的。这种理论上的定义与实务中的认识偏差还是比较大的。

增值作业的概念应该是多维的。例如某一作业相对于某产品来说是增值作业，而相对于其他产品来说是非增值作业；相对于某客户来说是增值作业，而相对于其他客户来说是非增值作业。

2. 关于增值作业成本

非增值作业发生的成本显然都是非增值成本，增值作业发生的成本有些是增值成本，有些是非增值成本。关于增值作业成本的计算在不同场景有不同方法。

场景及方法 1 示例

某产品机器加工作业标准工时 80 小时，实际工时 90 小时，单位作业标准成本是 100 元/小时。则：

增值作业成本 = 作业标准工时 × 单位作业标准成本 = 80 × 100 = 8000 元

非增值作业成本 = （作业实际工时 − 作业标准工时） × 单位作业标准成本 = （90 − 80） × 100 = 1000 元

这种方法可以这样理解，生产某产品按标准只需要 80 小时，实际却消耗 90 小时，那么只有 80 小时的机器加工作业产生的成本才是增值的，多出来的 10 小时机器加工作业产生的成本是非增值的。

场景及方法2示例

机器加工作业每月标准工时100小时，实际工时90小时，单位作业标准固定成本是120元/小时，单位作业标准变动成本是80元/小时。则：

增值作业成本 = 实际工时 ×（单位作业标准变动成本 + 单位作业标准固定成本）= 90 ×（120 + 80）= 18000元

非增值作业成本 =（标准工时 - 实际工时）× 单位作业标准固定成本 =（100 - 90）× 120 = 1200元

这种方法可以这样理解，某机器生产能力是100小时，实际只利用90小时，那么只有90小时的机器加工作业产生的成本才是增值的，闲置的10小时机器加工作业产生的成本是非增值的。而闲置的10小时由于没有生产产品，因此只考虑与作业无关的固定成本，不考虑与作业有关的变动成本。

增值作业成本的计算应该是多维的。例如增值作业成本是100元，其中有40元是某类产品的，60元是其他类产品的；其中有30元是某类客户的，70元是其他类客户的。

3. 关于产品外包与作业外包

产品外包不同于作业外包。产品外包是将整个产品的生产外包；作业外包是将产品生产过程中的某一工序外包。在信息化系统中，产品外包属于供应链管理范畴，由委外管理模块处理；作业外包属于生产车间管理范畴，由工序委外模块处理。

常说的产业链，则是内部作业链的外部延伸。

例如，有五家公司如公司1、公司2、公司3、公司4和公司5，原来都有食堂、保安部门、保洁部门和主营业务，交易成本是很高的，生产效率是很低的。现在这五家公司均将食堂、保安部门、保洁部门分离出去，专注于各自的主营业务，即由大而全、小而全转化为专而精；分离出去的相同部门则合并成立独立的饮食公司、保安公司和保洁公司，分别为原五家公司提供饮食、保安和保洁服务。这样，原五家公司的交易成本将大大降低，生产效率将大大提升；新成立的饮食公司、保安公司和保洁公司的服务也是更专业的如图 8-3 所示。

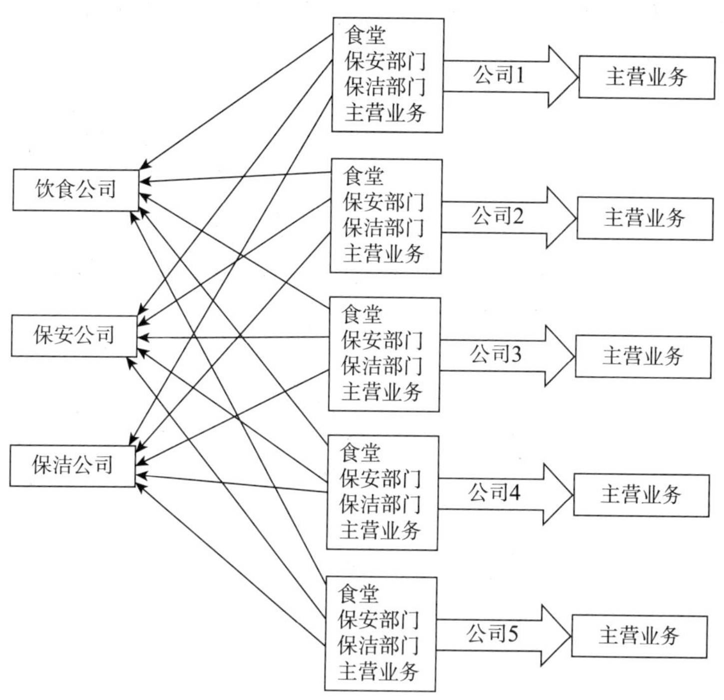

图 8-3 食堂、保安、保洁的外包

再如，有五家公司如公司 1、公司 2、公司 3、公司 4 和公司 5，原来都有发票审核作业、费用报销作业、账务处理作业，交易成本是很高的，工作效率是很低的。现在这五家公司均将发票审核作业、费用报销作业、账务处理作业分离出去；分离出去的相同作业合并为共享服务并组建共享服务公司，为原五家公司提供发票审核、费用报销、账务处理作业。原来每家公司处理自己一家公司的所有业务，现在共享服务中心的共享服务，处理所有公司的一类业务。这样，原五家公司的交易成本将大大降低，工作效率将大大提升；新成立的共享服务中心的共享服务也是更专业的如图 8-4 所示。

这就是近几年在集团企业迅速发展起来的财务共享服务。随着共享服务的内容越来越多，对内其与各成员企业的业务处理系统、预算系统、资金系统等集成，对外其与商旅网、银行系统、税务系统等集成，可统一处理集团内所有成员企业的网银支付、票据审核、对账单下载等业务。原来是一个团队做一家公司的所有事，现在是一个团队做所有公司的一件事。

为什么外包可以使交易成本大大降低，生产效率大大提升呢？这就涉及分工协作理论。

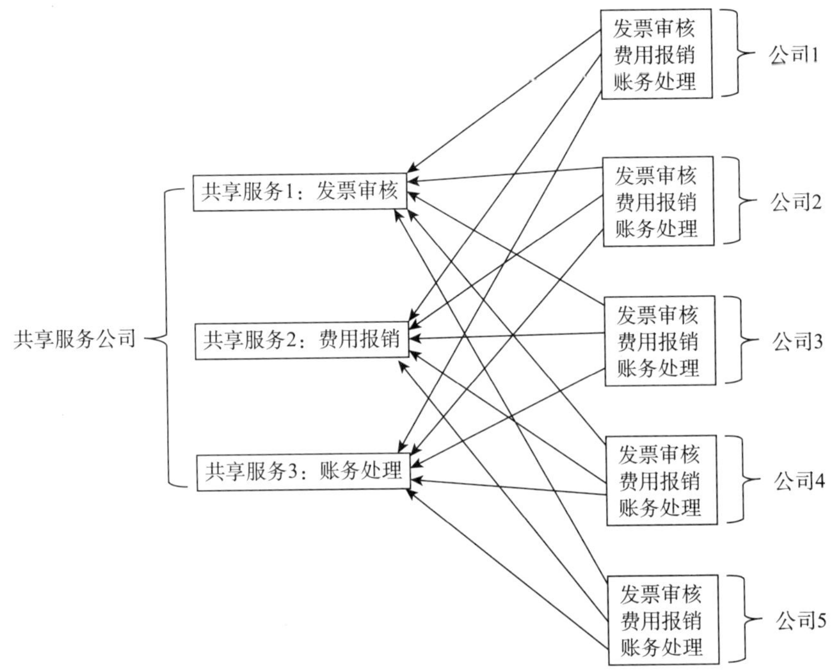

图8－4　发票审核、费用报销和账务处理的外包

有三个坐标轴，分别是社会分工程度、市场交易程度和产业链发展程度如图8－5所示。

社会分工程度、市场交易程度和产业链发展程度三者的循环过程是：

（1）三个坐标相交的原点0是初始状态，公司1独揽所有作业，既无社会分工也无市场交易，更谈不上产业链。

（2）C1是分工的起点，公司1只做部分作业而放弃另一部分作业；分工C1导致了交易A1的产生，公司1不得不从外部寻找其他作业以支持作业链的完整，以向客户提供服务；交易A1导致了产业链B1的形成，在市场上既有提供这些作业的公司1，也有提供另外一些作业的公司2。

（3）产业链B1的产生又促进了社会分工的进一步发展，社会分工从

C1 演进到 C2。公司 1、公司 2 不断地强化自身作业，可以在原有作业基础上进一步细分，并专门从事细分后的部分作业；在 C2 的作用下，市场交易程度从 A1 发展到 A2；A2 又促进了产业链形式从 B1 发展到 B2。

（4）同样道理，B2 促使 C2 发展到 C3；C3 又促使 A2 发展到 A3；A3 又促使 B2 发展到 B3。

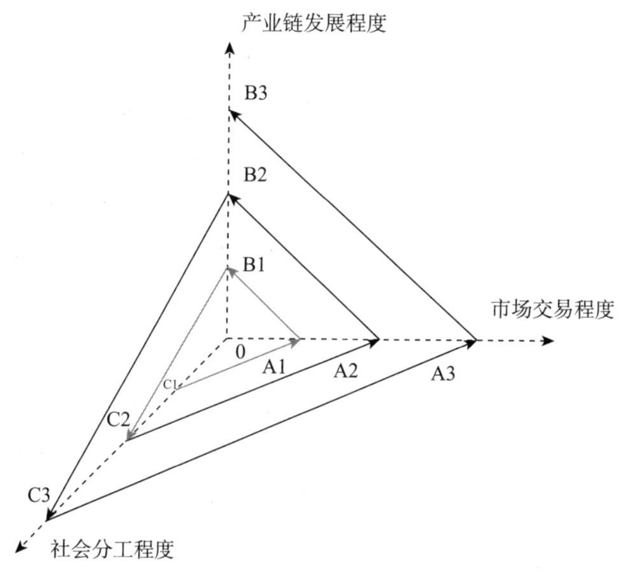

图 8－5　分工理论

（5）如此周而复始，分工越来越细，交易越来越活跃，产业链越来越完善。

正所谓“闻道有先后，术业有专攻”，通过分工协作，形成了效率最高、效果最好的生态圈。生态圈中的产业链一方面是合作、多赢、共享的联盟关系，另一方面是上、下游等级分明，高、低端层次清晰的挤压关系。产业链高端如老虎吞肉，产业链低端如小鸡啄米。

高端企业在产业链中处于中牵一发而动全身的地位，正如 Google 从事搜索业务，占据了互联网的高端；正如苹果公司主抓市场和设计，占据了移动通讯工业的高端；正如波音公司主抓设计和研发，以及总装和极少数特别重要零部件的生产，占据了航空工业的高端；正如可口可乐主抓配方和品牌，占据了饮料行业的高端。

社会分工、市场交易和产业链发展的循环一旦建立，就会产生路径依赖并自我强化。

任何循环必须能给所有参与者都带来好处，否则就没有循环下去的动力和依据。这种循环，它的内在动力就是分工的网络效应和协作的乘数效应。分工的网络效应是指产业链的交易成本小于企业内部的交易成本之和；协作的乘数效应是指产业链的生产效率大于企业内部的生产效率之和。

可以看到，随着信息化发展，部门的概念逐渐淡化，部门之间的壁垒由流程打通了；随着互联网的发展，公司的概念逐渐淡化，公司之间的壁垒由网络打通了。在信息化环境中，具体个人在哪个部门是不重要的，重要的是在哪个流程的哪个环节；在互联网环境中，具体个人在哪个公司是不重要的，重要的是在产业链网状结构中的哪个节点。至于地理位置，就更不值一提了。

还可以看到，这里的分工协作体现的规模效应，与多维组合成本的千人千面，是相辅相成的。互联网的发展在前所未有的广度和深度揭示个性的同时，也在前所未有的广度和深度揭示共性，鲜明地体现了求同存异的思想。通过求同体现规模效应，通过存异体现千人千面。

4. 关于承包制

有些企业对内部各部门实行承包制，例如企业收入 100 万元，成本由 A 部门承担 30 万元，B 部门承担 40 万元，企业总成本等于 30 万元加 40 万元即 70 万元，企业利润则等于 100 万元减 70 万元等于 30 万元。至于 A 部门和 B 部门的实际成本则由其自行控制，由此认为实行承包制的企业不需要多维组合成本计算。

这种认识是错误的。在实行承包制确定承包费时，实际就是进行收入分摊，否则人们就要问承包费为什么这个部门多而那个部门少。而部门收入是来源于作业收入的，作业收入的计算又是基于标准作业成本的，标准作业成本的制定又是基于实际作业成本的。所以说，科学的规范的承包制，其前提仍是多维组合成本计算。

5. 关于成本以外的其他因素

多维组合成本可为制定作业政策提供支持，但制定作业政策不能仅考虑多维组合成本的计算结果，还要结合考虑其他因素。例如：

（1）企业并不是只在自制成本比外购成本高的情况下才选择产品外包或作业外包，有时自制成本与外购成本相差不大，甚至自制成本比外购成本还要低，也有可能选择外包。例如医药生产企业十粒盒装水丸的生产成本 20 元，外购成本 30 元，企业也有可能放弃十粒盒装水丸的生产转而外部购买；再如水丸的起模工序生产成本 5 元，委外成本 10 元，企业也有可能放弃起模工序转而外部购买。这样一方面有利于生态圈的培养，另一方面有利于企业将资源集中到更有价值的核心产品或核心作业上而不是分散到有价值的所有产品或所有作业上。

（2）某项作业是整体作业链的一个不可或缺的环节，尽管该作业本身可能亏损，但由于市面上没有相应的外包服务，所以企业也得保留该亏损作业。例如快递服务公司的送货作业，作业收入 4 元，作业成本 5 元，作业利润是负数，如果市场上找不到专业的某类货物某类路由的送货公司，企业也只能保留该货物该路由的送货作业。

四、对进行部门考核的支持

由于费用一般能够按照部门进行归集或比较容易地在不同部门之间分摊，因此，无论是传统成本计算还是多维成本计算，部门维度的成本在多数情况下是一致的。多维组合成本对部门考核的支持，重点体现在改进考核方法而不是数据质量上。

（一）案例分析

1. 业务场景

一家4S 公司，有新车销售部和旧车销售部两个部门，现开展以旧换新业务。

这天新车销售部接待一位客户，这位客户的旧车市场价 2 万元，想买的新车市场价 10 万元。新车销售部将旧车作价 2. 5 万元买了，将进价 9. 5 万元的新车作价 10. 2 万元卖了。

旧车销售部收到作价 2.5 万元的旧车，花费维修费 0.5 万元修好后，作价 2.8 万元才卖出去。

2. 传统成本计算

旧车销售部利润 = 旧车售价 - 旧车成本 - 维修费用 = 2.8 - 2.5 - 0.5 = -0.2 **万元**

新车销售部利润 = 新车售价 - 新车成本 = 10.2 - 9.5 = 0.7 **万元**

可以看到，基于传统的部门考核，导致在以旧换新业务中，新车销售部将旧车和新车同时提价，将新车提价的利润留给自己，将旧车提价的成本转嫁给其他部门，损害了其他部门利益和公司整体利益。旧车销售部将拒绝接受新车销售部提供的旧车，从而阻碍以旧换新业务的开展。

这里没有采用市场价格或可能的内部转移价格，因为它们是不可控、不可知的外部数据，或主观的、很难让人信服的人为数据。我们不能因为实际数据可能是不合理的，就回避或调整它，而是要基于这一可能不合理但客观实际的数据，采用新的计算方法，让造成不合理后果的部门自食其果，从而消灭其采取不合理行为的动机。

3. 多维成本计算

以旧换新业务是跨部门业务，涉及新车业务和旧车业务。新车业务包含两项作业，新车采购作业和新车销售作业，均由新车销售部门提供；旧车业务包含两项作业，其中旧车采购作业由新车销售部门提供，旧车销售作业由旧车销售部门提供如图 8 - 6 所示。

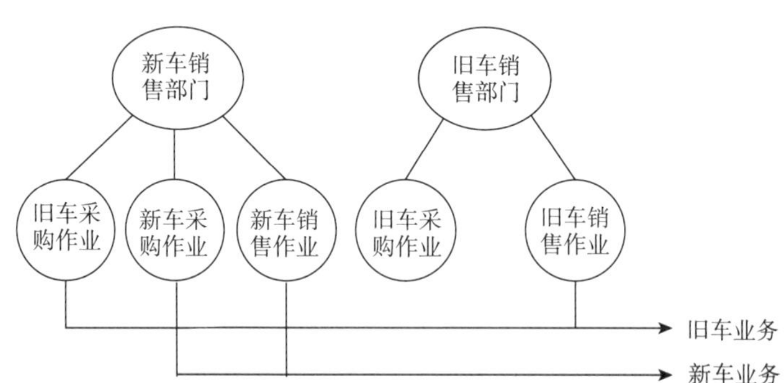

图 8 - 6　以旧换新包含的旧车业务和新车业务

（1）旧车业务

根据多维组合成本的历史数据制定有多维标准成本：旧车采购作业标准成本500万元，旧车销售作业标准成本500万元。因此旧车收入2.8万元分摊给旧车采购作业和旧车销售作业的收入分别是1.4万元和1.4万元。

维修费0.5万元分摊到旧车销售作业，旧车采购款2.5万元分摊到旧车采购作业。则：

旧车销售作业利润＝1.4－0.5＝0.9万元

旧车采购作业利润＝1.4－2.5＝－1.1万元

（2）新车业务

根据多维组合成本的历史数据制定有多维标准成本：新车采购作业标准成本1010万元，新车销售作业标准成本10万元。因此新车收入10.2万元分摊给新车采购作业和新车销售作业的收入分别是10.1元和0.1万元。

新车采购款9.5万元分摊到新车采购作业。则：

新车采购作业利润＝10.1－9.5＝0.6万元

新车销售作业利润＝0.1万元

根据各作业的部门归属可计算部门利润。

旧车销售部门利润＝旧车销售作业利润＝0.9万元

新车销售部门利润＝旧车采购作业利润＋新车采购作业利润＋新车销售作业利润＝－1.1＋0.6＋0.1＝－0.4万元

4. 计算结果比较

不同的部门考核结果如表8－9所示。

表8－9　不同的部门考核结果对比　　单位：万元

产品	利　润	
	基于传统成本计算	基于多维成本计算
新车销售部	0.7	－0.4
旧车销售部	－0.2	0.9

计算结果说明：

传统成本计算下，认为新车销售部是盈利部门，旧车销售部是亏损部门。

多维成本计算下，发现旧车销售部是盈利部门，新车销售部是亏损部门。

5. 进行部门考核

对于新车销售部，应予以批评并处罚。

对于旧车销售部，应予以补偿并奖励。

基于多维成本计算的部门考核，新车销售部门将旧车和新车同时提价，虽然新车提价的利润仍然是留给自己，但旧车提价的成本不能再转嫁给其他部门了。新车销售部门以后不会再有新车加价2000元销售，旧车加价5000元采购这样的既损害自身利益也损害公司整体利益的行为动机了，将在以旧换新业务的旧车采购和新车销售之间寻求最佳结合以谋求以旧换新业务的利润最大化，而不是单纯地考虑促进新车销售。旧车销售部将欢迎接受新车销售部提供旧车这一新业务来源，从而促进以旧换新业务的开展。

（二）有关政策的说明

可以看到，基于传统成本计算的部门考核是强化部门壁垒，扭曲价值取向的，基于多维成本计算的部门考核才能打通部门壁垒，引导正确价值取向。有人把企业组织变革当成是部门名称变革或规模大小变革，把名称改来改去，大小调来调去，而流程不变，这是折腾，不是变革。只有打通部门壁垒，实现流程贯通，才能更好地统筹各部门力量，平衡各部门利益，调节各部门关系，规范各部门行为，才能促进职能化部门向流程化组织的转型。

② 对现场优化的促进作用

多维组合成本追求的精益，是在一定约束条件下的精益，是循序渐进的精益，其实施应结合现场管理，并与之相互促进。即多维成本为现场管理提供作业指导，通过成本计算暴露问题，促进精益生产及其计量；现场管理为多维成本提供核算基础，通过精益生产及其计量，促进多维成本计算如图 8 -7 所示。

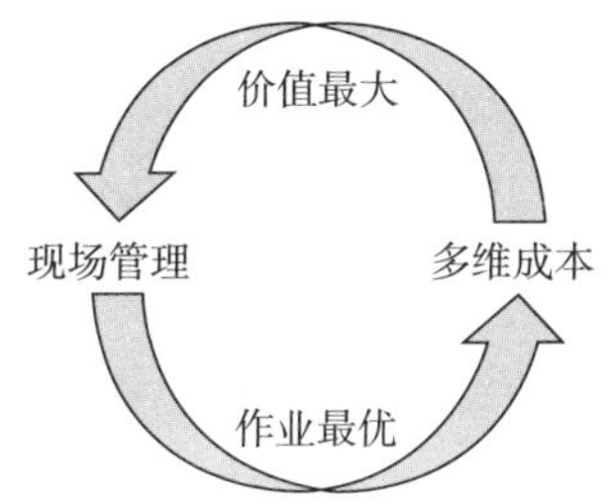

图 8 -7　现场管理与多维成本的关系

多维成本是将精益思想体现在系统中，现场管理是将精益思想体现在现场中。两者紧密联系，相互作用，现场管理不断优化，多维成本不断改进，循环往复，达到精益化管理目标。

有些部门或个人，在现场作业时花了不该花的费用，用了不该用的时间，有意为以后的绩效改善留下空间。多维组合成本的计算，只能暴露问题而不能解决问题。费用和工时是否合理，需要通过现场管理来解决。现场优化的常用工具包括：

6S 管理，即整理、整顿、清理、清扫、素养、安全，其英文首字母都是 S，故称 6S。

目视管理，即利用直观形象、色彩适宜的各种视觉感知信息来组织现场生产活动，以提高劳动生产率的一种管理手段，包括定制、看板、颜色、标注等管理方式。

TPM **全面生产维护**，即设备使用部门对设备进行自主保养，通过预防性维修尽量避免应急与计划外维修，使设备使用效率最高，设备寿命周期费用最低。

TQM **全面质量管理**，其工作程序是 PDCA 循环，即计划、执行、检查、处理，这四个阶段又各分为若干个步骤。

IE **工业工程**，是对人员、物料、设备、信息组成的集成系统进行设计和改善的一门学科。它综合运用数学、物理学和社会科学方面的专业知识与技术，采取工程分析设计的原理与方法，对系统取得的成果进行确认、预测和评价。

单元生产，是相对于流水生产而言的。流水生产适合大批量少品种环境，单元生产适合小批量多品种环境。

均衡生产，即以相等的时间产量基本相等的方式完成计划。产量均衡要求工时消耗均衡，设备负荷均衡，材料供应均衡，员工技能均衡。

快速切换，是丰田公司探索和发展起来的一门技术，在多品种小批量环境下可提高生产系统的快速反应能力，后被其他制造企业论证和成功实施。其认为工业生产中所有的转产和启动应该而且能够在 10 分钟内完成，甚至可即时完成，即转产时间为 0。其关键点是划分内部作业和外部作业，尽可能将内部作业转换为外部作业，尽可能缩短内部作业和外部作业时间。

精益六西格码，是精益管理与六西格码的结合。精益管理来自东方，基于现场管理，关注减少浪费，强调普通员工培训，追求持续改善；六西格码来自西方，基于项目管理，关注减少变异，强调管理人员培训，追求突破性变革。它与全面质量管理关系密切，均追求近乎完美的目标。

这些工具，功能很多是交叉的，应用很多是共同的，目的都是为了优化管理或生产现场，减少浪费，以降低各维度及其组合的成本。

一、对优化管理现场的促进

由丰田 JIT 生产方式提炼出的精益生产理论归纳了管理过程的七大浪费，这七大浪费很多是相互影响的。通过管理现场的优化，消除这些浪费，可以降低各维度及其组合成本。

（一）等待的浪费

例如医药生产企业有一台德国进口设备发生故障，根据售后服务合同，德国供应商须在7天内负责维修。但这7天生产线就要暂停，经济损失巨大。公司领导当即来到现场，和专家一起对故障原因进行分析，最后发现是某个零件发生磨损，而这个零件并不是特制件而是标准件，在本地市场就可以买到。在与供应商远程确认并得到相应指导后，故障被迅速排除，避免了可能的停线损失。

（二）协调不利的浪费

例如各部门工作进程协调不力，造成思想迷茫，没有方向，作业忙碌而无功，行动盲目而低效，增加了资源消耗，减少了有效产出。

（三）闲置的浪费

例如资产的闲置，人员的闲置等，闲置并没有带来费用的减少，却带来了产出的减少。

（四）无序的浪费

包括职责不清、业务能力低下、有章不循或业务流程混乱等造成的无序，可以采取很多措施减少无序。例如费用报销，为保证发票合法，可进行自动扫描识别；为保证填写准确，可进行报销单各栏目数据的自动校验。

（五）失职的浪费

例如日常工作没有认真做，布置的工作没有按计划做，流程性工作前面没有按要求做并对后面产生较大影响等。这种浪费主要是因为责任心不强或素质低下造成的。

（六）低效的浪费

可以一人做的工作两人做，可以按期完成的任务反复拖期等，是常见的低效率。至于低级的常识性错误，则更是一种负效率，可以采取很多措施提高效率。例如财务部可将对账、开票、付款等分别安排在月初、月中、月底集中进行，人力资源部可将初试、复试、终试等分别安排在不同时间集中进行。

（七）管理成本的浪费

包括计划编制无依据，计划执行不严肃，偏差处置不到位等。可以采取很多措施降低管理成本，例如针对水电的浪费，不是批评或罚款，而是安装自动感应水龙头和电灯。

相对于生产现场的浪费，管理现场的浪费虽然量化比较困难，但由于管理工作更宏观，更综合，其影响也就更严重，解决也就更困难。同时，改善管理工作产生的效益也会更大。

二、对优化生产现场的促进

由丰田 JIT 生产方式提炼出的精益生产理论归纳了生产过程的七大浪费，这七大浪费很多是相互影响的。通过生产现场的优化，消除这些浪费，可以降低各维度及其组合成本。

（一）等待的浪费

例如医药生产企业，当水丸已经生产完毕，准备组装成十粒盒装水丸对外销售时，却需要等待包装盒或药品说明书的采购到位。造成这种停工待料的主要原因是计划安排不当。

（二）搬运的浪费

例如医药生产企业，发现作业工时减少的同时总工时却在增加，原因就是搬运这个未纳入工艺路线的非增值作业花费了太多时间。不仅仓库向制造车间搬运原材料的工时多，制造车间向组装车间搬运半成品，组装车间向仓库搬运产成品的工时也很多。为减少搬运，可对生产布局进行调整，例如将多个车间进行合并，一些半成品的生产移到产成品的组装线附近，组装车间内利用滑槽将不同工序的各种设备串联起来。

生产布局分别有以机械、流程或产品为中心的布置，以及混合式布置。无论采用哪种布置，原则是物流的距离最短和时间最少。

单元生产模式可以减少搬运浪费，当然其作用不仅限于此。单元生产的单元，是指最小批量。例如一台机器一次加工 5 个零件，传统生产方式是100个零件分20批，每批5个进行批量加工，批量转移，当然也有批量等待。单元生产按作业单元进行生产，如分20个作业单元，则每个作业单元的作业员完成5个零件的整个加工过程。相应的，作业单元内的人员和设备按照生产流程进行完整布局。

单元生产改变了传统大规模生产的既有前提，通过现场改造将精益生产推进到更高层次，深入到了工厂的每一个细胞。可以看到，单元生产有如下特点：

（1）零件不需要等待和搬运，生产周期短，产品可快速交付。

（2）以单元为中心的柔性生产，更适合多样化的客户定制。在进行多个品种的生产时，不同品种的切换时间短。

（3）机动灵活，销量高时增加作业单元，销量低时减少作业单元，适应多变的市场需求。

（4）生产线U型布置，设备小型化，人员站立或走动作业。盘点方便准确，物控精度高。

（5）消除了过量生产，减少了空间占用，降低了可能的生产故障对整体的影响。

（6）小批量多品种生产，需要进行不同品种的生产换模，工具和零件更换等工作，有更多的手工作业。

（7）反分工理论，不认为分工越细效率越高。通过减少作业分工，增加人员多方面能力。

（8）作业单元实现了工序一体和职能完整，具有自我计划管理职能，有利于组织的扁平化。

（三）不良品的浪费

例如医药生产企业，以往对原料质量和产品质量，即一头一尾进行控制，而对生产过程缺乏严格管理。现在不仅对最初原料和最终产品进行检验，而且对生产过程的每一工序进行检验，降低了不良品的浪费。

为加强质量管理，很多公司引入了六西格码管理。

西格码就是标准差，用于衡量变异程度，其计算公式如图8－8所示。

$$s = \sqrt{\frac{\sum_{i-1}^{n} (x_i - \bar{x})^2}{n-1}}$$

图8-8 标准差计算公式

例如对于数组：{1，2，6，7}

平均数＝（1+2+6+7）÷4=4

方差＝［$(1-4)^2$＋$(2-4)^2$＋$(6-4)^2$＋$(7-4)^2$］÷（4-1）=8.667

标准差＝方差的平方根＝2.94392

再如数组：{1，2，9，28}

平均数＝（1+2+9+28）÷4=10

方差＝［$(1-10)^2$＋$(2-10)^2$＋$(9-10)^2$＋$(28-10)^2$］÷（4-1）=156.667

标准差＝方差的平方根＝12.5167

显然数组{1，2，9，28}各数值差异比{1，2，6，7}的各数值差异要大。

标准差越大，反应各数值的频数分布越分散，变异程度越大。

六西格码衡量正态分布时数值的分布范围。我们可以看三西格码的分布范围如图8-9所示。

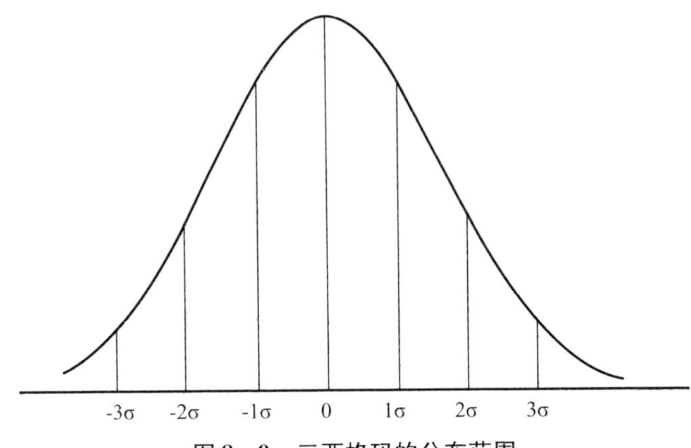

图8-9 三西格码的分布范围

可以看到，西格码越多，涵盖的数值范围越大，表示失误的范围外数值越少。具体业务含义如下：

1个西格玛：失误率为69%左右；

2 个西格玛：失误率为 31% 左右；

3 个西格玛：失误率为 7% 左右，说明经营管理水平一般；

4 个西格玛：失误率为 0.6% 左右，说明经营管理水平较高；

5 个西格玛：失误率为 0.023%，说明经营管理水平优秀；

6 个西格玛：失误率为 100 万分之 3.4 左右，说明经营管理水平卓越。

可以看到，西格码的增加带来的失误率的减少，不是成比例的而是成指数的，由此说明质量管理工作的改进带来的经济效益的提升不是简单的加法，甚至也不是乘法，而是指数级的。六西格码起源于摩托罗拉公司，由通用电气公司在全面质量管理的基础上进行了提炼和推广，最初的统计学意义越来越淡。从事六西格码工作的专家如黑带等也未必搞得清标准差或概率，但并不影响他们通过质量管理给公司带来巨大效益。

（四）动作的浪费

例如快递服务公司，进行分拣、打包、解包等作业时，哪些动作是绝对必要的，哪些动作是相对多余的？是不是一定要拿上拿下如此频繁？有没有必要做反转、步行、弯腰、对准、直角转弯等动作？通过整理分析，可以排除不经济、不均衡、不合理的动作，更舒适、更快捷、更低成本地提供更高质量的作业或产品。

以下是用跑秒法对动作进行分析和优化的案例。

现对一个人从起床到出门的过程进行记录如图 8－10 所示。

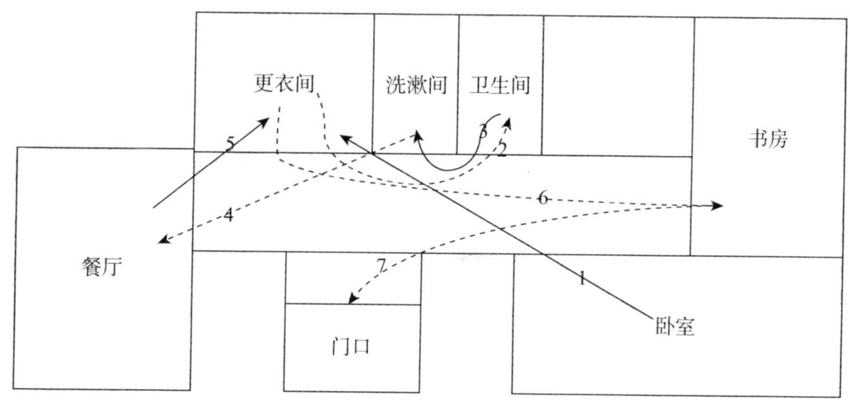

图 8－10　起床到出门的过程

在这一过程中，各作业的距离和花费的时间如表 8 – 10 所示。

表 8 – 10　作业距离和时间

	距离（米）	时间（分钟）
起床		0.3
卧室到更衣间	15	0.15
更衣		2
更衣间到卫生间	10	0.1
上厕所		5
厕所到洗漱间	5	0.05
洗漱		5
洗漱间到餐厅	10	0.1
烤面包		3
早餐		10
餐厅到更衣间	5	0.05
换穿西服		5
更衣间到书房	15	0.15
检查皮包		2
书房到门口	10	0.1
合计	70	33

对这一过程进行分析后发现：检查皮包的动作可以省略；烤面包的等待时间可取消；起床后更衣和饭后换穿西服动作重复，更衣过程不必要。对这一过程可以进行优化：前一天晚上检查皮包；烤面包的工作由妻子做；睡觉起身时披睡袍，最后换穿西服，同时衣橱从更衣间移到书房。优化后的过程如图 8 – 11 所示。

对这一过程进行优化后，移动距离由 70 米下降为 55 米，时间由 33 分钟下降为 25 分钟。

（五）加工的浪费

即作业没有优化造成的浪费。可以采取很多措施减少加工浪费，包括取消，即对作业审查其存在的必要性，可取消则一律取消；合并，即在保证质量、提高效率的前提下合并操作；重排，即审查作业重新排列的必要性和可能性；简化，即简化复杂的流程，或简化流程上复杂的内容。

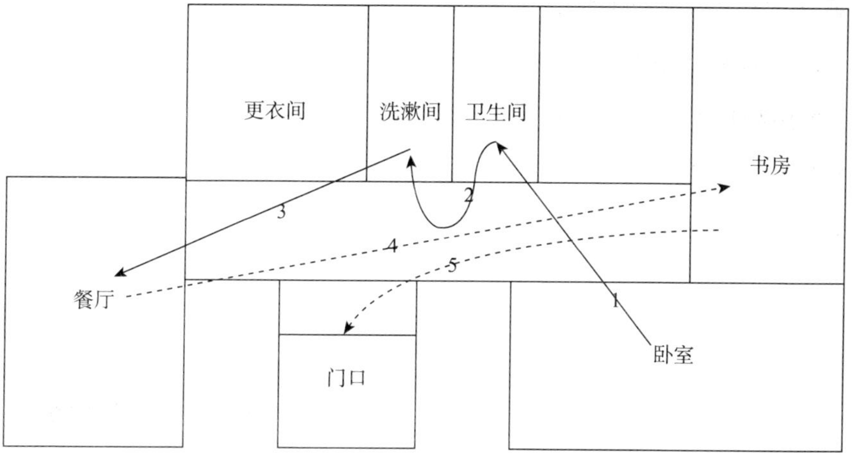

图 8－11　优化后的从起床到出门的过程

（六）制造过多或过早造成的浪费

制造过多或过早有很大损害，包括提早花费了材料、人工等费用；产生了等待的浪费；积压的产品占用现场工作空间，使机器间距离加大，要求增加多余的库房；产生了搬运的浪费等。它的产生原因主要是管理者为减少产能损失或平衡车间负荷。

（七）库存的浪费

现在从上到下，比较流行去库存。其实库存不仅是行业和企业面临的问题，甚至也是家庭和个人面临的问题。打开衣柜看看有多少衣服一年没有穿过，打开书柜看看有多少书籍一年没有摸过，打开橱柜看看有多少厨具一年没有动过？拂去尘埃翻开记忆看着旧物，难道不引人深思吗？所以我们在这里对库存问题进行详细讨论。

1. 精益生产理论对库存的认识

库存造成的损害很多，包括产生不必要的搬运、堆积、存储、防护和找寻；占用资金损失利息；产品会变为呆滞积压品而跌价；占用厂房空间，造成多余的仓库建设投资；没有管理的紧张感，阻碍改进；设备能力及人员需求的误判。

库存造成的浪费很大，它使真金实银采购回来的原材料或辛辛苦苦生产出来的产成品堆积在了仓库，凝聚着全体员工劳动心血的结晶最终可能变成一块块铜锈或一堆堆废物。

2. 物料需求计划对库存的认识

实施物料需求计划之前，如何决定采购、委外或生产的时间、物料种类以及数量，是一件困扰业务部门的事情。由于计划安排不科学，任务下达不准确，一方面导致仓库产生了越来越多的呆滞积压的原料、半成品和产成品，另一方面，生产所需的原料没有库存，也没有安排采购；市场紧缺的产品没有库存，也没有安排生产。这种严重的错位，一方面导致公司辛辛苦苦赚取的利润凝固成了大量库存，资源闲置，周转困难，部分库存最终因过期而报废，另一方面导致公司错失盈利机会，丧失市场份额，葬送发展空间。

实施物料需求计划，可将采购、委外和生产纳入了有计划的管理中，实现企业运行由市场牵引，流程驱动。它将外部需求，通过依次计算毛需求、净需求、计划订单量，最终转化为采购、委外和生产三大任务。生产所需的原料总会在需要的时间、按需要的数量到达，不需要的原料则不会安排采购，原先呆滞的原料和半成品则逐步消化；市场所需的产品总会在需要的时间、按需要的数量生产，不需要的产品则不会安排生产，原先积压的产品则逐步消化。

3. 精益生产理论与物料需求计划的区别

无论是物料需求计划，还是精益生产理论，对于库存的态度都是鲜明的，那就是消灭，区别在于消灭的彻底性上，物料需求计划视库存为“必要之恶”，留有余地；精益生产理论视库存为“万恶之源”，力求“除恶务尽”。具体执行的区别包括：

（1）物料需求计划考虑批量，精益生产理论不考虑批量。

物料需求计划考虑批量生产的理由是规模效应下的成本优势。例如原料采购，本来采购需求是990公斤，但供应商折扣点是1000公斤，那么就应该采购1000公斤而不是990公斤；有的商品是整箱整捆卖，不可能化整为零，就更没法选择了，只能采购1000公斤而不是990公斤。再如药品生产，本来生产需求是8.1吨，但生产批量是每批5吨，那么就应该生产10

吨而不是 8.1 吨。但精益生产理论不这么认为，精益生产认为采购需求是 990 公斤那么就应该只采购 990 公斤，生产需求是 8.1 吨那么就应该只生产 8.1 吨，虽然采购或生产成本会提高，但不会产生多余的 10 公斤原料或 1.9 吨产品，避免多余库存造成的损害。

（2）物料需求计划考虑备货，精益生产理论不考虑备货。

物料需求计划考虑备货的理由是客户下达订单可能交期非常紧，如果仓库没有现成的产品，甚至没有制造产品所需的原材料，那么市场响应就会慢，产品交付就会迟，客户满意度就会低。当然，这个理由未必充分，因为订单交期紧说明客户的采购工作没有计划。客户自身的采购工作没有计划，就要求我们的产品呼之能来。都按照这样的逻辑，那我们下个采购订单，供应商的产品也呼之能来了，我们就没有储备原材料的必要了。另外，现在生产工艺越来越先进，生产周期越来越短，储备产品的必要性也越来越小了。

（3）物料需求计划是流水生产，精益生产理论是单元生产。

我们到医院看病都有这样的体会，即无论是挂号、诊断、交费还是拿药，排队时间很长而实际业务处理时间很短。如往往排队用一两个小时，诊断也就几分钟或十几分钟。如果我们到医院即挂号，挂号后就诊断，诊断后就交费，交费后就拿药，那该多好。精益生产理论就是要达到这样的目标，不让零件或在制品有任何等待的时间。

（4）物料需求计划的优点，在精益生产理论看来是缺点。

例如物料需求计划有备货，当出现机械故障或额外损耗或出现超额不良品时，可以用现有库存顶上，不利后果不会马上显现，问题可以慢慢解决或者久拖不决。这个优点在精益生产理论看来是缺点，因为这样做掩盖了真相，粉饰了太平，没有正视问题并果断处理。另外，现有库存的存在，使管理者无法直观了解产能是否均衡或人员是否过剩等问题。

逐步降低直至最终消灭所有库存，是不同管理理论的共同目标，尽管具体执行各有千秋。讨论物料需求计划和精益生产理论孰优孰劣，实际是在燕瘦和环肥间评头品足。在两者都非常漂亮的情况下讨论谁更漂亮，对于不漂亮的东施来说意义不大。很多企业并不缺乏管理理论，缺乏的是对理论的贯彻落实。贯彻落实物料需求计划或精益生产理论中的任何一个，都会比目前现状要好很多。

通过对管理现场和生产现场的优化，可减少资源浪费，提高工作效率，增加有效产出，从而降低成本。

❸ 对系统改善的指导作用

多维组合成本可以提供海量数据，基于这些海量数据可以做很多深化应用。这些深化应用包括三个方向，数据方向、应用方向和集成方向如图 8－12 所示。

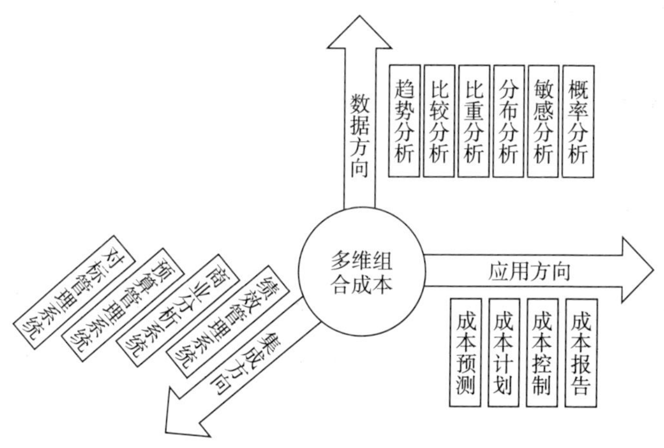

图 8－12　多维组合成本的深化应用

可以看到，多维组合成本是成本管理的起点。多维组合成本并不是抽象的理论，它的解决方案可以转化为一个数学命题：已知各项费用在不同口径的发生，如何计算出多维组合成本。在没有计算出多维组合成本之前，向任何方向的应用都是空中楼阁；计算出多维组合成本之后，向任何方向的应用都是瓜熟蒂落。有些企业管理人员不太愿意谈成本计算，似乎它是一件低俗的事情，不像预测、计划、控制那样高大上。其实，没有准确的成本计算做基础，预测、计划或控制，就如同水中月镜中花，可能好看，但却无用。

还可以看到，多维组合成本是管理体系的枢纽。有了多维组合成本，就能从数据方向对成本规律进行挖掘，就能从应用方向对成本管理进行深化，就能从集成方向对其他系统进行促进。它相当于辽沈战役的锦州，北伐中原的街亭，得之则全盘皆活，失之则全盘皆输。

多维组合成本的应用只可列举而不可穷尽，下面我们示例它对系统改善的指导作用。

一、对改善报告系统的指导

与成本报告有关的数据，应从多维组合成本系统而不是原业务处理系统取数，成本及绩效指标应重新定义，成本及绩效标准应重新设置，有关成本及绩效的算法也应重新调整。

二、对改善业务系统的指导

为了计算多维组合成本，业务系统对信息的收集显然更全面更细致了。

基于多维组合成本的计算结果，业务系统的控制标准更严密了。例如原来针对不同产品不区分工序制定材料或工时定额，不同工序的班组责任是混淆的。现在基于多维组合成本提供的数据，可针对不同产品不同工序制定材料或工时定额，不同工序的班组责任是清晰的。

多维组合成本的计算本身是不起控制作用的。控制标准是事前制定的，控制是事中执行的，成本计算则是事后。要达到控制目的，需要在事中即业务发生时就使控制标准发挥作用，显然事后的成本计算起不到控制作用。成本控制是在业务系统完成的，例如，制定差旅费用标准，对差旅费用进行控制，这属于费用报销系统，不属于成本管理系统。再如，制定材料定额标准，对材料费用进行控制，这属于生产管理系统，不属于成本管理系统。

当然也应该看到，多维组合成本的“多”是指维度而不是颗粒度，颗粒度取决于管理需要，而管理需要无论如何都不会比生产需要更详细，即无论颗粒度多么详细，也不会比生产一线更详细。例如钳工工序，可以细分为划线、锯割、铲削、锉削、钻孔、扩孔等十余项具体操作。多维组合成本的成本对象设置，作业可能只设置10项，而生产一线实际可能有上百项，且各维度的颗粒度是相互匹配的，生产一线作业细分会促使员工类别等维度也相应细分，如多维组合成本的成本对象设置，员工类别可能只设置生产人员、管理人员等少数几类，而生产一线实际可能有钳工、焊工、电镀工等上百类。在生产现场起控制作用的是具体的详细的定额标准，如钳工的划线操作的工时定额，而不是生产工人的“钳”工序的工时定额。尽管如此，我们也不能否认生产工人的“钳”工序的成本，对钳工的划线等操作的定额制定的指导作用。

多维组合成本与业务处理系统的关系，类似于搜索网站与普通网站的关系。普通网站为搜索网站提供了数据资源，搜索网站对这些数据资源进行整合，并为普通网站提供了流量指引；业务处理系统为多维组合成本提供了数据资源，多维组合成本对这些数据资源进行了深加工，并为业务处理系统提供了改善指导。这也符合数据产业链的分工原则，即业务处理系统进行数据生产，多维组合成本进行数据加工，并基于加工后的结果进行数据利用。

三、对改善预算系统的指导

预算的口径比核算要大，或者说，预算的粒度比核算要粗。当然这是基于同类的比较，例如业务预算比业务单据的口径要大，财务预算比会计核算的口径要大如图 8－13 所示。

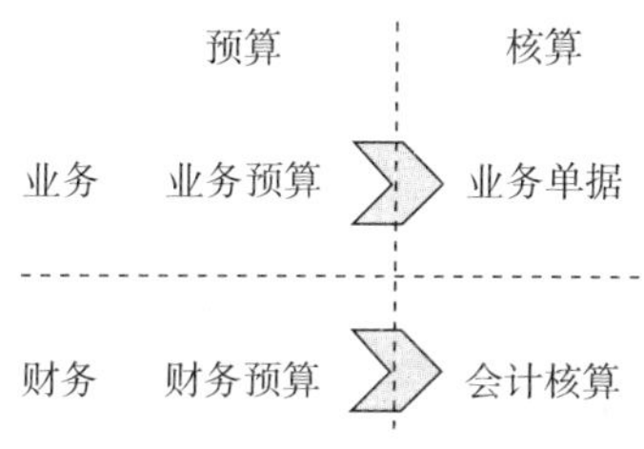

图 8－13　预算与核算的口径比较

如果将业务预算与会计核算比较，认为业务预算口径并不比会计核算大，那确实可能是真的，但那是田忌赛马了，这种比较不是一个层级的。

如果预算的口径比核算更小，那预算工作就成了预算部门的自娱自乐了，编制那么详细的预算，与谁进行比较呢？如果不与实际进行比较，那

么预算就是无的之矢；如果与实际进行比较，实际却没有相同口径的数据。这也从反面证明，预算的口径比核算要大，

多维组合成本在促进成本核算精益化的同时也促进了成本预算的精益化，同时，基于多维组合成本的多维收入计算，也促进了收入预算的精益化。

成本和收入预算的精益化，具体体现就是可编制多维预算，例如“客户＋产品＋作业＋部门”的成本或收入预算。由于此前没有可参考的实际数据，所以这是传统预算管理系统想做而不可能做到的。

与成本核算一样，不同维度或维度组合的成本或收入预算，数据是一致的，防止了不同维度编制的成本或收入预算的数据冲突。

基于多维思想，改进成本或收入预算编制后，就可以做预算分析了。

单维度如作业的成本预算执行分析如表8－11所示。

表8－11　单维度预算分析　　单位：元

作业	预算成本	实际成本	差异
起模工序	60	56	－4
成型工序	60	72	12
盖面工序	40	48	8
干燥工序	30	35	5

相应的雷达图如图8－14所示。

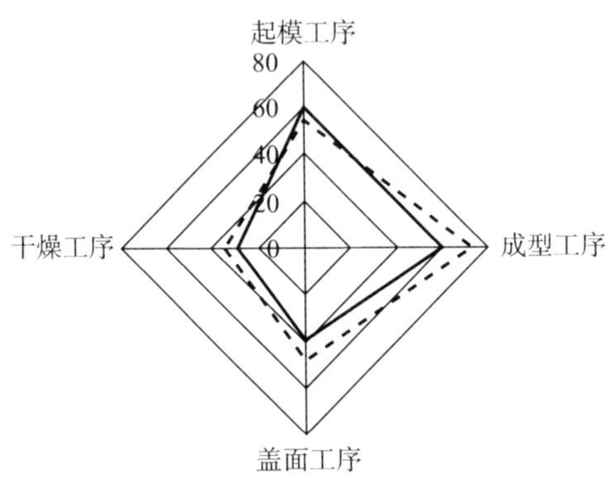

图8－14　单维度预算分析雷达图

多维度如“产品 + 作业”的成本预算执行分析如表 8 - 12 所示。

表 8 - 12　多维度预算分析

单位：元

产品	作业	预算成本	实际成本	差异
水丸	起模工序	30	25	-5
	成型工序	30	45	15
	盖面工序	40	48	8
	干燥工序	30	35	5
冷香丸	起模工序	30	31	1
	成型工序	30	27	-3

相应的雷达图如图 8 - 15 所示。

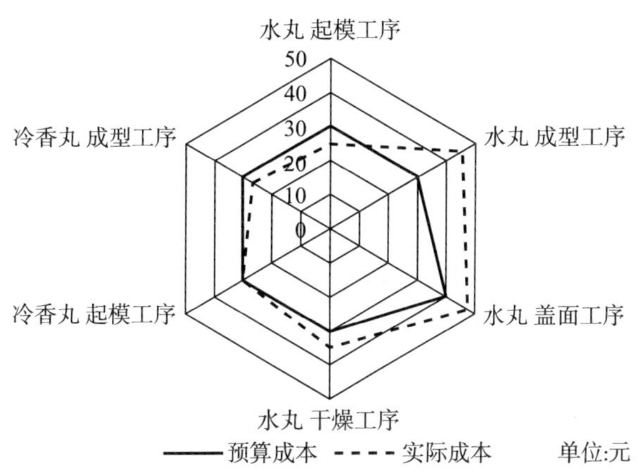

图 8 - 15　多维度预算分析雷达图

可以看到，多维预算执行分析更深入更细致。例如成型作业成本是预算超支的，但仅仅是水丸的成型作业成本超支，冷香丸的成型作业成本并没有超支，从而指导我们采取更有针对性的改进措施。

四、对改善对标系统的指导

多维组合成本在促进成本核算精益化的同时也促进了成本对标的精益化，同时，基于多维组合成本的多维收入计算，也促进了收入对标的精益化。

成本和收入对标的精益化，具体体现就是可进行多维对标，例如“客户 + 产品 + 作业 + 部门”的成本或收入对标。由于此前没有多维实际数据，所以这是传统对标管理系统想做而不可能做到的。

单维度如作业的单位成本对标分析如表 8 – 13 所示。

表 8 – 13　单维度对标分析

单位：元

作业	行业单位成本	本公司单位成本	差异
起模工序	6	5.4	-0.6
成型工序	6	7.8	1.8
盖面工序	4	4.4	0.4
干燥工序	3	3.5	0.5

相应的雷达图如（图 8 – 16）所示。

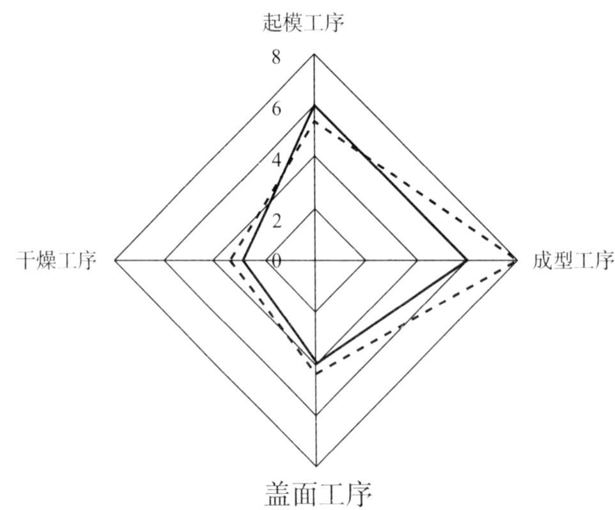

图 8 – 16　单维度对标分析雷达图

多维度如“产品 + 作业”的单位成本对标分析如表 8 – 14 所示。

表 8－14　多维度对标分析　　单位：元

产品	作业	行业单位成本	本公司单位成本	差异
水丸	起模工序	6	5.5	-0.5
	成型工序	6	8	2
	盖面工序	4	4.4	0.4
	干燥工序	3	3.5	0.5
冷香丸	起模工序	6	5.2	-0.8
	成型工序	6	5.5	-0.5

相应的雷达图如图 8－17 所示。

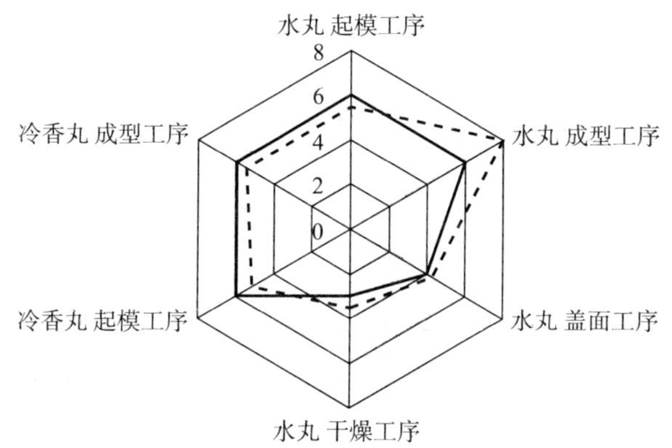

图 8－17　多维度对标分析雷达图

可以看到，多维对标分析更深入更细致，它使对标工作在看齐意识之外增添了多维意识。例如成型作业成本相对于行业标准来说是较差的，但仅仅是水丸的成型作业成本控制较差，冷香丸的成型作业成本控制还是比较好的，从而指导我们采取更有针对性的改进措施。

④ 对管理创新的推动作用

一、对创新结构管理的推动

多维组合成本将费用向不同维度合理分摊，为资源的合理配置提供了依据。通过客户维度的成本，可优化客户资源配置以尽其利；通过产品维度的成本，可优化产品资源配置以尽其用；通过作业维度的成本，可优化作业资源配置以尽其优；通过部门维度的成本，可优化部门资源配置以尽其职；通过员工维度的成本，可优化员工资源配置以尽其才。

资源的合理配置，调整了原有结构，包括客户、产品、作业、部门和员工结构，是宏观层面的调结构这一改革任务在企业微观层面的具体实现。通过调结构，加强了去产能的针对性，体现了分蛋糕与做蛋糕的辩证关系。

二、对创新协同管理的推动

多维组合成本通过财务与业务的结合，从串联式一体化发展为并联式一体化，实现了价值链与作业链的协同，揭示了两者本质一致和内在互动的深刻关系，助力财务管控向运营管控的深化，打造企业管控的升级版。

多维组合成本通过产品维度和作业维度的结合，实现了经营结果与经营过程的协同；通过部门维度和作业维度的结合，实现了条条与块块的协同，有利于打通企业内部的部门壁垒。

多维组合成本的实施，有利于打通企业间壁垒，实现企业内外两种资源，包括采购能力、运输能力、仓储能力、销售能力的协同。

三、对创新精益管理的推动

当前，新技术不断突破，新模式不断涌现，为企业的精益管理提供了有力的技术支撑和良好的应用环境。同时，客户需求日趋个性化，市场竞争日趋白热化，产品周期越来越短，更新换代越来越快，对企业的精益管理提出了越来越高的要求。

多维组合成本，通过细致的成本对象，灵活的费用归集，精准的费用分摊，多维的成本分析，使精益管理增添了新助力，迈上了新台阶，使企业更好地肩负管理和业务转型的新使命，更好地实现知识更新、流程优化和组织变革的新目标，更好地适应日趋庞大的规模和日益复杂的流程，更好地完成由粗放型经营向集约型经营的转型。

四、对创新个性管理的推动

没有多维的世界是残缺的，没有多样化的世界是单调的。不同客户、不同产品、不同作业、不同部门、不同员工，都有自己的特殊性，特殊性是永恒的、无处不在的、带有普遍性的存在。世界没有例外，或者说，每个成员都有不同的例外，它是我们必须去面对的新常态。

多维组合成本，向我们揭示了一个多元的世界，揭示了每个维度不同成员的不同例外。它使我们对成员个性有了更深刻的理解，对适应成员个性有了更清醒的把握，对引领成员个性有了更自觉的追求。创新个性管理，使企业能更好地适应瞬息万变的行业和市场新环境，更好地迎接互联网时代千人千面的新挑战。

五、对创新多维管理的推动

对很多企业，工业化时代的产品观仍深入骨髓，互联网时代的多维观还远未树立。针对以产品为中心的观念，出现了各种各样的不同观念，如以客户为中心，以作业流程为中心，以员工为中心等。

多中心即无中心，多维组合成本不以任何维度为中心。它是各种管理观念的最大公约数，是各种成本应用的共同出发点。正是它，使客户维度的“真诚到永远”不再是空洞的口号，使作业维度的“服务无止境”不再是空泛的标语，使员工维度的“以人为本”不再是漂亮的旗帜。它对每一个维度，都赋予了实质性内涵和具体化内容；它促使企业树立多维观，明确多维目标，并为实现多维目标付诸实际行动。成本是多维的，正如世界是多维的。

后 记

多维组合成本已经进入了企业实践。有的行业如电信等，开展了多维组合成本的项目；有的行业如电力等，提出了多维组合成本的核算要求，进行了多维组合成本的方案探索。

本书比较系统比较全面地介绍了多维组合成本。自 1998 年取得注册会计师资格以来，本人一直在企业管理和信息化领域工作。近二十年来，通过大量阅读，广泛实践和系统思考，对成本的认识也在不断深化和完善。

在成本实践和项目现场中，很多问题一经遇到或经客户提出，就让人无法回避，它促使人去思考曾由教科书灌输的观念，去反省曾扎根于头脑深处的既定看法。为了客观记录和如实反映生产经营过程的成本计算和账务核算，是如何走向初衷反面的？本该完全一致的财务与业务，是如何走向对立的？财务人员勤奋而专业地工作，基于传统成本计算提供的看似翔实准确，无懈可击的数据，如何却成了扭曲事实和误导决策的有害信息？那些重点客户、拳头产品、核心作业、先进部门、明星员工，真的给公司创造了更多利润吗？他们的评价依据是否客观、真实和全面？

对于不同客户、不同产品、不同作业、不同部门、不同员工，实际给公司带来利润的，我们却误认为是亏损的，进而弃之如敝屣；实际给公司带来亏损的，我们却误以为是盈利的，进而视之如珍宝。当这一切在我们身边上演，甚至就在我们手中造就时，我们又怎能不痛惜不自责，怎能不去思考这背后的原因？

现在还有哪个公司，在基于传统成本的计算结果制定各项经营政策吗？即使教科书，在介绍传统成本计算的同时也不得不对它展开批评。其实在企业实务中，在各级管理者包括很多财务管理者眼中，它已经没有了批评的价值，仅仅由于造成的种种问题它才引起人们的注意，成为批评的对象。正如马克思所说：“问题就是公开的、无畏的、左右一切个人的时代声音。问题就是时代的口号，是它表现自己精神状态的最实际的呼声。”

在成本管理领域，我们必须勇于面对互联网时代提出的种种问题和发出的声声呼唤，我们必须用坚定地回答取代传统成本计算那无力地呻吟，这个回答就是：多维组合成本。

多维组合成本并不是高深的理论，难道成本不是多维的吗？难道只有产品才有成本吗？多维组合成本挣脱了中心论的锁链，冲破了产品观的束缚，它的每根血管都流淌着互联网的精神，它的每个毛孔都散发着大数据的气息。多维组合成本面对的是事实，揭开的是真相，应用它并不需要特别的勇气，而只需要面对事实和揭开真相的勇气，难道我们会没有吗？

近二十年来，我一直没有停下追逐的脚步。我如果通过 CPA 考试后就一直在事务所而不去企业，如果在企业时仅专注财务而不去留意业务，如果只在甲方企业而不去乙方软件公司，如果在软件公司只做财务和供应链模块，而不去实际做计划、生产、车间模块的实施，如果不去精益生产的客户现场，那么，我是不可能写出这本书的。

非常幸运，现在我终于可以用我余下的生涯，去专注多维组合成本，做多维组合成本的项目，写多维组合成本的行业案例，出多维组合成本的应用书籍。

我也深知，成本问题在企业管理中具有全局性和敏感性，是内外政策的基石和各方博弈的焦点，多维组合成本在企业的推行，颠覆的是陈旧思想，改变的是落后观念，动摇的是传统根基，调整的是利益格局，纠正的是行为习惯，它会面临各方面挑战，绝不会一帆风顺。但是，随着经济发展、社会转型、产业升级、结构调整和技术创新，人们对精益化的认识不断深入，对精益化的定义不断刷新，对精益化的追求永无止境，使多维组合成本在企业的应用不仅是可能的，而且是必然的。我们毫不隐讳应用多维组合成本可能将遇到的困难和产生的分歧，这恰恰证明了理论的简洁、强大和自信，而其力量的源泉则是互联网和大数据的时代潮流，希望有更多的有志之士投身到它的推广中。在企业管理和信息化领域，透过漂浮的浪花，揭示汹涌的暗潮，这是守夜人的责任。而当企业互联网拉开序幕，企业级大数据滚滚而来时，弄潮儿，他又在哪里？

2016 年 8 月 30 日

推荐作者得新书!

博瑞森征稿启事

亲爱的读者朋友:

感谢您选择了博瑞森图书! 希望您手中的这本书能给您带来实实在在的帮助!

博瑞森一直致力于发掘好作者、好内容,希望能把您最需要的思想、方法,一字一句地交到您手中,成为专业知识与管理实践的纽带和桥梁。

但是我们也知道,有很多深入企业一线、经验丰富、乐于分享的优秀专家,或者往来奔波没时间,或者缺少专业的写作指导和便捷的出版途径,只能茫然以待……

还有很多在竞争大潮中坚守的企业,有着异常宝贵的实践经验和独特的闪光点,但缺少专业的记录和整理者,无法让企业的经验和故事被更多的人了解、学习、参考……

这些都太遗憾了!

博瑞森非常希望能将这些埋藏的“宝藏”发掘出来,贡献给广大读者,让更多的人得到帮助。

所以,我们真心地邀请您,我们的老读者,帮助我们一起搜寻:

推荐作者。

可以是您自己或您的朋友,只要对本土管理有实践、有思考;可以是您通过网络、杂志、书籍或其他途径了解的某位专家,不管名气大小,只要他的思想和方法曾让您深受启发。

推荐企业。

可以是您自己所在的企业,或者是您熟悉的某家企业,其创业过程、运营经历、产品研发、机制创新,等等。不论企业大小,只要乐于分享、有值得借鉴书写之处。

总之,好内容就是一切!

博瑞森绝非“自费出书”,出版项目费用完全由我们承担。您推荐的作者或企业案例一经采用,我们会立刻向您赠送书币 100 元,可直接换取任何博瑞森图书的纸质版或电子版。

感谢您对本土管理的支持! 感谢您对博瑞森图书的帮助!

推荐邮箱:bookgood@126.com　　　推荐手机:13611149991

与主编加为好友:

bookgood2000

博瑞森管理图书网:http://www.bracebook.com.cn/index.html

1120 本土管理实践与创新论坛

这是由 100 多位本土管理专家联合创立的企业管理实践学术交流组织，旨在孵化本土管理思想、促进企业管理实践、加强专家间交流与协作。

论坛每年集中力量办好两件大事：第一，**“出一本书”**，汇聚一年的思考和实践，把最原创、最前沿、最实战的内容集结成册，贡献读者；第二，**“办一次会”**，每年 11 月 20 日本土管理专家们汇聚一堂，碰撞思想、研讨案例、交流切磋、回馈社会。

论坛理事名单（以年龄为序，以示传承之意）

常务理事：

彭志雄　曾　伟　施　炜　杨　涛　张学军　郭　晓
程绍珊　胡八一　王祥伍　李志华　陈立云　杨永华

理　　事：

卢根鑫　曾令同　宋杼宸　张国祥　刘承元　曹子祥　宋新宇　吴越舟
吴　坚　戴欣明　刘春雄　刘祖轲　段继东　何　慕　秦国伟　贺兵一
张小虎　郭　剑　余晓雷　黄中强　朱玉童　沈　坤　阎立忠　张　进
丁兴良　朱仁健　薛宝峰　史贤龙　卢　强　史幼波　叶敦明　王明胤
陈　明　岑立聪　方　刚　张东利　郭富才　叶　宁　何　屹　沈　奎
王　超　马宝琳　谭长春　夏惊鸣　张　博　李洪道　胡浪球　孙　波
唐江华　刘红明　杨鸿贵　伯建新　高可为　李　蓓　孔祥云　贾同领
罗宏文　史立臣　李政权　余　盛　陈小龙　尚　锋　邢　雷　余伟辉
李小勇　全怀周　沈　拓　徐伟泽　崔自三　王玉荣　蒋　军　侯军伟
黄润霖　金国华　吴　之　葛新红　周　剑　崔海鹏　柏　龑　唐道明
朱志明　曲宗恺　杜　忠　远　鸣　范月明　刘文新　赵晓萌　张　伟
熊亚柱　孙彩军　刘　雷　王庆云　俞士耀　丁　昀　黄　磊　罗晓慧
伏泓霖　梁小平　鄢圣安

企业案例·老板传记

	书名. 作者	内容/特色	读者价值
企业案例·老板传记	**娃哈哈区域标杆:豫北市场营销实录** 罗宏文　赵晓萌　等著	本书从区域的角度来写娃哈哈河南分公司豫北市场是怎么进行区域市场营销,成为娃哈哈全国第一大市场、全国增量第一高市场的一些操作方法	参考性、指导性,一线真实资料
	像六个核桃一样:打造畅销品的36个简明法则 王　超　范　萍　著	本书分上下两篇:包括"六个核桃"的营销战略历程和36条畅销法则	知名企业的战略历程极具参考价值,36条法则提供操作方法
	六个核桃凭什么:从0过100亿 张学军　著	首部全面揭秘养元六个核桃裂变式成长的巨著	学习优秀企业的成长路径,了解其背后的理论体系
	借力咨询:德邦成长背后的秘密 官同良　王祥伍　著	讲述德邦是如何借助咨询公司的力量进行自身 与发展的	来自德邦内部的第一线资料,真实、珍贵,令人受益匪浅
	解决方案营销实战案例 刘祖轲　著	用10个真案例讲明白什么是工业品的解决方案式营销,实战、实用	有干货、真正操作过的才能写得出来
	招招见销量的营销常识 刘文新　著	如何让每一个营销动作都直指销量	适合中小企业,看了就能用
	我们的营销真案例 联纵智达研究院　著	五芳斋粽子从区域到全国/诺贝尔瓷砖门店销量提升/利豪家具出口转内销/汤臣倍健的营销模式	选择的案例都很有代表性,实在、实操!
	中国营销战实录:令人拍案叫绝的营销真案例 联纵智达　著	51个案例,42家企业,38万字,18年,累计2000余人次参与……	最真实的营销案例,全是一线记录,开阔眼界
	双剑破局:沈坤营销策划案例集 沈　坤　著	双剑公司多年来的精选案例解析集,阐述了项目策划中每一个营销策略的诞生过程,策划角度和方法	一线真实案例,与众不同的策划角度令人拍案叫绝、受益匪浅
	宗:一位制造业企业家的思考 杨　涛　著	1993年创业,引领企业平稳发展20多年,分享独到的心得体会	难得的一本老板分享经验的书
	简单思考:AMT咨询创始人自述 孔祥云　著	著名咨询公司(AMT)的CEO创业历程中点点滴滴的经验与思考	每一位咨询人,每一位创业者和管理经营者,都值得一读
	边干边学做老板 黄中强　著	创业20多年的老板,有经验、能写、又愿意分享,这样的书很少	处处共鸣,帮助中小企业老板少走弯路
	三四线城市超市如何快速成长:解密甘雨亭 IBMG国际商业管理集团　著	国内外标杆企业的经验+本土实践量化数据+操作步骤、方法	通俗易懂,行业经验丰富,宝贵的行业量化数据,关键思路和步骤
	中国首家未来超市:解密安徽乐城 IBMG国际商业管理集团　著	本书深入挖掘了安徽乐城超市的试验案例,为零售企业未来的发展提供了一条可借鉴之路	通俗易懂,行业经验丰富,宝贵的行业量化数据,关键思路和步骤

互联网+

	书名. 作者	内容/特色	读者价值
互联网+	**触发需求:互联网新营销样本·水产** 何足奇　著	传统产业都在苦闷中挣扎前行,本书通过鲜活的案例告诉你如何以需求链整合供应链,从而把大家熟知的传统行业打碎了重构、重做一遍	全是干货,值得细读学习,并且作者的理论已经经过了他亲自操刀的实践检验,效果惊人,就在书中全景展示
	移动互联新玩法:未来商业的格局和趋势 史贤龙　著	传统商业、电商、移动互联,三个世界并存,这种新格局的玩法一定要懂	看清热点的本质,把握行业先机,一本书搞定移动互联网
	微商生意经:真实再现33个成功案例操作全程 伏泓霖　罗晓慧　著	本书为33个真实案例,分享案例主人公在做微商过程中的经验教训	案例真实,有借鉴意义
	阿里巴巴实战运营——14招玩转诚信通 聂志新　著	本书主要介绍阿里巴巴诚信通的十四个基本推广操作,从而帮助使用诚信通的用户及企业更好地提升业绩	基本操作,很多可以边学边用,简单易学

续表

互联网+	今后这样做品牌：移动互联时代的品牌营销策略 蒋　军　著	与移动互联紧密结合，告诉你老方法还能不能用，新方法怎么用	今后这样做品牌就对了
	互联网+"变"与"不变"：本土管理实践与创新论坛集萃．2016 本土管理实践与创新论坛　著	本土管理领域正在产生自己独特的理论和模式，尤其在移动互联时代，有很多新课题需要本土专家们一起研究	帮助读者拓宽眼界、突破思维
	创造增量市场：传统企业互联网转型之道 刘红明　著	传统企业需要用互联网思维去创造增量，而不是用电子商务去转移传统业务的存量	教你怎么在"互联网+"的海洋中创造实实在在的增量
	重生战略：移动互联网和大数据时代的转型法则 沈　拓　著	在移动互联网和大数据时代，传统企业转型如同生命体打算与再造，称之为"重生战略"	帮助企业认清移动互联网环境下的变化和应对之道
	画出公司的互联网进化路线图：用互联网思维重塑产品、客户和价值 李　蓓　著	18个问题帮助企业一步步梳理出互联网转型思路	思路清晰、案例丰富，非常有启发性
	7个转变，让公司3年胜出 李　蓓　著	消费者主权时代，企业该怎么办	这就是互联网思维，老板有能这样想，肯定倒不了
	跳出同质思维，从跟随到领先 郭　剑　著	66个精彩案例剖析，帮助老板突破行业长期思维惯性	做企业竟然有这么多玩法，开眼界

行业类：零售、白酒、食品/快消品、农业、医药、建材家居等

书名．作者		内容/特色	读者价值
零售·超市·餐饮·服装·汽车	1．总部有多强大，门店就能走多远 2．超市卖场定价策略与品类管理 3．连锁零售企业招聘与培训破解之道 4．中国首家未来超市：解密安徽乐城 5．三四线城市超市如何快速成长：解密甘雨亭 IBMG国际商业管理集团　著	国内外标杆企业的经验+本土实践量化数据+操作步骤、方法	通俗易懂，行业经验丰富，宝贵的行业量化数据，关键思路和步骤
	涨价也能卖到翻 村松达夫　【日】	提升客单价的15种实用、有效的方法	日本企业在这方面非常值得学习和借鉴
	零售：把客流变成购买力 丁　昀　著	如何通过不断升级产品和体验式服务来经营客流	如何进行体验营销，国外的好经营，这方面有启发
	餐饮企业经营策略第一书 吴　坚　著	分别从产品、顾客、市场、盈利模式等几个方面，对现阶段餐饮企业的发展提出策略和思路	第一本专业的、高端的餐饮企业经营指导书
	赚不赚钱靠店长：从懂管理到会经营 孙彩军　著	通过生动的案例来进行剖析，注重门店管理细节方面的能力提升	帮助终端门店店长在管理门店的过程中实现经营思路的拓展与突破
	汽车配件这样卖：汽车后市场销售秘诀100条 俞士耀　著	汽配销售业务员必读，手把手教授最实用的方法，轻松得来好业绩	快速上岗，专业实效，业绩无忧
耐消品	跟行业老手学经销商开发与管理：家电、耐消品、建材家居 黄润霖　著	全部来源于经销商管理的一线问题，作者用丰富的经验将每一个问题落实到最便捷快速的操作方法上去	书中每一个问题都是普通营销人亲口提出的，这些问题你也会遇到，作者进行的解答则精彩实用
白酒	变局下的白酒企业重构 杨永华　著	帮助白酒企业从产业视角看清趋势，找准位置，实现弯道超车的书	行业内企业要减少90%，自己在什么位置，怎么做，都清楚了
	1．白酒营销的第一本书（升级版） 2．白酒经销商的第一本书 唐江华　著	华泽集团湖南开口笑公司品牌部长，擅长酒类新品推广、新市场拓展	扎根一线，实战

续表

白酒	区域型白酒企业营销必胜法则 朱志明　著	为区域型白酒企业提供35条必胜法则，在竞争中赢销的葵花宝典	丰富的一线经验和深厚积累，实操实用
	10步成功运作白酒区域市场 朱志明　著	白酒区域操盘者必备，掌握区域市场运作的战略、战术、兵法	在区域市场的攻伐防守中运筹帷幄，立于不败之地
	酒业转型大时代：微酒精选2014－2015 微酒　主编	本书分为五个部分：当年大事件、那些酒业营销工具、微酒独立策划、业内大调查和十大经典案例	了解行业新动态、新观点，学习营销方法
快消品·食品	乳业营销第一书 侯军伟　著	对区域乳品企业生存发展关键性问题的梳理	唯一的区域乳业营销书，区域乳品企业一定要看
	食用油营销第一书 余　盛　著	10多年油脂企业工作经验，从行业到具体实操	食用油行业第一书，当之无愧
	中国茶叶营销第一书 柏　龑　著	如何跳出茶行业"大文化小产业"的困境，作者给出了自己的观察和思考	不是传统做茶的思路，而是现在商业做茶的思路
	调味品营销第一书 陈小龙　著	国内唯一一本调味品营销的书	唯一的调味品营销的书，调味品的从业者一定要看
	快消品营销人的第一本书：从入门到精通 刘　雷　伯建新　著	快消行业必读书，从入门到专业	深入细致，易学易懂
	变局下的快消品营销实战策略 杨永华　著	通胀了，成本增加，如何从被动应战变成主动的"系统战"	作者对快消品行业非常熟悉、非常实战
	快消品经销商如何快速做大 杨永华　著	本书完全从实战的角度，评述现象，解析误区，揭示原理，传授方法	为转型期的经销商提供了解决思路，指出了发展方向
	一位销售经理的工作心得 蒋　军　著	一线营销管理人员想提升业绩却无从下手时，可以看看这本书	一线的真实感悟
	快消品营销：一位销售经理的工作心得2 蒋　军　著	快消品、食品饮料营销的经验之谈，重点图书	来源与实战的精华总结
	快消品营销与渠道管理 谭长春　著	将快消品标杆企业渠道管理的经验和方法分享出来	可口可乐、华润的一些具体的渠道管理经验，实战
	成为优秀的快消品区域经理 伯建新　著	37个"怎么办"分析区域经理的工作关键点	可以作为区域经理的'速成催化器'
	销售轨迹：一位快消品营销总监的拼搏之路 秦国伟　著	本书讲述了一个普通销售员打拼成为跨国企业营销总监的真实奋斗历程	激励人心，给广大销售员以力量和鼓舞
	快消老手都在这样做：区域经理操盘锦囊 方刚　著	非常接地气，全是多年沉淀下来的干货，丰富的一线经验和实操方法不可多得	在市场摸爬滚打的"老油条"，那些独家绝招妙招一般你问都是问不来的
	动销四维：全程辅导与新品上市 高继中　著	从产品、渠道、促销和新品上市详细讲解提高动销的具体方法，总结作者18年的快消品行业经验，方法实操	内容全面系统，方法实操
农业	中小农业企业品牌战法 韩　旭　著	将中小农业企业品牌建设的方法，从理论讲到实践，具有指导性	全面把握品牌规划，传播推广，落地执行的具体措施
	农资营销实战全指导 张　博　著	农资如何向"深度营销"转型，从理论到实践进行系统剖析，经验资深	朴实、使用！不可多得的农资营销实战指导
	农产品营销第一书 胡浪球　著	从农业企业战略到市场开拓、营销、品牌、模式等	来源于实践中的思考，有启发
	变局下的农牧企业9大成长策略 彭志雄　著	食品安全、纵向延伸、横向联合、品牌建设……	唯一的农牧企业经营实操的书，农牧企业一定要看

续表

医药	新医改下的医药营销与团队管理 史立臣　著	探讨新医改对医药行业的系列影响和医药团队管理	帮助理清思路，有一个框架
	医药营销与处方药学术推广 马宝琳　著	如何用医学策划把“平民产品”变成“明星产品”	有真货、讲真话的作者，堪称处方药营销的经典！
	新医改了，药店就要这样开 尚　锋　著	药店经营、管理、营销全攻略	有很强的实战性和可操作性
	电商来了，实体药店如何突围 尚　锋　著	电商崛起，药店该如何突围？本书从促销、会员服务、专业性、客单价等多重角度给出了指导方向	实战攻略，拿来就能用
	在中国，医药营销这样做：时代方略精选文集 段继东　主编	专注于医药营销咨询15年，将医药营销方法的精华文章合编，深入全面	可谓医药营销领域的顶尖著作，医药界读者的必读书
	OTC医药代表药店销售36计 鄢圣安　著	以《三十六计》为线，写OTC医药代表向药店销售的一些技巧与策略	案例丰富，生动真实，实操性强
	OTC医药代表药店开发与维护 鄢圣安　著	要做到一名专业的医药代表，需要做什么、准备什么、知识储备、操作技巧等	医药代表药店拜访的指导手册，手把手教你快速上手
	引爆药店成交率1：店员导购实战 范月明　著	一本书解决药店导购所有难题	情景化、真实化、实战化
	引爆药店成交率2：经营落地实战 范月明　著	最接地气的经营方法全指导	揭示了药店经营的几类关键问题
	医药企业转型升级战略 史立臣　著	药企转型升级有5大途径，并给出落地步骤及风险控制方法	实操性强，有作者个人经验总结及分析
建材家居	建材家居营销实务 程绍珊　杨鸿贵　主编	价值营销运用到建材家居，每一步都让客户增值	有自己的系统、实战
	建材家居门店销量提升 贾同领　著	店面选址、广告投放、推广助销、空间布局、生动展示、店面运营等	门店销量提升是一个系统工程，非常系统、实战
	10步成为最棒的建材家居门店店长 徐伟泽　著	实际方法易学易用，让员工能够迅速成长，成为独当一面的好店长	只要坚持这样干，一定能成为好店长
	手把手帮建材家居导购业绩倍增：成为顶尖的门店店员 熊亚柱　著	生动的表现形式，让普通人也能成为优秀的导购员，让门店业绩长红	读着有趣，用着简单，一本在手、业绩无忧
	建材家居经销商实战42章经 王庆云　著	告诉经销商：老板怎么当、团队怎么带、生意怎么做	忠言逆耳，看着不舒服就对了，实战总结，用一招半式就值了
工业品	销售是门专业活：B2B、工业品 陆和平　著	销售流程就应该跟着客户的采购流程和关注点的变化向前推进，将一个完整的销售过程分成十个阶段，提供具体方法	销售不是请客吃饭拉关系，是个专业的活计！方法在手，走遍天下不愁
	解决方案营销实战案例 刘祖轲　著	用10个真案例讲明白什么是工业品的解决方案式营销，实战、实用	有干货、真正操作过的才能写得出来
	变局下的工业品企业7大机遇 叶敦明　著	产业链条的整合机会、盈利模式的复制机会、营销红利的机会、工业服务商转型机会……	工业品企业还可以这样做，思维大突破
	工业品市场部实战全指导 杜　忠　著	工业品市场部经理工作内容全指导	系统、全面、有理论、有方法，帮助工业品市场部经理更快提升专业能力
	工业品营销管理实务 李洪道　著	中国特色工业品营销体系的全面深化、工业品营销管理体系优化升级	工具更实战，案例更鲜活，内容更深化
	工业品企业如何做品牌 张东利　著	为工业品企业提供最全面的品牌建设思路	有策略、有方法、有思路、有工具
	丁兴良讲工业4.0 丁兴良　著	没有枯燥的理论和说教，用朴实直白的语言告诉你工业4.0的全貌	工业4.0是什么？本书告诉你答案

续表

工业品	资深大客户经理:策略准,执行狠 叶敦明　著	从业务开发、发起攻势、关系培育、职业成长四个方面,详述了大客户营销的精髓	满满的全是干货
	一切为了订单:订单驱动下的工业品营销实战 唐道明　著	其实,所有的企业都在围绕着两个字在开展全部的经营和管理工作,那就是“订单”	开发订单、满足订单、扩大订单。本书全是实操方法,字字珠玑、句句干货,教你获得营销的胜利
金融	交易心理分析 (美)马克·道格拉斯　著 刘真如　译	作者一语道破赢家的思考方式,并提供了具体的训练方法	不愧是投资心理的第一书,绝对经典
	精品银行管理之道 崔海鹏　何　屹　主编	中小银行转型的实战经验总结	中小银行的教材很多,实战类的书很少,可以看看
	支付战争 Eric M. Jackson　著 徐　彬　王　晓　译	PayPal 创业期营销官,亲身讲述 PayPal 从诞生到壮大到成功出售的整个历史	激烈、有趣的内幕商战故事!了解美国支付市场的风云巨变
房地产	产业园区/产业地产规划、招商、运营实战 阎立忠　著	目前中国第一本系统解读产业园区和产业地产建设运营的实战宝典	从认知、策划、招商到运营全面了解地产策划
	人文商业地产策划 戴欣明　著	城市与商业地产战略定位的关键是不可复制性,要发现独一无二的“味道”	突破千城一面的策划困局
	电影院的下一个黄金十年:开发·差异化·案例 李保煜　著	对目前电影院市场存大的问题及如何解决进行了探讨与解读	多角度了解电影院运营方式及代表性案例

经营类:企业如何赚钱,如何抓机会,如何突破,如何“开源”

	书名.作者	内容/特色	读者价值
抓方向	让经营回归简单.升级版 宋新宇　著	化繁为简抓住经营本质:战略、客户、产品、员工、成长	经典,做企业就这几个关键点!
	公司由小到大要过哪些坎 卢　强　著	老板手里的一张“企业成长路线图”	现在我在哪儿,未来还要走哪些路,都清楚了
	企业二次创业成功路线图 夏惊鸣　著	企业曾经抓住机会成功了,但下一步该怎么办?	企业怎样获得第二次成功,心里有个大框架了
	老板经理人双赢之道 陈　明　著	经理人怎养选平台、怎么开局,老板怎样选/育/用/留	老板生闷气,经理人牢骚大,这次知道该怎么办了
	简单思考:AMT 咨询创始人自述 孔祥云　著	著名咨询公司(AMT)的 CEO 创业历程中点点滴滴的经验与思考	每一位咨询人,每一位创业者和管理经营者,都值得一读
	企业文化的逻辑 王祥伍　黄健江　著	为什么企业绩效如此不同,解开绩效背后的文化密码	少有的深刻,有品质,读起来很流畅
	使命驱动企业成长 高可为　著	钱能让一个人今天努力,使命能让一群人长期努力	对于想做事业的人,‘使命’是绕不过去的
思维突破	移动互联新玩法:未来商业的格局和趋势 史贤龙　著	传统商业、电商、移动互联,三个世界并存,这种新格局的玩法一定要懂	看清热点的本质,把握行业先机,一本书搞定移动互联网
	画出公司的互联网进化路线图:用互联网思维重塑产品、客户和价值 李　蓓　著	18 个问题帮助企业一步步梳理出互联网转型思路	思路清晰、案例丰富,非常有启发性
	重生战略:移动互联网和大数据时代的转型法则 沈　拓　著	在移动互联网和大数据时代,传统企业转型如同生命体打算与再造,称之为“重生战略”	帮助企业认清移动互联网环境下的变化和应对之道
	创造增量市场:传统企业互联网转型之道 刘红明　著	传统企业需要用互联网思维去创造增量,而不是用电子商务去转移传统业务的存量	教你怎么在“互联网+”的海洋中创造实实在在的增量
	7 个转变,让公司 3 年胜出 李　蓓　著	消费者主权时代,企业该怎么办	这就是互联网思维,老板有能这样想,肯定倒不了

续表

思维突破	跳出同质思维，从跟随到领先 郭　剑　著	66个精彩案例剖析，帮助老板突破行业长期思维惯性	做企业竟然有这么多玩法，开眼界
	麻烦就是需求　难题就是商机 卢根鑫　著	如何借助客户的眼睛发现商机	什么是真商机，怎么判断、怎么抓，有借鉴
	互联网+"变"与"不变"：本土管理实践与创新论坛集萃·2016 本土管理实践与创新论坛　著	加速本土管理思想的孕育诞生，促进本土管理创新成果更好地服务企业、贡献社会	各个作者本年度最新思想，帮助读者拓宽眼界、突破思维
财务	写给企业家的公司与家庭财务规划——从创业成功到富足退休 周荣辉　著	本书以企业的发展周期为主线，写各阶段企业与企业主家庭的财务规划	为读者处理人生各阶段企业与家庭的财务问题提供建议及方法，让家庭成员真正享受财富带来的益处
	互联网时代的成本观 程　翔　著	本书结合互联网时代提出了成本的多维观，揭示了多维组合成本的互联网精神和大数据特征，论述了其产生背景、实现思路和应用价值	在传统成本观下为盈利的业务，在新环境下也许就成为亏损业务。帮助管理者从新的角度来看待成本，进一步做好精益管理

管理类：效率如何提升，如何实现经营目标，如何"节流"

	书名．作者	内容/特色	读者价值
通用管理	1. 让管理回归简单．升级版 2. 让经营回归简单．升级版 3. 让用人回归简单 宋新宇　著	宋博士的"简单"三部曲，影响20万读者，非常经典	被读者热情地称作"中小企业的管理圣经"
	分股合心：股权激励这样做 段　磊　周　剑　著	通过丰富的案例，详细介绍了股权激励的知识和实行方法	内容丰富全面、易读易懂，了解股权激励，有这一本就够了
	边干边学做老板 黄中强　著	创业20多年的老板，有经验、能写、又愿意分享，这样的书很少	处处共鸣，帮助中小企业老板少走弯路
	阿米巴经营的中国模式 李志华　著	让员工从"要我干"到"我要干"，价值量化出来	阿米巴在企业如何落地，明白思路了
通用管理	中国式阿米巴落地实践之激活组织 胡八一　著	重点讲解如何科学划分阿米巴单元，阐述划分的实操要领、思路、方法、技术与工具	最大限度减少"推行风险"和"摸索成本"，利于公司成功搭建适合自身的个性化阿米巴经营体系
	欧博心法：好管理靠修行 曾　伟　著	用佛家的智慧，深刻剖析管理问题，见解独到	如果真的有'中国式管理'，曾老师是其中标志性人物
流程管理	1. 用流程解放管理者 2. 用流程解放管理者2 张国祥　著	中小企业阅读的流程管理、企业规范化的书	通俗易懂，理论和实践的结合恰到好处
	跟我们学建流程体系 陈立云　著	畅销书《跟我们学做流程管理》系列，更实操，更细致，更深入	更多地分享实践，分享感悟，从实践总结出来的方法论
质量管理	**1. ISO9001：2015 新版质量管理体系详解与案例文件汇编** **2. ISO14001：2015 新版环境管理体系详解与案例文件汇编** 谭洪华　著	紧密围绕2015新版，逐条详细解读，工具也可以直接套用，易学易上手	企业认证、内审必备
战略落地	重生——中国企业的战略转型 施　炜　著	从前瞻和适用的角度，对中国企业战略转型的方向、路径及策略性举措提出了一些概要性的建议和意见	对企业有战略指导意义
	公司大了怎么管：从靠英雄到靠组织 AMT 金国华　著	第一次详尽阐释中国快速成长型企业的特点、问题及解决之道	帮助快速成长型企业领导及管理团队理清思路，突破瓶颈
	低效会议怎么改：每年节省一半会议成本的秘密 AMT 王玉荣　著	教你如何系统规划公司的各级会议，一本工具书	教会你科学管理会议的办法

续表

战略落地	年初订计划,年尾有结果:战略落地七步成诗 AMT 郭晓 著	7 个步骤教会你怎么让公司制定的战略转变为行动	系统规划,有效指导计划实现
人力资源	回归本源看绩效 孙 波 著	让绩效回顾"改进工具"的本源,真正为企业所用	确实是来源于实践的思考,有共鸣
	世界 500 强资深培训经理人教你做培训管理 陈 锐 著	从 7 大角度具体细致地讲解了培训管理的核心内容	专业、实用、接地气
	曹子祥教你做激励性薪酬设计 曹子祥 著	以激励性为指导,系统性地介绍了薪酬体系及关键岗位的薪酬设计模式	深入浅出,一本书学会薪酬设计
	曹子祥教你做绩效管理 曹子祥 著	复杂的理论通俗化,专业的知识简单化,企业绩效管理共性问题的解决方案	轻松掌握绩效管理
	把招聘做到极致 远 鸣 著	作为世界 500 强高级招聘经理,作者数十年招聘经验的总结分享	带来职场思考境界的提升和具体招聘方法的学习
	人才评价中心. 超级漫画版 邢 雷 著	专业的主题,漫画的形式,只此一本	没想到一本专业的书,能写成这效果
	走出薪酬管理误区 全怀周 著	剖析薪酬管理的 8 大误区,真正发挥好枢纽作用	值得企业深读的实用教案
	集团化人力资源管理实践 李小勇 著	对搭建集团化的企业很有帮助,务实,实用	最大的亮点不是理论,而是结合实际的深入剖析
	我的人力资源咨询笔记 张 伟 著	管理咨询师的视角,思考企业的 HR 管理	通过咨询师的眼睛对比很多企业,有启发
	本土化人力资源管理 8 大思维 周 剑 著	成熟 HR 理论,在本土中小企业实践中的探索和思考	对企业的现实困境有真切体会,有启发
	HRBP 是这样炼成的之"菜鸟起飞" 新 海 著	以小说的形式,具体解析 HRBP 的职责,应该如何操作,如何为业务服务	实践者的经验分享,内容实务具体,形式有趣
企业文化	华夏基石方法:企业文化落地本土实践 王祥伍 谭俊峰 著	十年积累、原创方法、一线资料,和盘托出	在文化落地方面真正有洞察,有实操价值的书
	企业文化的逻辑 王祥伍 著	为什么企业之间如此不同,解开绩效背后的文化密码	少有的深刻,有品质,读起来很流畅
	企业文化激活沟通 宋杼宸 安 琪 著	透过新任 HR 总经理的眼睛,揭示出沟通与企业文化的关系	有实际指导作用的文化落地读本
	在组织中绽放自我:从专业化到职业化 朱仁健 王祥伍 著	个人如何融入组织,组织如何助力个人成长	帮助企业员工快速认同并投入到组织中去,为企业发展贡献力量
	企业文化定位·落地一本通 王明胤 著	把高深枯燥的专业理论创建成一套系统化、实操化、简单化的企业文化缔造方法	对企业文化不了解,不会做? 有这一本从概念到实操,就够了
生产管理	高员工流失率下的精益生产 余伟辉 著	中国的精益生产必须面对和解决高员工流失率问题	确实来源于本土的工厂车间,很务实
	车间人员管理那些事儿 岑立聪 著	车间人员管理中处理各种"疑难杂症"的经验和方法	基层车间管理者最闹心、头疼的事,'打包'解决
	1. 欧博心法:好管理靠修行 2. 欧博心法:好工厂这样管 曾 伟 著	他是本土最大的制造业管理咨询机构创始人,他从 400 多个项目、上万家企业实践中锤炼出的欧博心法	中小制造型企业,一定会有很强的共鸣

续表

生产管理	欧博工厂案例1:生产计划管控对话录 欧博工厂案例2:品质技术改善对话录 欧博工厂案例3:员工执行力提升对话录 曾　伟　著	最典型的问题、最详尽的解析,工厂管理9大问题27个经典案例	没想到说得这么细,超出想象,案例很典型,照搬都可以了
	苦中得乐:管理者的第一堂必修课 曾　伟　编著	曾伟与师傅大愿法师的对话,佛学与管理实践的碰撞,管理禅的修行之道	用佛学最高智慧看透管理
	比日本工厂更高效1:管理提升无极限 刘承元　著	指出制造型企业管理的六大积弊;颠覆流行的错误认知;掌握精益管理的精髓	每一个企业都有自己不同的问题,管理没有一剑封喉的秘笈,要从现场、现物、现实出发
	比日本工厂更高效2:超强经营力 刘承元　著	企业要获得持续盈利,就要开源和节流,即实现销售最大化,费用最小化	掌握提升工厂效率的全新方法
	比日本工厂更高效3:精益改善力的成功实践 刘承元　著	工厂全面改善系统有其独特的目的取向特征,着眼于企业经营体质(持续竞争力)的建设与提升	用持续改善力来飞速提升工厂的效率,高效率能够带来意想不到的高效益
	3A顾问精益实践1:IE与效率提升 党新民　苏迎斌　蓝旭日　著	系统的阐述了IE技术的来龙去脉以及操作方法	使员工与企业持续获利
	3A顾问精益实践2:JIT与精益改善 肖志军　党新民　著	只在需要的时候,按需要的量,生产所需的产品	提升工厂效率
员工素质提升	跟老板"偷师"学创业 吴江萍　余晓雷　著	边学边干,边观察边成长,你也可以当老板	不同于其他类型的创业书,让你在工作中积累创业经验,一举成功
	销售轨迹:一位快消品营销总监的拼搏之路 秦国伟　著	本书讲述了一个普通销售员打拼成为跨国企业营销总监的真实奋斗历程	激励人心,给广大销售员以力量和鼓舞
	在组织中绽放自我:从专业化到职业化 朱仁健　王祥伍　著	个人如何融入组织,组织如何助力个人成长	帮助企业员工快速认同并投入到组织中去,为企业发展贡献力量
	企业员工弟子规:用心做小事,成就大事业 贾同领　著	从传统文化《弟子规》中学习企业中为人处事的办法,从自身做起	点滴小事,修养自身,从自身的改善得到事业的提升
	手把手教你做顶尖企业内训师:TTT培训师宝典 熊亚柱　著	从课程研发到现场把控、个人提升都有涉及,易读易懂,内容丰富全面	想要做企业内训师的员工有福了,本书教你如何抓住关键,从入门到精通

营销类:把客户需求融入企业各环节,提供"客户认为"有价值的东西

	书名．作者	内容/特色	读者价值
营销模式	动销操盘:节奏掌控与社群时代新战法 朱志明　著	在社群时代把握好产品生产销售的节奏,解析动销的症结,寻找动销的规律与方法	都是易读易懂的干货!对动销方法的全面解析和操盘
	变局下的营销模式升级 程绍珊　叶　宁　著	客户驱动模式、技术驱动模式、资源驱动模式	很多行业的营销模式被颠覆,调整的思路有了!
	卖轮子 科克斯【美】	小说版的营销学!营销理念巧妙贯穿其中,贵在既有趣,又有深度	经典、有趣!一个故事读懂营销精髓
	弱势品牌如何做营销 李政权　著	中小企业虽有品牌但没名气,营销照样能做的有声有色	没有丰富的实操经验,写不出这么具体、详实的案例和步骤,很有启发

续表

营销模式	老板如何管营销 史贤龙　著	高段位营销16招，好学好用	老板能看，营销人也能看
	动销：产品是如何畅销起来的 吴江萍　余晓雷　著	真真切切告诉你，产品究竟怎么才能卖出去	击中痛点，提供方法，你值得拥有
销售	资深大客户经理：策略准，执行狠 叶敦明　著	从业务开发、发起攻势、关系培育、职业成长四个方面，详述了大客户营销的精髓	满满的全是干货
	销售是门专业活：B2B、工业品 陆和平　著	销售流程就应该跟着客户的采购流程和关注点的变化向前推进，将一个完整的销售过程分成十个阶段，提供具体方法	销售不是请客吃饭拉关系，是个专业的活计！方法在手，走遍天下不愁
	向高层销售：与决策者有效打交道 贺兵一　著	一套完整有效的销售策略	有工具，有方法，有案例，通俗易懂
	卖轮子 科克斯　【美】	小说版的营销学！营销理念巧妙贯穿其中，贵在既有趣，又有深度	经典、有趣！一个故事读懂营销精髓
	学话术　卖产品 张小虎　著	分析常见的顾客异议，将优秀的话术模块化	让普通导购员也能成为销售精英
组织和团队	升级你的营销组织 程绍珊　吴越舟　著	用"有机性"的营销组织替代"营销能人"，营销团队变成"铁营盘"	营销队伍最难管，程老师不愧是营销第1操盘手，步骤方法都很成熟
	用数字解放营销人 黄润霖　著	通过量化帮助营销人员提高工作效率	作者很用心，很好的常备工具书
	成为优秀的快消品区域经理 伯建新　著	37个"怎么办"分析区域经理的工作关键点	可以作为区域经理的'速成催化器'
	一位销售经理的工作心得 蒋　军　著	一线营销管理人员想提升业绩却无从下手时，可以看看这本书	一线的真实感悟
	快消品营销：一位销售经理的工作心得2 蒋　军　著	快消品、食品饮料营销的经验之谈，重点突出	来源于实战的精华总结
	销售轨迹：一位快消品营销总监的拼搏之路 秦国伟　著	本书讲述了一个普通销售员打拼成为跨国企业营销总监的真实奋斗历程	激励人心，给广大销售员以力量和鼓舞
组织和团队	用营销计划锁定胜局：用数字解放营销人2 黄润霖　著	全方位教你怎么做好营销计划，好学好用真简单	照搬套用就行，做营销计划再也不头痛
	快消品营销人的第一本书：从入门到精通 刘　雷　伯建新　著	快消行业必读书，从入门到专业	深入细致，易学易懂
产品	产品炼金术Ⅰ：如何打造畅销产品 史贤龙　著	满足不同阶段、不同体量、不同行业企业对产品的完整需求	必须具备的思维和方法，避免在产品问题上走弯路
	产品炼金术Ⅱ：如何用产品驱动企业成长 史贤龙　著	做好产品、关注产品的品质，就是企业成功的第一步	必须具备的思维和方法，避免在产品问题上走弯路
	新产品开发管理，就用IPD 郭富才　著	10年IPD研发管理咨询总结，国内首部IPD专业著作	一本书掌握IPD管理精髓
品牌	中小企业如何建品牌 梁小平　著	中小企业建品牌的入门读本，通俗、易懂	对建品牌有了一个整体框架
	采纳方法：破解本土营销8大难题 朱玉童　编著	全面、系统、案例丰富、图文并茂	希望在品牌营销方面有所突破的人，应该看看
	中国品牌营销十三战法 朱玉童　编著	采纳20年来的品牌策划方法，同时配有大量的案例	众包方式写作，丰富案例给人启发，极具价值
	今后这样做品牌：移动互联时代的品牌营销策略 蒋军　著	与移动互联紧密结合，告诉你老方法还能不能用，新方法怎么用	今后这样做品牌就对了

续表

品牌	**中小企业如何打造区域强势品牌** 吴之　著	帮助区域的中小企业打造自身品牌，如何在强壮自身的基础上往外拓展	梳理误区，系统思考品牌问题，切实符合中小区域品牌的自身特点进行阐述
渠道通路	**快消品营销与渠道管理** 谭长春　著	将快消品标杆企业渠道管理的经验和方法分享出来	可口可乐、华润的一些具体的渠道管理经验，实战
	传统行业如何用网络拿订单 张　进　著	给老板看的第一本网络营销书	适合不懂网络技术的经营决策者看
	采纳方法：化解渠道冲突 朱玉童　编著	系统剖析渠道冲突，21 个渠道冲突案例、情景式讲解，37 篇讲义	系统、全面
	学话术　卖产品 张小虎　著	分析常见的顾客异议，将优秀的话术模块化	让普通导购员也能成为销售精英
	向高层销售：与决策者有效打交道 贺兵一　著	一套完整有效的销售策略	有工具，有方法，有案例，通俗易懂
	通路精耕操作全解：快消品 20 年实战精华 周　俊　陈小龙　著	通路精耕的详细全解，每一步的具体操作方法和表单全部无保留提供	康师傅二十年的经验和精华，实践证明的最有效方法，教你如何主宰通路

思想 · 文化

	书名．作者	内容/特色	读者价值
思想·文化	**每个中国人身上的春秋基因** 史贤龙　著	春秋 368 年（公元前 770 – 公元前 403 年），每一个中国人都可以在这段时期的历史中找到自己的祖先，看到真实发生的事件，同时也看到自己	长情商、识人心
	史幼波中庸讲记（上下册） 史幼波　著	全面、深入浅出地揭示儒家中庸文化的真谛	儒释道三家思想融汇贯通
	史幼波心经讲记（上下册） 史幼波　著	句句精讲，句句透彻，佛法经典的多角度阐释	通俗易懂，将深刻的教理以浅显的语言讲出来
	史幼波大学讲记 史幼波　著	用儒释道的观点阐释大学的深刻思想	一本书读懂传统文化经典
	史幼波《周子通书》《太极图说》讲记 史幼波　著	把形而上的宇宙、天地，与形而下的社会、人生、经济、文化等融合在一起	将儒家的一整套学修系统融合起来